論文統計完全攻略

統計小白也能變達人

陳寬裕　著

五南圖書出版公司 印行

自 序

　　「因為行過你的路，知影你的苦！」幾年前的一個夜裡，有位正在念EMBA班的縣府主管，透過朋友介紹來請教我「有關碩論之統計分析」問題，我根據其碩論中欲進行的統計方法，試跑了他所蒐集的問卷資料。結果我沉重的告訴他：「你的原始資料再怎麼跑，也得不到你所要的結果。」當場，這位大學是念「中文系」、已58歲的縣府主管眼眶泛紅、不自主的流下淚來。看了真是令人心酸呀！可見碩論確實給他帶來了莫大的壓力。我接著問他，你年齡都那麼大、身分地位都那麼高了，幹嘛「拿磚頭砸自己的腳」去念EMBA、還寫量化的碩論呢？他回答我：「我比較晚婚，小孩現在念高一，我攻讀EMBA就是要讓小孩子看，只要努力，沒有什麼不可能的！」有點感動啦！這個小故事也激發了我寫一本簡單、易用、易懂的統計分析書籍的初衷。於是這本書就這麼誕生了。

　　本書特別適用於需進行學術論文寫作或個案專題者，另外亦非常適合於教學單位授課時使用。其內容幾乎涵蓋了一般論文或專題寫作時所需用到的各種統計方法，諸如：次數分配、現況分析、項目分析、無反應偏差、資料合併檢驗、信度分析、共同方法變異、重要度──表現分析、卡方檢定、t檢定、變異數分析、二因子變異數分析、迴歸分析、階層迴歸分析、中介變數檢驗、Sobel中介效果檢定、干擾變數檢驗、相關分析、探索性因素分析、驗證性因素分析、收斂效度檢驗、區別效度檢驗與結構模型路徑分析等。而且書中幾乎所有範例都是實際碩士論文的原始資料與分析結果，期盼讓讀者能身歷其境，融入研究之情境中。

　　本書於內容編排的特點是，對於每一個統計分析方法先簡略闡述其基本概念，然後介紹該方法的功能與應用，再介紹該方法能做什麼；接著再運用範例介紹怎樣去做和如何解讀分析結果。另外本書的編排方式尚有一大特色，即對於每一範例的操作過程、報表解說或內文中需額外講解的部分，皆附有影音檔。藉由影音檔也可促進讀者的學習效率。

　　本書的特質應該較屬於統計工具書，其目的是希望讀者能透過本書的引導，而能自力完成論文或專題的統計分析部分。因此，本書特別著重於統計

方法的實務應用與操作。書中很多統計理論或方法都是整理博、碩士論文中常用的解說與分析方式，以及參考國內知名作家，例如：林震岩教授、吳明隆教授、吳統雄教授、邱皓政教授、黃芳銘教授與榮泰生教授的著作。書中或有誤謬、未附引註、文獻遺漏等缺失，在此先向諸位先進與讀者致上十二萬分的歉意，並盼各方賢達能以正面思考之方式，提供後學補遺、改進之契機。

　　本書得以順利出版，首先感謝五南圖書公司的鼎力支持與協助，其次感謝對我容忍有加的家人以及默默協助我的同事、學生。由於編寫時間倉促、後學水準亦有限，錯誤之處，在所難免，敬請批評指正，後學不勝感激！

陳寬裕

謹致於　屏東科技大學休閒運動健康系

pf.kuan.yu.chen@gmail.com

2021年8月

目　錄

CONTENTS

單元 **0**

使用本書前

　　相信有一些讀者在過往的學習歷程中，或多或少都曾學習過統計學，但總覺得對統計學仍是懵懵懂懂。更相信，有更多的讀者目前之所以會再次的接觸統計學，是因為必須為你的學位或升等撰寫專題或論文。然而，或許是學習的年代相隔久遠、初學不精、缺乏適當的指引等種種因素，讓讀者面對當前亟需撰寫專題或論文時，卻落入無力可施、不知所措的窘境。在這種緊急事態下，如果身邊有個能循序漸進的教導你，如何正確地選擇統計方法，操作應用軟體，乃至解析報表，終而完美結論而產出專題或論文的統計高手，那才是最佳良伴與貴人呀！

一、本書的目的

　　本書就是針對上述的目的而規劃與撰寫的。雖然，不能化成「真人」陪伴讀者身邊，但是透過本書的文字內容解析、實際的論文範例、手把手教學方式的影音教材與即時互動的社群平臺，相信能模擬出一個隨時在側的「統計高手」，幫助讀者輕鬆的、無心理負擔的完成專題或論文。基於此，本書盡力的使統計分析過程簡單化、機械化，只要讀者一步一步按照單元編排順序、單元內容與教學影音檔的手把手操作，沒有太多的理論，就能讓讀者正確的執行統計、解析報表、撰寫結論，最後能順利完成統計分析、寫成論文。絕對能讓讀者感受「Follow me, you can do it!」的深刻體驗。

二、本書的架構

　　本書的目的既然是以協助讀者撰寫專題或論文為導向，因此在單元編排與單元架構上，將迥異於一般統計學書籍。雖然，書中並沒有太多的理論推導，但是在影音教材中，已連結各種統計分析方法之基本概念的影音先修課程，因此對於各種統計方法之基本概念的理解，讀者並不用太過於擔心。本書的編寫架構如下：

　　1. 依研究方法為主要架構：基本上，本書將論文的研究方法分為兩類，一為以問卷為基礎的研究方法，另一為以實驗設計為基礎的研究方法。以問卷為基礎的論文，可參考本書的單元 1 至單元 38，單元 45 至單元 53。以實驗設計為基礎的論文，主要的統計分析方法，可參考本書的單元 39 至單元 45。

　　2. 單元式的編排方式：單元 1 至單元 29，就是一篇實際論文的統計分析過程，讀者只要循序漸進的依照這 29 單元的課程，就能完成一篇品質優良的論文。此外，若想再提升論文等級的話，建議讀者可再參考單元 45 至單元 52 等有關結構方程模

型分析的課程。

　　3. 各單元的撰寫方式：本書中，各單元的內容大致可分為五個部分，第一部分為基本概念，第二部分為範例解說，第三部分為影音教材，第四部分為報表解析，第五部分為結論撰寫。

三、教學影音檔的使用

　　本書共有 53 個單元，除單元 4、16、21 與 45，因課程內容的特性而不具有教學影音檔外，其餘單元內容皆附有教學影音檔。教學影音檔的總長度達 2,800 分鐘左右，若再加上先修課程之內容，則總長度應可達 4,000 分鐘以上（此為估計值，仍以實際檔案內容為主）。

　　教學影音檔的內容包含範例說明、範例解析、統計分析操作過程、報表彙整、報表解析與總結。此外，若單元內容較須基本概念之強化時，教學影音檔也會包含有先修課程，這些先修課程包含軟體（SPSS 與 SmartPLS）的取得、安裝、長期使用、各種統計方法的基本概念與經典範例。

　　讀者必須注意的是，教學影音檔並不隨書附贈，而是須由讀者另行購買。購買方式請讀者直接至五南出版社的線上學院（https://www.wunan.com.tw/tch_home），購買與本書同名的線上課程，就可以觀看全書所有單元範例與先修課程的教學影音檔了。

四、範例檔案的取得與使用

　　本書中所有的範例皆附有相關檔案，檔案為 ZIP 格式（檔名：spss_SmartPLS_example.zip）。於下載後，使用解壓縮程式解開即可使用。下載網址如下：

　　範例檔的網址：https://is.gd/e63ABF

　　解壓縮後，「spss_SmartPLS_example.zip」資料夾中包含四個子資料夾，其名稱分別為「2 way ANOVA」、「My_SEM」、「spss_data」與「表單工具」。

　　1.「2 way ANOVA」子資料夾：存放單元 39 至單元 44 中，有關二因子變異數分析的資料檔、語法檔與作者所獨創的彙整 2 way ANOVA 報表的 Excel 工具。

　　2.「My_SEM」子資料夾：存放單元 45 至單元 52 中，有關結構方程模型分析的模型圖與資料檔。

　　3.「spss_data」子資料夾：存放單元 1 至單元 38 與單元 53 中，各範例之 SPSS

資料檔、語法檔和 Excel 資料檔。

4.「表單工具」子資料夾：這是個讀者撰寫專題或論文時，必須用到的資料夾，其中包含了檢定中介與干擾效果用的「Process」模組與「Sobel Test」模組、各種作者所獨創用以彙整報表的 Excel 工具、46 個論文中會使用到的彙整表。

五、專題或論文寫作的指引

若讀者將以本書做為製作專題或完成論文的參考書時，則建議能考量專題／論文的統計需求，善用表 0-1 所規劃的單元學習指引。以下將就各專題或論文的研究議題，提供統計方法應用上的指引。在實際製作專題或論文的過程中，只要先參看單元 21 的解說，再依照表 0-1 所規劃的單元學習指引，循序漸進，並觀看影音教材，當可輕鬆的完成專題／論文的統計分析任務。

表 0-1　單元學習指引

專題／論文研究主題	單元學習指引	範例（取自：臺灣博碩士論文網）
關鍵影響因素確認（IPA 分析）	單元 1 至單元 25，單元 53	運用 IPA 分析法探討宜蘭民宿業者之服務品質
以問卷為基礎的差異性檢定（獨立 t 檢定、單因子 ANOVA）	單元 1 至單元 25	運動中心之高齡者參與免費及付費運動動機之差異性
以問卷與實驗設計為共同基礎的差異性檢定（獨立 t 檢定、單因子 ANOVA、Two way ANOVA）	單元 1 至單元 25、單元 39 至單元 44	品牌形象與廣告代言人對專注力及影音廣告效果的影響 - 以數位相機廣告為例
市場區隔研究（卡方檢定）	單元 1 至單元 25，單元 36 至單元 38	香水消費者行為與市場區隔之研究 - 以臺北地區消費者為例
初級相關性研究（Pearson 相關）	單元 1 至單元 26	加護病房護理人員靈性安適與靈性照顧能力之相關性研究
中級相關性研究（預測、解釋、影響力、迴歸分析）	單元 1 至單元 25，單元 27 至單元 29	服務品質、關係利益對顧客滿意度與忠誠度關係之探討
高級相關性研究（因果關係、結構方程模型）	單元 1 至單元 10，單元 45 至單元 52	一線服務人員工作壓力、情緒勞務與工作倦怠關係－以百貨公司為例
初級中介效果研究（Process 模組的應用）	單元 1 至單元 25，單元 27 至單元 29	休閒對工作助益與心理福祉之關係：兼論工作滿意度的中介效果

專題／論文研究主題	單元學習指引	範例（取自：臺灣博碩士論文網）
初級干擾效果（Process 模組的應用）	單元 1 至單元 25，單元 27 至單元 32	度假生活型態與環境態度對綠色民宿住宿意願之影響—以政府推廣效果為干擾變項
高級中介效果研究（結構方程模型、SmartPLS）	單元 1 至單元 10，單元 45 至單元 52	綠色知覺品質與綠色知覺風險對綠色購買意圖影響之研究—以綠色信任為中介變數
高級干擾效果研究（結構方程模型、SmartPLS）	單元 1 至單元 10，單元 45 至單元 52	探討 YouTube 旅遊影片之元素對消費者旅遊與觀看意願之影響－以消費者涉入程度為干擾變數
模型差異性驗證（結構恆等性、多群組分析，如性別差異）	單元 1 至單元 10，單元 45 至單元 52	社群網路直播使用行為意圖之影響：比較 Facebook 與 Instagram 之使用差異性
初級，以實驗設計為基礎的獨立性差異性檢定（獨立 t 檢定、單因子 ANOVA）	單元 24 至單元 25	合作學習對國小五年級學生國語科學習成效之研究
初級，以實驗設計為基礎的相依性差異性檢定	單元 39、單元 40	運動功能性足弓墊對棒球投手投球運動表現之影響
高級，以實驗設計為基礎的相依性差異性檢定（Two way ANOVA）	單元 24、單元 25、單元 39 至單元 44	單次攝取咖啡因進行不同強度運動對於血液生化值和心率變異度的影響
高級，實驗設計為基礎的介入性效果研究（如課程介入、運動介入）	單元 24、單元 25、單元 39 至單元 44	樂趣化教學對國中生體育課學習動機與運動強度之研究

六、即時互動指導

在學習或製作專題／論文的過程中，讀者難免卡關。為能即時的輔導讀者順利的進行統計分析，本書於臉書亦將開設粉絲專頁。只要於臉書搜尋「論文統計完全攻略」，就能與作者互動，即時於網路平臺進行意見交流與問題討論。

單元 **1**

在SPSS中直接輸入資料

　　在本書中所使用的統計軟體，只要是 SPSS 20 版以上的軟體皆適用。由於 SPSS 21 版在統計專有名詞的翻譯上，較符合一般統計學教科書的用法，而且就其功能而言，也足以應付各種統計分析技術。因此，建議讀者不用去追求較新的版本，故本書在後續的課程中，主要將使用 SPSS 21 版來進行統計分析。至於有關 SPSS 21 試用版的取得、安裝過程、長期使用、基本操作與基本概念等先修課程，讀者亦可在本單元的範例 1-1 之影音教材中，取得上述先修課程的影音連結。因此，對於 SPSS 軟體的取得，讀者應不用太過於擔心。

　　一般而言，研究過程中，研究資料的來源大概可分為四種，分別是屬二級資料的既有的資料庫與屬一級資料的實驗性資料、紙本問卷資料、電子問卷資料。這些資料將來欲運用 SPSS 軟體來進行統計分析時，必先轉化成 SPSS 軟體的檔案格式（副檔名為 sav）。由於，既有的資料庫與電子問卷資料的格式（例如：Excel 檔）未必屬 SPSS 軟體的檔案格式，因此必須使用匯入檔案的方式，將原始資料匯入 SPSS 後，便能進行統計分析。而對於實驗性資料、紙本問卷資料則必須由研究者直接於 SPSS 軟體中直接輸入與建檔。

　　然而，對於以問卷為基礎的研究，其蒐集的樣本數通常較多，故建立資料檔時，通常不會直接於 SPSS 軟體中鍵入資料，畢竟 SPSS 軟體主要強項是統計分析，而不是資料編輯。應用軟體中，資料處理與編輯能力最強、最優秀的軟體，應該就屬 Excel 軟體了。所以對於資料量龐大的紙本問卷資料，研究者一般也會將所蒐集的問卷資料於 Excel 軟體中建檔，然後再匯入至 SPSS 軟體中。

　　因此，對於樣本數較少的資料集，研究者才會考慮於 SPSS 的資料編輯視窗中直接輸入資料，例如經由實驗過程所獲得的資料，通常受試者會少於 30 個，因此，所獲得的資料量也較少，這時就可選擇於 SPSS 中直接輸入資料。

　　在本單元中，將首先示範如何在 SPSS 中直接輸入資料。在輸入資料之前，我們先來認識一下 SPSS 的資料編輯視窗，如圖 1-1。

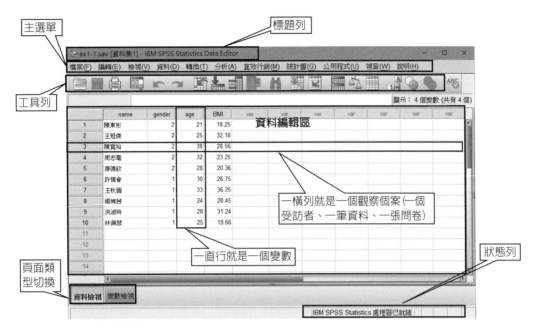

圖 1-1 SPSS 的資料編輯視窗

範例 1-1

　　圖 1-2 為研究者測量受試者之 BMI 的實驗過程中，所記錄下的資料。為了將這些實驗性資料順利的鍵入到 SPSS 中，研究者為各類測量資料建立了變數名稱，並為每個變數規劃了其編碼格式，如表 1-1。請根據表 1-1 的編碼格式表與圖 1-2 中的實驗資料，建立 SPSS 資料檔，並存檔為「ex1-1_ans.sav」。

	name	gender	age	BMI	var
1	陳東彬	2	21	18.25	
2	王冠傑	2	25	32.18	
3	陳寬裕	2	38	28.56	
4	周志毫	2	32	23.25	
5	廖德欽	2	28	20.36	
6	許情會	1	30	26.75	
7	王秋圓	1	33	36.25	
8	楊婉茜	1	24	28.45	
9	洪淑玲	1	28	31.24	
10	林佩蓉	1	25	19.66	

變數名稱

變數值

圖 1-2 實驗後所獲得的受試者資料

表 1-1　變數編碼格式表

構面名稱	欄位編號	變數名稱	變數標註	資料類型	數值標註	測量	遺漏值
	1	name	受試者姓名	文字	—	名義	—
	2	gender	性別	數值 0	女	名義	9
				數值 1	男		
	3	age	年齡	三位整數	—	尺度	999
	4	BMI	身體質量指數	整數兩位 小數兩位	—	尺度	99.99

　　首先，我們先來了解 SPSS 資料檔的結構，基本上一個資料檔會包含數個變數，每個變數包含有多個變數值，原則上各個變數的變數值之數量會相同，當數量上不相等時，缺少變數值的部分，我們就稱之為遺漏值（missing value）。進行統計分析時，建議資料檔中最好不要有遺漏值的存在。例如：圖 1-2 中，這個資料檔就包含了 4 個變數（4 個直行），每個變數各有 10 個變數值。同一列中，4 個變數的值集合起來，就是一個受試者經實測後所得的樣本資料（一列即一個個案），所以，圖 1-2 這個資料檔就包含著 4 個變數、10 筆資料（10 個橫列、10 個個案、10 個樣本、10 筆記錄、樣本數為 10）。

　　也因為上述的資料結構，在 SPSS 中建立資料檔時，須分成兩個步驟來進行。第一個步驟先定義變數，以定義變數的名稱與其屬性。然後在第二個步驟中，才開始輸入個變數的資料值。定義變數時，須先釐清該變數的屬性，如測量型態（如名義、次序、尺度共 3 種）、資料類型（如字串、數值、日期等共 9 種）。然後再就各種不同的資料類型做些細部的設定（如標註、取值範圍與遺漏值的表示方式等）。在 SPSS 中定義變數前，建議讀者養成好習慣，先製作如表 1-1 的變數編碼格式表，編碼格式表就像是建立資料檔時的作戰策略一樣，它有助於資料檔的建立，增進建檔的效率與正確性。

　　在定義變數時，最重要的工作就是確認變數的測量型態。一般而言，變數的測量型態有三種：

1. 名義（nominal）：這種型態的變數，其變數值間彼此沒有內部相關的邏輯性（例如：性別、血型、工作職位、商品種類等）。其變數值的資料類型可以是字串，也可以是一組數碼（例如：1、2。1 代表男性、2 代表女性）。又稱為類別尺度（categorical scale）。

2. 次序（ordinal）：這種型態的變數，其變數值間彼此之間會存在某種順序關係的邏輯性（例如：低、中、高；李克特量表中的非常同意、同意、普通、不同意、非常不同意）。其變數值的資料類型可以是字串，也可以是一組數碼（例如：1、2、3。1 代表低、2 代表中、3 代表高）。

3. 尺度（scale）：這種型態的變數，其變數值必須是一個數值，又可細分為區間尺度或比率尺度皆可。

　(1) 區間尺度（interval scale）

　　當資料間具有順序的性質外，且二個變數值間的差異具有實質意涵時，則該資料屬區間尺度。如觀察某日三個地方的最高溫度，其結果如下：A 地攝氏 15 度、B 地攝氏 28 度、C 地攝氏 34 度。若用此溫度來排序，可以發現 C 地最溫暖（溫度最高）、A 地最冷（溫度最低）。除此之外，兩個資料值之差是有意義的，如 C 地比 A 地高 19 度、B 地比 A 地高 13 度、C 地比 B 地高 6 度。

　(2) 比率尺度（ratio scale）

　　當資料具有區間尺度的所有性質外，且兩個資料值的比具有實質意涵意時，則該資料屬比率尺度。如考慮買 A 牌的汽車需花費 150 萬元、買 B 牌的汽車需花費 75 萬元。若以 0 表示車子免費，則從這兩輛車的價格來看，A 牌汽車的價格是 B 牌汽車價格的兩倍。又如，人之身高，可以採用比率尺度來測量。例如：以 0 代表沒有身高，0 以上的不同數值代表實際的身高，而身高 200 公分即為身高 100 公分的兩倍。體重或年齡的測量也是如此。一般說來，只有物理特徵的測量（如長度、重量等）比較可能採比率尺度。注意的是，等比尺度的資料都是數值資料，且要明確指出「零點」所代表的意義。

　　具備這些基本知識後，老師將示範如何根據表 1-1 與圖 1-2，在 SPSS 中直接輸入資料，並建立資料檔。建檔過程之操作示範與解說相當的冗長，為節省篇幅，請讀者直接至五南出版社的線上學院（https://www.wunan.com.tw/tch_home），購買與本書同名的線上課程，就可以連結到實作「範例 1-1」的教學影音檔，以便能進行更有效率的學習。

單元 2

製作GOOGLE表單問卷

製作紙本問卷需要耗費大量的時間與心力，後續在回收表單時更需要毅力與耐心。現今處於網路數據時代，網路使用人口激增，幾乎已達普及化的境界。因此，若能妥善運用網路的特性，將問卷發放於各種網路平臺（這種問卷通稱為電子問卷），相信必能更快速、低成本的取得研究所需的樣本資料。

然而，電子問卷的使用上也不是毫無限制的。於學術研究上，對於樣本資料的取得方式與過程的要求較為嚴謹。使用電子問卷的研究論文，最常被口試委員或論文審核者質疑的問題是：「針對你的研究議題，於網路平臺蒐集樣本資料，適合嗎？」。這個問題的重點在於，當我們使用電子問卷蒐集樣本資料時，無疑的就是已將「不會使用」或「不常使用」網路的潛在受訪者排除於我們的研究之外了。這樣，所蒐集的樣本資料具有代表性嗎？這就是想透過電子問卷而於網路平臺蒐集樣本資料的研究者，必須謹慎考量與自我回應的問題。

當然，問卷要能在各種網路平臺上散播，就必須先將紙本問卷轉化為電子問卷。一般而言，製作電子問卷的工具很多，例如 Google 表單工具、SurveyCake、my3q。在本單元的課程中，將示範如何運用 Google 表單工具來協助我們更快速的製作電子問卷。學會本單元課程後，問卷調查工作將從此再也不是件麻煩事了！

✎ 範例 1-1

圖 2-1 為一張範例問卷，有 5 題關於品牌忠誠度的問項，這些問項皆採用李克特七點量表評估，另外還包含 4 題有關受訪者之基本資料的問項，這份問卷的紙本問卷檔案為「ex2-1.docx」。試運用 Google 表單工具為該紙本問卷建立電子問卷。

※請針對您的服務經驗，回答下列相關問項，請於□中打「✓」，謝謝！							
第一部分：品牌忠誠度	極不同意	很不同意	不同意	普通	同意	很同意	極為同意
1. 購買85度C的產品對我來說是最好的選擇。	□	□	□	□	□	□	□
2. 我是85度C的忠實顧客。	□	□	□	□	□	□	□
3. 當我有需求時，我會優先選擇85度C。	□	□	□	□	□	□	□
4. 我願意繼續購買85度C的產品。	□	□	□	□	□	□	□
5. 我會向親朋好友推薦85度C的產品。	□	□	□	□	□	□	□

第二部分：基本資料，請於□中打「✓」。

1. 性 別： □ 男 □ 女

2. 年 齡： □ 19 歲以下 □ 20~39 歲 □ 40~59 歲 □ 60 歲以上

3. 學 歷： □ 國中及以下 □ 高中(職) □ 大學 □ 研究所(含)以上

4. 職 業： □ 學生 □ 軍公教 □ 勞工 □ 自由業

圖 2-1 範例問卷

　　Google 表單介面相當直覺且操作簡單，只要先準備好紙本問卷或構想好問卷的題項內容之後，甚至可以在 15 分鐘內就製作好電子問卷。利用 Google 表單工具製作電子問卷時，大致上可分為四個基本步驟：

步驟 1. 建立表單

步驟 2. 編輯表單

步驟 3. 發送表單

步驟 4. 分析回覆

　　對於利用 Google 表單工具製作電子問卷的全完整過程，本書將以教學影音檔的方式進行示範與說明，以期讓讀者能聲歷其境，邊看、邊學、邊做，增進學習效率。故請讀者直接至五南出版社的線上學院（https://www.wunan.com.tw/tch_home），購買與本書同名的線上課程，就可以連結到實作「範例 2-1」的教學影音檔了。

單元 **3**

將GOOGLE表單問卷資料匯入SPSS中

　　Google 表單問卷製作完成後，經過於各類網路平臺或利用 Email 發送，受訪者將陸續回覆問卷，待問卷調查期間結束後，研究者即可開始從 Google 表單工具內，下載已經被自動彙整好的填答者資料。這些資料的格式原始狀態都是屬於 CSV 格式的檔案，CSV 檔案格式是一種以逗號分隔資料值的格式，基本上它屬純文字檔，檔案中只可以包含數字和字母。

　　但是，下載 Google 表單工具所自動彙整好的資料後，通常我們會相當失望，因為 CSV 檔案內的中文字，通常都是亂碼，無法閱讀與辨識。所以，一般研究者會先將它先轉成 Excel 格式的檔案（以去除中文亂碼），只要再將這些 Excel 格式的資料匯入到 SPSS 中，這樣往後就可以利用 SPSS 的強大統計分析功能，來進行資料分析的工作了。

範例 3-1

　　在第 2 單元中，所完成的 Google 表單問卷，研究者利用 Email 或於網路社群平臺發放後，問卷回收期截止時，所有的填答者回覆資料，都將有系統的彙整於 Google 表單工具內，試下載該資料檔，並將它匯入到 SPSS 中，完成後請存檔為「ex3-1.sav」。

　　建立 SPSS 資料檔時，除了可直接於 SPSS 中建立檔案外，SPSS 也可以直接讀取其他的外部資料檔案。這些外部資料檔案中，常用的有「*.xlsx」、「*.csv」、「*.txt」等檔案格式。

　　一般而言，從 Google 表單工具內所下載回來的資料檔（CSV 檔案），我們可將它轉換為 Excel 格式的資料檔，這樣就可以直接讀入到 SPSS 中。當然，讀入後，仍需要對檔案中的變數進行一些細微的設定，以利後續的統計分析過程。詳細的操作過程將以教學影音檔呈現，以增進學習效率，讀者可直接至五南出版社的線上學院（https://www.wunan.com.tw/tch_home），購買與本書同名的線上課程，就可以連結到實作「範例 3-1」的教學影音檔了。

單元 **4**

範例論文與原始問卷介紹

　　本書中，將以一篇範例論文來完整的說明其統計分析流程。這篇範例論文是一份實際的碩士論文，其名稱為《品牌形象、知覺價值與品牌忠誠度關係之研究》。讀者應理解，當我們看到一篇論文的名稱時，最直接去認識這篇論文的方法，除了閱讀它的摘要外，就統計分析而言，就是該去了解這篇論文的研究架構圖，以及這個研究架構圖中包含了幾個變數（構面）、這些變數又是如何被測量出來的（是否依據前人量表、有幾個主構面、是否是二階構面、有幾個子構面、每個子構面各包含幾個題項、每個題項的測量方式等）。因此，研究者實有必要去看看這篇論文的原始問卷。

　　本書中，該範例論文的原始問卷中包含三個量表，共包含四個主要部分，分別為品牌形象量表（構面）、知覺價值量表（構面）、品牌忠誠度量表（構面）與基本資料。

4-1 範例問卷的結構

　　問卷的架構若能以樹狀結構圖呈現，將有助於理解問卷設計的邏輯、變數的編碼與各主構面、子構面、題項間的關係。本書中，範例論文之原始問卷（如附錄 1）主要將包含四個主要部分，分別為品牌形象主構面、知覺價值主構面、品牌忠誠度主構面與基本資料。原始問卷的樹狀結構圖，如圖 4-1。由圖 4-1 的其中樹狀結構圖，不難理解，原始問卷包含三個主構面（品牌形象、知覺價值與品牌忠誠度），品牌形象主構面可分為三個子構面（屬二階構面），分別為品牌價值子構面（共 3 個題項）、品牌特質子構面（共 3 個題項）與企業聯想子構面（共 3 個題項）；而知覺價值主構面（亦屬二階構面）則包含：品質價值（共 4 個題項），情感價值（共 3 個題項），價格價值（共 5 個題項）及社會價值（共 3 個題項）等四個子構面。品牌忠誠度主構面，為單一構面，沒有子構面，共包含 5 題問項。基本資料部分，主要的調查內容有性別、婚姻狀況、年齡、目前職業、教育程度、平均月收入、特色認知共包含七個題項。

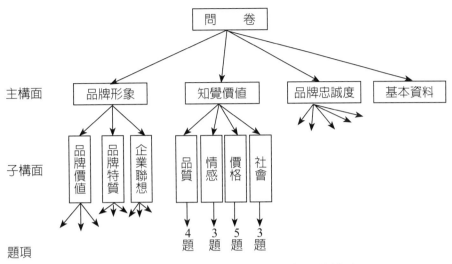

圖 4-1　範例論文之原始問卷的樹狀結構圖

4-2 原始問卷的第一部分：品牌形象

　　Aaker（1996）以消費者對獨特產品類別或品牌聯想來闡釋品牌形象。他認為品牌形象係建構在三種知覺層面上，即品牌對應產品的價值、品牌對應個人的特質及品牌對應企業的聯想。由於 Aaker（1996）所主張之品牌形象的構成要素符合本研究（範例論文）對品牌形象之定義，因此本研究參考 Aaker（1996）的品牌形象量表，將以品牌價值（3 個題項）、品牌特質（3 個題項）與企業聯想（3 個題項）等面向，作為衡量品牌形象的三個子構面。但所有題項將配合案例公司（85 度 C）的商品特性，於遣詞用句上予以適當修改，以使題項內容能符合本研究所涉及之主題的意涵。此外，衡量上，所有題項皆以 Likert 七點尺度法來評估消費者對各子構面之題項的認知程度，分別以「極不同意」、「很不同意」、「不同意」、「普通」、「同意」、「很同意」與「極為同意」等選項區分為七個等級，並給予 1、2、3、4、5、6、7 的分數。分數越高表示消費者對各題項的認知同意程度越高，如表 4-1 所示。

表 4-1　品牌形象構面的操作型定義與衡量題項

構面	操作型定義	衡量題項
品牌價值 bi1	消費者對此一品牌的品質認知	1. 85 度 C 的產品風味很特殊。(bi1_1) 2. 85 度 C 的產品很多樣化。(bi1_2) 3. 85 度 C 和別的品牌有明顯不同。(bi1_3)
品牌特質 bi2	消費者對此一品牌的情感連結	4. 85 度 C 很有特色。(bi2_1) 5. 85 度 C 很受歡迎。(bi2_2) 6. 我對 85 度 C 有清楚的印象。(bi2_3)
企業聯想 bi3	消費者對此一品牌的提供者或製造者的情感連結	7. 85 度 C 的經營者正派經營。(bi3_1) 8. 85 度 C 形象清新。(bi3_2) 9. 85 度 C 讓人聯想到品牌值得信任。(bi3_3)

4-3 原始問卷的第二部分：知覺價值

　　知覺價值是來自於讓顧客期望自產品所獲得的利益能高於所付出之成本的認知。本研究將採用 Sweeney & Soutar（2001）提出的四個子構面來衡量消費者的知覺價值。這四個子構面包含：品質價值（4 個題項）、情感價值（3 個題項）、價格價值（5 個題項）及社會價值（3 個題項）。但所有題項將配合案例公司（85 度 C）的商品特性，於遣詞用句上予以適當修改，以使題項內容能符合本研究所涉及之主題的意涵。此外，衡量上，所有題項皆以 Likert 七點尺度法來評估消費者對各子構面之題項的認知程度，分別以「極不同意」、「很不同意」、「不同意」、「普通」、「同意」、「很同意」與「極為同意」區分為七個等級，並給予 1、2、3、4、5、6、7 的分數，分數越高表示消費者對各題項的認知同意程度越高。而問卷中若有反向題時，尚必須將上列七個尺度衡量依次給予反向 7、6、5、4、3、2、1 的分數。觀察表 4-2，明顯的，衡量問項中，第 8 題與第 9 題皆屬反向題，將來進行統計分析前，資料需先進行反向計分，以利後續進行的統計分析。如表 4-2 所示。

表 4-2　知覺價值構面的操作型定義與衡量題項

構面	操作型定義	衡量題項
品質價值 pv1	來自對產品的知覺品質或期望效果	1. 我認為 85 度 C 的產品，其品質是可以接受的。(pv1_1) 2. 我不會對 85 度 C 之產品的品質，感到懷疑。(pv1_2) 3. 我對 85 度 C 之產品的品質，深具信心。(pv1_3) 4. 85 度 C 之產品的品質，常讓我感到物超所值。(pv1_4)
情感價值 pv2	來自對於產品的感覺或感動	5. 我會想使用 85 度 C 的產品。(pv2_1) 6. 我喜歡 85 度 C 的產品。(pv2_2) 7. 使用 85 度 C 的產品後，會讓我感覺很好。(pv2_3)
價格價值 pv3	來自長期或短期的投入金錢成本	8. 我認為 85 度 C 的產品價格不甚合理。(pv3_1) 9. 我認為以此價格購買 85 度 C 的產品是不值得的。(pv3_2) 10. 我認為 85 度 C 的產品，CP 值很高。(pv3_3) 11. 相較於其他價位相近產品，我會選擇購買 85 度 C 的產品。(pv3_4) 12. 我願意以較高的價格，購買 85 度 C 的產品。(pv3_5)
社會價值 pv4	來自產品對社會自我認知的影響力	13. 我認為 85 度 C 的產品，能符合大部分人的需求。(pv4_1) 14. 使用 85 度 C 的產品後，能讓其他人對我有好印象。(pv4_2) 15. 我的好友們，和我一樣，都喜歡購買 85 度 C 的產品。(pv4_3)

4-4 原始問卷的第三部分：品牌忠誠度

　　品牌忠誠度構面，主要將衡量消費者受品牌知名度與品牌形象之影響，而對該品牌之忠誠行為與態度。由於研究目的偏重於實務運用性質，因此參考 Chaudhuri（2001）之主張，以單構面之題項評估消費者對個案公司品牌之忠誠行為。但所有題項將配合案例公司（85 度 C）的商品特性，於遣詞用句上予以適當修改，以使題項內容能符合本研究所涉及之主題的意涵。此外，衡量上，品牌忠誠度構面共包含 5 題問項，所有題項皆以 Likert 七點尺度法來評估消費者對各題項的認知程度，分別以「極不同意」、「很不同意」、「不同意」、「普通」、「同意」、「很同意」與「極為同意」區分為七個等級，並給予 1、2、3、4、5、6、7 的分數，分數越高表示消費者對各題項的認知同意程度越高。如表 4-3 所示。

表 4-3　品牌忠誠度構面的操作型定義與衡量題項

構面	操作型定義	衡量題項
品牌忠誠度 ly	消費者對同一品牌的購買經驗與行為承諾	1. 購買個案公司的產品對我來說是最好的選擇。(ly1) 2. 我是個案公司的忠實顧客。(ly2) 3. 當我有需求時，我會優先選擇個案公司的產品。(ly3) 4. 我願意繼續購買個案公司的產品。(ly4) 5. 我會向親朋好友推薦個案公司的產品。(ly5)

4-5 原始問卷的第四部分：基本資料

此部分主要將進行受訪者的基本資料調查，主要的調查內容有性別、婚姻狀況、年齡、目前職業、教育程度、平均月收入與特色認知（複選題），共七題。所有題項的衡量尺度皆屬名目尺度（SPSS 中稱為名義尺度）。

綜合上述對各主構面之相關衡量題項的介紹，範例論文之完整問卷內容，讀者亦可自行參考附錄一。

4-6 研究範圍與抽樣計畫

本研究將以臺灣地區「85 度 C。咖啡。蛋糕。烘焙專賣店」的消費者為主要研究對象。問卷調查時，於各地「85 度 C。咖啡。蛋糕。烘焙專賣店」的營業時間內，以隨機抽樣的方式，尋求有意願協助填寫問卷的消費者。

由於進行問卷調查時，樣本數的要求一直沒有定論，但是當研究中預期將運用到因素分析技術時，Kerlinger & Lee（2000）曾建議樣本數應至少為問項題數的 10 倍以上。另外，Roscoe（1975）的研究也指出：當從事多變量的研究時，樣本數至少須大於題項數的 10 倍或 10 倍以上為最佳。基於此，本研究預計問卷有效回收率為 80%，並配合三大構面之總測量題項數為 28 題（品牌形象 8 題、知覺價值 15 題與品牌忠誠度 5 題），然後再參考 Kerlinger & Lee（2000）、Roscoe（1975）的建議，以每個題目有 10 個受測者的比例推估（即問項題數的 10 倍），有效問卷預計有 280 份，加上廢卷的考量，因此發放問卷至少 350 份以上（280 / 0.8）。問卷實際施測時間從 2021 年 05 月 10 日至 2021 年 7 月 30 日。經實際施測後，共計發放 350 份問卷，回收 288 份，問卷回收率為 82.29%。剔除填答不完整及不符合研究樣本之無效問卷

計 39 份，共獲得有效問卷 249 份。後續本研究將以這 249 份有效問卷的回應資料，進行統計分析，以驗證品牌形象、知覺價值與品牌忠誠度等三個主構面間的關係。

　　最後，值得一提的是，本書定位於輔導讀者能順利的完成自己所發展的專題、碩論、博論與期刊論文之指導書。因此，只要讀者能循序漸進的跟隨本書後續單元的編排方式與示範說明，必能流暢的、無誤的達成你的任務，「Follow me, you can do it」。

匯入Excel格式的問卷資料

單元 4 中，範例論文之原始問卷（紙本）經發放與回收等過程後，所獲得的已填答之紙本問卷，通常其數量都相當大。在這種情形下，如果直接於 SPSS 中進行輸入資料的工作，效率會比較低，畢竟 SPSS 的資料編輯視窗操作起來並不是那麼的隨心所欲、靈活自如。因此，對於大量資料的輸入工作，通常都會藉由操作便利、數字處理能力優秀的 Excel 軟體來輔助輸入大量回收的問卷資料。

利用 Excel 軟體進行回收問卷的資料輸入前，爲能順利完成回收問卷之登錄作業，建議讀者仍得先爲問卷中的各變數（一個題項就是一個變數）擬定「變數編碼格式表」（如表 5-1），並據以進行變數格式之設定與變數值的指定，以確保後續之資料登錄輸入作業能具有準確、完整及一致性。

雖然，在「變數編碼格式表」中，已針對各個變數名稱、變數標籤、數值、數值標籤、遺漏值、測量等鉅細靡遺的屬性定義，但在 Excel 軟體中輸入回收問卷時，只需要注意各變數的名稱（即，各題項的代號）就可以了。至於「變數編碼格式表」中對於變數的其他屬性設定，將來在 Excel 資料檔匯入 SPSS 中後，再來處理即可。

其次，在 Excel 軟體中輸入回收問卷時，只需要兩個基本操作就可以完成資料輸入的工作。

1. 將所有的變數名稱「逐行」輸入到Excel工作表的第一列中。一個直行（欄位）就是一個變數。

2. 從 Excel 工作表的第二列開始，逐列的「橫向」輸入每張問卷中各題項的填答結果（各變數值）。一個橫列就代表一張問卷（一個受訪者）。

以範例論文之原始問卷爲例，建檔完成時，Excel 檔的外觀，如圖 5-1 所示。

	A	B	C	D	E	F	G	H	I	J	K	L	M	N	O	P	Q	R	S	T
1	bi1_1	bi1_2	bi1_3	bi2_1	bi2_2	bi2_3	bi3_1	bi3_2	bi3_3	pv1_1	pv1_2	pv1_3	pv1_4	pv2_1	pv2_2	pv2_3	pv3_1	pv3_2	pv3_3	pv3_4
2	2	2	2	2	3	2	3	3	2	4	3	2	4	2	3	3	5	5	2	2
3	1	2	1	2	1	1	2	1	1	1	2	1	1	1	2	1	6	7	1	2
4	4	4	3	1	3	1	3	3	2	4	3	2	3	2	7	2	5	7	3	1
5	1	2	1	1	3	2	2	2	2	2	2	4	3	2	5	2	6	4	4	4
6	1	1	1	3	3	2	2	3	3	1	1	2	1	5	3	4	7	6	2	2
7	5	3	5	6	5	6	3	4	5	3	2	3	3	3	4	2	5	7	2	2
8	4	3	2	3	5	5	1	3	4	4	2	2	4	5	6	4	5	5	2	4
9	4	4	4	2	1	3	2	2	2	4	5	3	3	3	4	5	5	3	3	3
10	4	5	3	4	4	4	3	3	4	3	4	5	2	2	6	3	3	3	3	5
11	2	3	2	3	4	4	4	3	4	4	3	4	3	4	2	3	4	5	4	3
12	4	3	3	3	4	3	3	2	3	2	2	4	2	3	3	4	7	6	1	3

	U	V	W	X	Y	Z	AA	AB	AC	AD	AE	AF	AG	AH	AI	AJ	AK	AL	AM
1	pv3_5	pv4_1	pv4_2	pv4_3	ly1	ly2	ly3	ly4	ly5	性別	婚姻	年齡	職業	教育	月收入	ca1	ca2	ca3	ca4
2	1	1	4	4	2	2	3	2	2	2	1	3	2	5	2	0	1	1	1
3	1	1	1	2	2	1	2	1	1	1	2	3	2	4	3	1	0	1	1
4	1	1	2	3	2	4	4	2	2	2	2	3	6	3	1	0	1	1	0
5	4	2	1	2	2	1	3	1	2	1	2	3	4	5	5	0	0	1	1
6	2	2	5	4	2	3	2	3	3	2	2	2	1	5	3	1	0	1	1
7	2	2	4	3	3	3	2	3	2	2	2	3	3	5	4	0	1	0	1
8	3	2	4	5	2	4	2	4	2	1	2	4	4	3	2	0	1	0	1
9	3	2	4	4	2	4	3	3	3	2	2	5	4	4	4	1	1	0	1
10	4	3	3	2	3	3	3	2	3	2	1	3	3	5	2	0	1	1	1
11	4	4	3	2	2	4	3	2	1	1	2	2	1	1	6	0	0	1	1
12	4	3	5	5	4	4	4	3	2	2	1	3	1	5	5	1	0	1	1

原始資料檔

圖 5-1　有效回收問卷之 Excel 原始資料檔

範例 5-1

　　參考單元 4 與附錄 1 中，範例論文《品牌形象、知覺價值與品牌忠誠度關係之研究》的原始問卷與表 5-1 的編碼格式表。「原始資料檔.xlsx」為根據 249 份有效回收問卷之填答結果，所建立好的原始資料檔，試將該 Excel 檔案匯入到 SPSS 中，完成後請另存新檔為「原始資料檔.sav」。

表 5-1　範例問卷之變數編碼格式表

主構面名稱	子構面名稱	題項編號	欄位（變數）名稱	變數標籤	數值	數值標籤	遺漏值	測量
品牌形象	品牌特質	1～3	bi1_1～bi1_3	無	1～7	無	9	尺度
	品牌價值	4～6	bi2_1～bi2_3	無				
	企業聯想	7～9	bi3_1～bi3_3	無				
知覺價值	功能價值	1～4	pv1_1～pv1_4	無	1～7	無	9	尺度
	情感價值	5～7	pv2_1～pv2_3	無				
	價格價值	8～12	pv3_1～pv3_5	無				
	社會價值	13～15	pv4_1～pv4_3	無				
品牌忠誠度	—	1～5	ly1～ly5	無	1～7	無	9	尺度
基本資料	性別	1	性別	無	1	女	9	名義
					2	男		
	婚姻	2	婚姻	無	1	未婚		
					2	已婚		
	年齡	3	年齡	無	1	20 歲以下	9	名義
					2	21～30 歲		
					3	31～40 歲		
					4	41～50 歲		
					5	51～60 歲		
					6	61 歲以上		

主構面名稱	子構面名稱	題項編號	欄位（變數）名稱	變數標籤	數值	數值標籤	遺漏值	測量
	職業	4	職業	無	1	軍公教	9	名義
					2	服務業		
					3	製造業		
					4	買賣業		
					5	自由業		
					6	家庭主婦		
					7	學生		
					8	其他		
	教育	5	教育	無	1	國小（含）以下	9	名義
					2	國中		
					3	高中（職）		
					4	專科		
					5	大學		
					6	研究所（含）以上		
	月收入	6	月收入	無	1	15,000 元以下	9	名義
					2	15,001~30,000 元		
					3	30,001~45,000 元		
					4	45,001~60,000 元		
					5	60,001~75,000 元		
					6	75,001~90,000 元		
					7	90,001~120,000 元		
					8	120,001 元以上		

主構面名稱	子構面名稱	題項編號	欄位（變數）名稱	變數標籤	數值	數值標籤	遺漏值	測量
	特色	7	ca1	咖啡	0 or1	0：未勾選	9	名義
			ca2	糕點				
			ca3	服務		1：勾選		
			ca4	氣氛				

在已經爲有效回收問卷建立好 Excel 原始資料檔的情形下，只要在 SPSS 中直接開啓該檔案，就可以將 Excel 原始資料檔案匯入到 SPSS 中了，相當方便。匯入後，讀者可再根據表 5-1 的變數編碼格式表，進行各變數的細部設定。至於變數之各種屬性的意義與概念的說明，本書將列爲實作「範例 5-1」的先修課程，並已將這些先修課程的教學影音檔附於「範例 5-1」之教學影音檔中。詳細內容，請讀者直接至五南出版社的線上學院（https://www.wunan.com.tw/tch_home），購買與本書同名的線上課程，就可觀看這些先修課程與實作「範例 5-1」的教學影音檔了。

反向題重新計分

　　建立好範例論文之原始資料檔後，在進行資料分析之前，有必要對原始資料進行整理工作。這些整理工作包含反向題重新計分、遺漏值檢查與增補、去除偏離值與資料的常態性檢定等。

　　在本單元中，我們將先來進行反向題重新計分，這項工作也是研究者最容易忽略掉的工作。往往有些研究者，統計分析工作都快完成了，才發覺分析結果不慎合理、怪怪的，最後才發覺，忘了進行反向題重新計分這項最基礎、最重要的工作了。那可真是「坐竹椅，夾到大腿肉」，那種痛苦，你知、我知呀！

　　一般而言，研究者所設計出的研究問卷中通常都會包含正向題與反向題。正向題是指正面敘述的題項內容，如「我認為參與休閒活動有助於促進健康」；而反向題則指帶有否定敘述意味的題項內容，如「我認為參與休閒活動，是無益於促進健康的」。反向題為問卷設計時的普遍技術，其主要目的是為了避免受訪者於填寫問卷時草率作答，一般研究者常會在所設計的研究問卷中安插幾題反向題，藉以偵測受訪者是否符合專心作答的狀態。例如：範例論文的原始問卷中，第二部分知覺價值構面的第 8、9 兩題，即被設計成反向題。如下：

> 8. 我認為個案公司的產品價格不甚合理。(pv3_1)
> 9. 我認為以此價格購買個案公司的產品是不值得的。(pv3_2)

　　問卷調查分析過程中，在量表、問卷設計階段，很多研究者經常會用到的衡量方式是 Likert 七等尺度法（李克特七點量表）。李克特量表具有任意原點的特質，主要用來衡量「認知程度」，雖然其測量本質是「名義的」，但實務分析上，多半視為尺度（區間尺度），舉凡同意度、偏好度、滿意度、理想度、重要性、意向等認知程度上的問題，大多可以使用李克特七等尺度法測量之。

　　此外，根據 Likert 七等尺度法所設計的量表，編製上較容易，並且也能兼顧良好的信度與效度。Likert 七等尺度法中，假設每個選項上皆具有同等量值、但不同受訪者對同一選項的反應認知總會有程度上的差異。在量表計分時，每個題項的選項由「極不同意」、到「極為同意」分為七個選項，正向題分別給予 1、2、3、4、5、6、7 分，分數越高代表同意程度越高；因此反向題的題項計分時，便要給予 7、6、5、4、3、2、1 分。

　　問卷中，各題項之得分，在進行各種統計分析或運算前，必須要注意的是，

這些量表題項之意義的方向必須一致。也就是說，統計分析前的首要工作就是要將題項的計分方式化為一致。因此，雖然在建立原始資料檔時，我們並不會在意問卷中是否包含反向題，而是直接根據受訪者於 7 點量表中的勾選狀態，進行資料的直接輸入。但是，在統計分析前，若問卷中存在反向題時，那麼就必須針對直接輸入後所形成的原始資料檔，進行反向題重新計分的工作。以正向題為基準的話，須將反向題反轉重新計分，否則其與正向題的分數會互相抵消。但若量表中沒有反向題時，則此操作則可予以省略。

範例 6-1

　　資料檔「原始資料檔.sav」為範例論文的原始資料檔，由於問卷第二部分知覺價值構面的第 8、9 兩題（代號 pv3_1 與 pv3_2）為反向題，試予以反向重新計分，並計算每一個個案的量表總分。計算完成後，請另存新檔為「準正式資料.sav」。

　　在範例論文的原始問卷中，第二部分知覺價值構面使用了 15 個題項加以衡量，其中有 13 題正向題、2 題反向題（第 8 與第 9 題等兩題）。對正向題而言，受訪者對題項答題的分數越高，表示受訪者對該題項的認同程度也越高。然而，對於反向題而言，如果受訪者勾選「非常不同意」（原始計分編碼數值為 1，分數得分最低）時，則將代表著其所知覺的認同度應該越高（分數得分最高）。顯而易見，正、反向題對於認同度的計分方式正好相反。在這樣的情形下，為達計分的一致性，研究者通常須將反向題的分數予以反轉，即將原本得分為 1 分者轉為 7 分、原本得分為 2 分者轉為 6 分、原本得分為 3 分者轉為 5 分、原本得分為 5 分者轉為 3 分、原本得分為 6 分者轉為 2 分、原本得分為 7 分者轉為 1 分後，再正式進行統計分析。

　　上述的反向題重新計分後，也須使用變數加以儲存。但由於我們不想讓原始檔案的規模，因為要儲存反向題重新計分後的結果而增加一個新變數。因此，在 SPSS 中，我們將使用【重新編碼成同一變數】的功能來完成。

　　此外，當反向計分完成後，我們將要來計算量表總分。所謂量表總分是指每一個個案（SPSS 資料檔的每一個橫列）中，所有「主要變數」的得分加總，在此所謂的「主要變數」是指問卷中用以衡量各主要構面之題項，因此有關於描述受訪者基

本資料的變數（如性別、年齡等），將不納入個案之量表總分的計算。

　　具備這些相關概念後，爲增進學習效率，所有概念說明與操作過程，都將以教學影音檔的型態呈現。故，請讀者直接至五南出版社的線上學院（https://www.wunan.com.tw/tch_home），購買與本書同名的線上課程，就可觀看實作「範例6-1」的教學影音檔了。

單元 **7**

刪除冗題與確認構面的因素結構

7-1 正式資料取得的標準程序

一份研究中，完整的抽樣過程應分爲兩個階段，第一階段爲預試階段；第二階段爲正式施測階段。

在問卷的設計過程中，通常我們會針對研究主題中所包含的主構面，以過往學者所開發的量表、文獻探討或深度訪談的結果爲基礎（此作爲即爲問卷尋求內容效度之意），逐一的爲各個主構面，建立初始量表，然後整合各主構面的初始量表再加上一些有關受訪者的基本資料問項，就可成爲研究的結構式初始問卷。

製作好初始問卷後，即可進行預試分析，預試分析過程中大致上可分爲兩大工作。第一項工作爲「質性的預試分析」，即聘請產、官、學界的專家各一位（或多位），來檢視初始問卷中各題項的意義與譴詞用句，是否符合研究主題。若不符合的話，當然就需要再去修改初始問卷的題項內容（包含題項的增減、題意的修正）。這一工作主要的目的即是在尋求問卷的專家效度。

待第一項工作完成後，在第二項的「量化預試分析」中，即可針對所預設的研究對象抽取小樣本（例如：110個樣本），然後運用項目分析（item analysis）技術，淘汰品質不良的題項（冗題），以提升問卷題項的品質，進而提高問卷的信度與效度。經量化預試分析後，即可確認各主構面是否包含子構面，以及各子構面中又包含哪些題項，也就是即可確認各主構面的因素結構之意。此時，最後的問卷狀態，我們一般就稱之爲正式問卷。

於是，正式問卷產生後，就進入所謂的正式施測階段了。這時研究者就可根據正式問卷、預設的研究對象與範圍、抽樣計畫，進行正式的市場調查，最後就可獲得足夠數量的原始樣本資料，以進行後續的統計分析了。

7-2 正式資料取得的實務程序

上述的正式問卷產生過程是嚴謹的，也必須花費許多的人力、物力與時間成本。尤其是量化預試分析的部分。但是，根據實務經驗，由小樣本資料經項目分析後所獲得的所謂「正式問卷」，經大量蒐集樣本後，往往研究者會發現，品質不良、相關性較低的冗題又會再度出現，感覺預試分析好像在做「心酸的」。更令人沮喪的現象，甚至連各主構面的因素結構大亂（與所引用的原始量表之因素結構差異很大之意），導致又得重作項目分析，做到甚至懷疑人生，困擾不已。

基於上述原因，較一般性的實務作法是：

1. 根據研究主題，引用過往學者所開發的量表（尋求內容效度），並稍加修改譴詞用句，以獲得各主構面之初始題項進而彙整成初始問卷。

2. 聘請學界專家兩位檢視初始問卷（尋求專家效度），並予以適當的修正題意或譴詞用句。經修正後的初始問卷，由於將首次用來進行資料蒐集的工作，故該修正後的初始問卷將改稱為「原始問卷」。

3. 形成「原始問卷」後，就開始發放「原始問卷」，以蒐集足夠大的樣本資料（研究中，所預設的有效樣本數），這些資料，將稱之為「原始資料」。

4. 「原始資料」將進行下列三項去蕪存菁的工作，在這個階段中所產生的新資料集，都將通稱為「準正式資料」。這三項工作如下：

   (1) 反向題重新計分，如範例 6-1。

   (2) 刪除不良變數：**變數就是題項**，本項工作中，將利用因素分析技術，以刪除冗題並確認各主構面的因素結構，如範例 7-1。

   (3) 刪除不良個案：本項工作中，將進行離群值檢測、常態性檢驗與共同方法變異偵測，藉以刪除資料檔中品質不良的個案資料，如範例 8-1 到範例 10-1。

5. 進行上述之三項工作後的「準正式資料」，再經信度、收斂效度與區別效度評估後（如範例 11-1 至範例 16-1），若能符合一般學術論文對信、效度的要求時，則該「準正式資料」就改稱為「正式資料」，「正式資料」中，所剩餘的題項（變數），即是發表論文時，我們所宣稱的「正式問卷」。而若不能通過信、效度檢驗時，我建議，可再回到第 3 點，再新增一些樣本資料，然後重複第 4 點和第 5 點的工作。

6. 最後，再以「正式資料」進行能達成研究目的各種進階統計分析。

7-3 當論文純粹只以SPSS跑統計分析時

對於上述的實務作法，讀者應可發現，在第 1 點和第 2 點中，就是在進行預試，只是方法是使用「質性」方法而已。因為過往在預試階段，以小樣本的資料來進行刪除冗題與確認因素結構時，效果不佳，以致後續於正式施測階段還須再次進行刪除冗題與確認因素結構的動作，這樣實在是太繁瑣了。因此，我以個人多篇 SSCI 等級期刊論文發表的經驗建議讀者，若你的論文，只是運用到 SPSS 跑統計分析時，在預試階段採用「質性」方法就好，待原始問卷具有內容效度與專家效度後，就可正式施測，蒐集足夠大的樣本，以進行上述實務做法第 4 點的去蕪存菁工作，最後再

進行信、效度評估後，就可進行後續的統計分析了。

　　例如：以本書中的範例論文而言，預定蒐集 280 份有效問卷，且所有統計分析皆屬運用 SPSS 來跑統計即可，不會運用到「結構方程模型」分析技術。在此情形下，論文中的三個主要構面之因素結構與題項的設計，一定是引用過往文獻而來，從而獲得初始問卷，其架構如第 4 單元的說明與圖 4-1。此外，初始問卷也一定會請專家學者檢視，以獲得專家效度。專家修改後的問卷，就是所謂的「原始問卷」了（即附錄 1 中的問卷），至此預試階段結束。

　　接下來，就以「原始問卷」為基礎，開始依據第 4 單元中第 4-6 小節的抽樣計畫，發放 350 問卷，預計回收有效問卷 280 份，但扣除不良問卷後，實收 249 份有效問卷。針對這 249 份有效問卷建立資料檔後，即是所謂的「原始資料」。然後再針對「原始資料」，去進行三項去蕪存菁的工作。當然，此時所獲得的各構面之因素結構，很有可能會與先前我們所引用的量表之因素結構不同，但是沒關係，只要後續我們能證明出我們刪除冗題後，所獲得的各構面之因素結構皆具有信度、收斂效度與區別效度後，那麼刪除冗題後所剩下來的題項，就構成所謂的「正式問卷」，而其資料檔案就是「正式資料檔」了。這個「正式資料檔」就是後續完成論文統計分析的主要資料檔。

7-4 當論文會運用到結構方程模型分析時

　　結構方程模型分析（Structural Equation Modeling, 簡稱 SEM 模型）的本質分成兩類，一類為 CB-SEM（Covariance-Based SEM，以共變數為基礎的 SEM），常用的軟體工具有 LISREL、EQS、AMOS；另一類為 PLS-SEM（Partial Lease Square-based SEM，以最小平方法為基礎的 SEM），常用的軟體工具有 SmartPLS。這兩類 SEM 的基本概念與差異，請讀者可參考第 45 單元的課程內容與「範例 46-1」之教學影音的先修課程。

　　由於 PLS-SEM 進行估計（運用 SmartPLS 軟體）時，主要的方法與概念類似於傳統的迴歸分析，因此，讀者的論文若是想運用 SmartPLS 軟體來發展結構方程模型分析（屬 PLS-SEM）時，那麼獲得「正式資料檔」的程序可完全參照第 7-3 小節中的做法即可。

　　但是，如果讀者的論文若是想運用 AMOS 或 LISREL 軟體來發展結構方程模型分析（屬 CB-SEM）時，由於 CB-SEM 屬驗證性的統計方法，那麼獲得「正式資料檔」

的程序，將完全迥異於第 7-3 小節中的做法。正確的方法應該如下：

以預期獲得 280 份有效問卷（發放 350 份問卷）的情形為例。在如同前述第 7-3 小節中，於質性預試階段，獲得「原始問卷」後，我們將發放 750 份問卷（2 倍），假設獲得 600 份有效問卷，這時須將有效問卷分割成兩部分（各 300 份），即兩個皆具有 300 個樣本的資料檔。首先，「第一個資料檔」將進行探索式因素分析（Exploratory Factor Analysis, EFA），即運用 SPSS 的因素分析功能來刪除冗題，並探索出各主構面的因素結構，如同範例 7-1 的作法。接下來，將以「先前探索出的各主構面之因素結構」為假設，然後以「第二個資料檔」為基礎，並運用結構方程模型中的驗證性因素分析（Confirmatory Factor Analysis, CFA）來檢驗「先前探索出的各主構面之因素結構」的信度、收斂效度與區別效度，如果信、效度檢驗結果符合一般學術性的要求，那麼第二個資料檔的資料，就是所謂的「正式資料檔」。因此，後續的統計分析就將以第二個資料檔為「正式資料檔」，完成所有論文的統計分析工作。

但，若信、效度之檢驗結果不佳時，那麻煩可就大了。此時，研究者只有兩條路可走，第一條修正模型；第二條重頭再來，資料檔作廢，重新蒐集問卷。但這兩條路，我都有走過，非常艱辛，並充滿痛苦的負面情緒。所以，我對於能以 AMOS 或 LISREL 跑結構方程模型分析而發展出論文的研究者，都滿懷敬佩之心。當然，我過去有許多的論文或指導學生論文時，都是以 AMOS 跑結構方程模型分析，但是真的跑的很累。甚至停了三年不敢再以 AMOS 跑結構方程模型分析來指導學生。因為學生常問我：「老師我蒐集資料的過程這麼辛苦、這麼嚴謹，但我跑出來的結果怎麼這麼差？」，這個問題，我實在也沒辦法回答，只能答「因為資料是隨機的」。但後來，SmartPLS 軟體問世後，由於它簡單易用、資料樣本數要求也不像 AMOS 的高標準要求，隨便跑，結果也都很好。也因此我運用 SmartPLS 軟體，於最近 3 年內，又發表了兩篇 SSCI 期刊論文，可見，「以 SmartPLS 跑結構方程模型分析」已漸能被期刊審核者所接受。因此，我強烈建議研究者，想要以結構方程模型分析發展論文時，運用 SmartPLS 軟體（如本書第 45 單元至第 52 單元）應該也是個不錯的選擇。

7-5 刪除冗題與確認構面之因素結構的範例

基於第 7-3 節的說明，本範例論文將省略量化預試分析階段，而直接以「附錄 1」中的原始問卷，蒐集了 249 份的有效問卷。在本單元中將要來進行第二項去蕪存

菁的工作，也就是將根據這 249 個樣本資料集，運用項目分析與 SPSS 的因素分析技術，以淘汰品質不良、相關性較低的冗題並確認主構面的因素結構。項目分析技術相當多，例如：遺漏值的數量評估法、題項平均數評估法、題項變異數評估法、偏態評估法、內部一致性效標法、信度分析（題項總分相關）法與因素分析法。這些方法中，最有效率且可以協助刪除冗題與確認構面的因素結構的方法，就是所謂的因素分析法了。因素分析法的執行流程如圖 7-1。

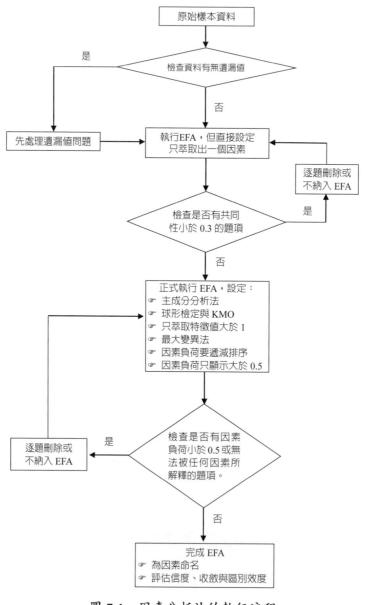

圖 7-1　因素分析法的執行流程

範例 7-1

資料檔「準正式資料.sav」為範例論文的原始資料檔（已反向計分），試以因素分析法刪除冗題與確認各主構面的因素結構。分析完成後，請另存新檔為「正式資料.sav」。

對於因素分析法不熟的讀者，可先參考「範例 7-1」之教學影音檔中的先修課程，或其他書籍以補充因素分析法的相關概念。但基本上，不去做概念上的補強也沒關係，只要仔細聆聽教學影音檔中所說明的相關概念，其實就已經足夠了。

基本上，初始問卷中的所有題項都是有所本的，也就是說，都是引用過往學者所開發的量表而來，那為何會有冗題的出現呢？讀者應能理解學者開發量表時，和你進行研究時，時空背景互異，且樣本資料的取得又是隨機的，所以由這些具隨機性的樣本資料進行題項的適切性評估時，難免會出現辨識度較低，或與其他題項相關性較低的題項，這些題項在本書中稱之為「冗題」，必須予以刪除，否則將影響到後續進階統計方法的分析結果。

其次，當刪除冗題之後，顯然的，最終題項所構成的因素結構必然會和先前我們所引用的量表有所差異。也就是說已失去了引用量表的信度、收斂與區別效度了。在這種情形下，研究者就必須去評估，刪題後，所獲得的新因素結構也是具有信度、收斂與區別效度的，這樣後續的進階統計分析結果才更具有說服力。

不過，信度、收斂與區別效度的評估，我們將在後續的單元中逐一探討。在本單元中，我們將只專注於應用圖 7-1 的流程，來進行刪除冗題與確認各主構面的因素結構，以便能獲得本研究最終的正式研究資料。對於因素分析不熟的讀者也不用太過於擔心，本書已將因素分析的基本概念列為「範例 7-1」的先修課程，並已將這些先修課程的教學影音檔附於「範例 7-1」之教學影音檔中了。詳細內容，請讀者直接至五南出版社的線上學院（https://www.wunan.com.tw/tch_home），購買與本書同名的線上課程，就可觀看這些先修課程與實作「範例 7-1」的教學影音檔了。

7-6 分析結果的撰寫

原始問卷資料，經 6 次的因素分析後，品牌形象構面和品牌忠誠度的所有題項全部予以保留；但知覺價值構面則刪除了 pv1_3、pv2_2、pv3_5 與 pv4_1 等 4 個題項，

剩餘 11 個題項，且刪除題項後可發現，知覺價值構面的因素結構已改變成只有 3 個因素（子構面），第一個因素中包含了 pv1_1、pv1_2 與 pv1_4 等 3 個題項，這些題項與原始量表的第一個子構面「品質價值」之題項大致相同，故維持子構面的名稱為「品質價值」。第二個因素包含了 pv2_1、pv2_3、pv4_2 與 pv4_3 等 4 個題項，顯然這些題項來自原始量表的「情感價值」與「社會價值」子構面，故第二個因素將重新命名為「情感交流價值」子構面。第三個因素則包含了 pv3_1、pv3_2、pv3_3 與 pv3_4 等 4 個題項，這些題項與原始量表的第三個子構面「價格價值」之題項大致相同，故維持子構面的名稱為「價格價值」。上述的原始問卷資料的新因素結構中，各題項予以重新編號整理後如表 7-1，至於新因素結構是否也具有信度、收斂與區別效度，待後續章節中再予評估，至此，本研究已獲得最終的正式問卷分析資料了（其實，只能算是準正式問卷而已，還沒經信效度評估，但因不會再刪題，問卷題目已固定，故先稱之為正式問卷，希望讀者能理解）。新的問卷所包含的題項如附錄 2。

表 7-1　正式問卷資料的因素結構

構面名稱	子構面名稱	題項內容	變數名稱	備註
品牌形象	品牌價值 bi1	1. 85 度 C 的產品風味很特殊。	bi1_1	
		2. 85 度 C 的產品很多樣化。	bi1_2	
		3. 85 度 C 和別的品牌有明顯不同。	bi1_3	
	品牌特質 bi2	4. 85 度 C 很有特色。	bi2_1	
		5. 85 度 C 很受歡迎。	bi2_2	
		6. 我對 85 度 C 有清楚的印象。	bi2_3	
	企業聯想 bi3	7. 85 度 C 的經營者正派經營。	bi3_1	
		8. 85 度 C 形象清新。	bi3_2	
		9. 85 度 C 讓人聯想到品牌值得信任。	bi3_3	
知覺價值	品質價值 pv1	1. 我認為 85 度 C 的產品，其品質是可以接受的。	pv1_1	
		2. 我不會對 85 度 C 之產品的品質，感到懷疑。	pv1_2	
		3. 85 度 C 之產品的品質，常讓我感到物超所值。	pv1_3	原 pv1_4

構面名稱	子構面名稱	題項內容	變數名稱	備註
	情感交流價值 pv2	4. 我會想使用 85 度 C 的產品。	pv2_1	
		5. 使用 85 度 C 的產品後，會讓我感覺很好。	pv2_2	原 pv2_3
		6. 使用 85 度 C 的產品後，能讓其他人對我有好印象。	pv2_3	原 pv4_2
		7. 我的好友們，和我一樣，都喜歡購買 85 度 C 的產品。	pv2_4	原 pv4_3
	價格價值 pv3	8. 我認為 85 度 C 的產品價格不甚合理。	pv3_1	
		9. 我認為以此價格購買 85 度 C 的產品是不值得的。	pv3_2	
		10. 我認為 85 度 C 的產品，CP 值很高。	pv3_3	
		11. 相較於其他價位相近產品，我會選擇購買 85 度 C 的產品。	pv3_4	
品牌忠誠度		1. 購買個案公司的產品對我來說是最好的選擇。(ly1)	ly1	
		2. 我是個案公司的忠實顧客。(ly2)	ly2	
		3. 當我有需求時，我會優先選擇個案公司的產品。(ly3)	ly3	
		4. 我願意繼續購買個案公司的產品。(ly4)	ly4	
		5. 我會向親朋好友推薦個案公司的產品。(ly5)	ly5	

單元 **8**

離群值檢測

在前一單元中，藉由「原始問卷」（附錄 1），蒐集 249 份樣本資料後，即開始進行如第 7-3 節所說明的三項去蕪存菁工作。「反向題重新計分」（範例 6-1）、「刪除冗題與確認各主構面之因素結構」（範例 7-1）的工作皆已進行完畢。這兩項工作後，其實資料集尚屬「準正式資料」而已，因為後續還將繼續刪除不良個案。但在「範例 7-1」中，已先將刪除冗題後的資料檔，預先稱其為「正式資料.sav」了，不過這只是檔案名稱預先設定而已，並不影響後續的統計分析過程，這點請讀者要注意。

接下來，我們將要來進行去蕪存菁的第三項工作，即刪除不良個案。首先將進行離群值的檢測。離群值英文為 outlier，跟臺語的「漚梨仔」，音、義都蠻接近的，一般就是指不良品的意思。而在統計學中，離群值則意指某一個案的資料值與其他資料值間呈現很大差異的情形，也就是說，離群值會遠大於或遠小於同一筆數據中的其他觀察值。離群值的存在，將會嚴重影響到很多統計分析的估計值。例如：從基本的母體特徵判別、平均值的估計到兩個變數之間的線性相關，甚至一些統計模式的參數估計值等，都很有可能會因離群值的存在而產生偏差。如果這些離群值沒有在資料分析的初始階段或過程中被檢驗出來，則後續的進階統計分析，在結果的詮釋上也將會有所偏誤（譚克平，2008）。顯見，離群值是種品質不良的資料，必須從資料檔中移除。

過往文獻中已提出多種判斷離群值的方法，例如：標準化值法（standardized value）與盒形圖法。而最簡單易用的方法就是盒形圖法了。

盒形圖（Box-Whisker Plot，簡稱 Box Plot）是資料的一種圖形展示法，從視覺上即可有效的找出資料之五種主要的表徵值，這五種主要表徵值如：資料之集中趨勢、變異、偏態、最小值、最大值等。因此，盒形圖又稱「五指標摘要圖」（five-number summary plot）（如圖 8-1）。

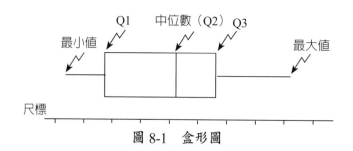

圖 8-1　盒形圖

Q1：第一「四分位數」或稱爲第 25 百分位數。

Q2：第二「四分位數」，即第 50 百分位數，或稱爲中位數。

Q3：第三「四分位數」或稱爲第 75 百分位數。

利用盒形圖辨認離群值是種相當簡便的方法。爲了方便說明，假設盒形圖是以垂直的方式呈現，如圖 8-2 所示。垂直盒形圖中盒子內的水平線，代表變數資料的中位數，盒子上下兩端的水平線分別稱爲上樞紐（upper hinge）及下樞紐（lower hinge），上樞紐代表該變數的第 75 百分位數（Q3），下樞紐則爲第 25 百分位數（Q1）。也就是說，上、下樞紐的值，就是該變數的第 75 及第 25 百分位數。上、下樞紐之間的距離稱爲四分位距（interquartile range, IR），它代表盒形圖中盒子的高度。此外，內側欄（inner fence）是指離開上及下樞紐以外 1.5 個四分位距的距離〔記爲 1.5×（Q3−Q1）或 1.5×IR〕，而外側欄（outer fence）是指離開上及下樞紐以外 3 個四分位距的距離〔記爲 3×（Q3−Q1）或 3×IR〕。

在 SPSS 中，離群值可分爲偏離值與極端值兩種類型。當 SPSS 幫我們畫出垂直盒形圖後，偵測離群值時，方法如下：

1. 非離群值：落在上、下內側欄之間的觀察值。

2. 偏離值：落於內、外側欄之間（即 1.5×IR 至 3×IR 之間）的觀察值，即稱爲偏離值。它屬於離群值的一種類型。在 SPSS 的輸出報表中，會以「o」標示出來。這

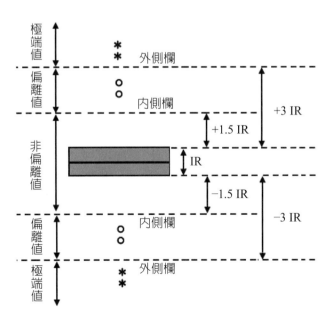

圖 8-2　運用盒形圖辨認離群值

種觀察值可考慮刪除。

3. 極端值：落於外側欄以外（即大於 3×IR）的觀察值，即稱為極端值。它亦屬於離群值的一種類型。在 SPSS 的輸出報表中，會以「*」標示出來。這種觀察值建議直接刪除之。

範例 8-1

請開啓範例論文的正式資料檔「正式資料.sav」，試偵測該筆資料是否具有偏離值或極端值，若有，請刪除之，然後直接存檔。

在這個範例中，主要將練習製作盒形圖，並據以辨識出偏離值或極端值。實作時，我們將針對每個個案的代表值「量表總分」進行偵測。偵測「量表總分」是否具有離群值的過程，將以教學影音檔的方式呈現，以增進學習效率，讀者可直接至五南出版社的線上學院（https://www.wunan.com.tw/tch_home），購買與本書同名的線上課程，就可以觀看實作「範例 8-1」的教學影音檔了。

再次的說明一下，在「範例 7-1」中，完成「刪除冗題與確認各主構面之因素結構」的工作後，其實資料集應尚屬「準正式資料」而已。但在「範例 7-1」中，已先將刪除冗題後的資料檔，預先稱其為「正式資料.sav」了，所以接下來資料檔內容若有變動的話，請讀者皆存檔為「正式資料.sav」，直到信、效度評估結束後（單元 16），皆如此，這點請讀者要注意。

8-1 分析結果的撰寫

圖 8-3 即為變數「量表總分」的盒形圖。觀察「量表總分」的變數值分布，可發現並沒有極端值（以「*」標示）的存在，只有 1 個偏離值（以「o」標示），其個案編號為編號第 2 號。對於這個偏離值，研究者可以考慮從資料檔中予以刪除，以避免日後於分析上產生偏誤。刪除第 2 號個案後，「正式資料.sav」將只剩 248 個個案。

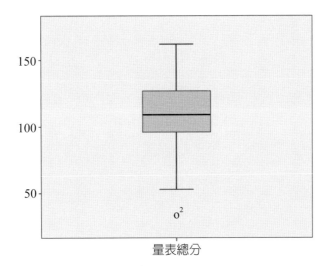

圖 8-3 變數「量表總分」的盒形圖

單元 **9**

常態性檢驗

很多統計方法的前提假設，常假定所處理的資料必須要符合常態分配（normal distribution）的特質。在這種情形下，進行統計分析前，研究者有必要檢測樣本資料是否可以符合此前提假設。如果不符合，則不可以使用該統計方法；而應先進行資料的轉換，使能符合常態分配的特質後，再進行後續的統計分析。

資料若符合常態分配的特質時，其次數分配圖（橫軸爲變數之取值，縱軸爲出現頻率）就如同圖 9-1 所示。它是一種以變數的平均值（mean）爲中心，標準差（standard deviation）爲橫軸座標之刻度單位、次數頻率爲縱軸座標，所繪製的資料分布圖，其形狀爲覆鐘形的對稱圖形。常態分配中，資料分布概況，具有以下的特性：

☞ 橫軸座標介於 $\mu \pm 1\sigma$ 的區間，將含有全樣本之 68.26% 的個案。
☞ 橫軸座標介於 $\mu \pm 2\sigma$ 的區間，將含有全樣本之 95.44% 的個案。
☞ 橫軸座標介於 $\mu \pm 3\sigma$ 的區間，將含有全樣本之 99.72% 的個案。
☞ 95% 的個案會落在橫軸座標 $\mu \pm 1.96\sigma$ 的區間內。
☞ 99% 的個案會落在橫軸座標 $\mu \pm 2.58\sigma$ 的區間內。

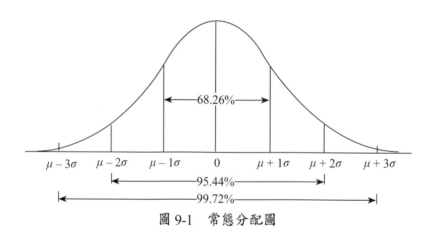

圖 9-1　常態分配圖

此外，在分配圖的外觀上，則具有下列的基本特性：

1. 常態分配圖形具有單一主峰（single peak），且左、右對稱。其平均值位置在圖形的正中央。越接近平均值的數值出現的頻率越高，越遠離平均值的數值出現的頻率越低。且平均值、中位數（median）、眾數（mode）之數值、圖形位置均相同。

2. 當左偏（skew to left）時：圖形尾部拖向左側延伸，含有極小值，其主峰會偏向右邊，此時，眾數 > 中位數 > 平均值。

3. 當右偏（skew to right）時：圖形尾部拖向右側延伸，含極大值，其主峰偏向左邊，此時，眾數＜中位數＜平均值。

一般而言，所謂的常態性（normality），是指樣本資料的分配結構要符合常態分配的特性。有很多推論統計分析（如相關分析、迴歸分析等），都具有樣本資料須符合常態性的前提條件，才能獲得可靠、有效的分析結果。因此，研究者在進行統計分析之前，有必要針對樣本資料進行常態性檢定，以避免誤用統計方法。在本單元中，我們將介紹三種有關資料常態性的檢驗方法，分別為：

1. 用圖形來觀察資料的常態性
2. 利用假設檢定來判斷資料的常態性
3. 運用變數分配的偏態（skewness）和峰度（kurtosis）等統計量

第1、2種檢測方法可以使用 SPSS 的「預檢資料」功能達成，第3種檢測方法則須先應用「描述性統計資料」功能，算出資料的偏態和峰度，當偏態與峰度的絕對值皆小於2時，則可認定資料具常態性（Bollen & Long, 1993）。偏態與峰度值的計算於本書後續單元（第23單元）中再予以介紹，本章將只說明如何運用【預檢資料】功能來檢測資料的常態性。

範例 9-1

請開啟範例論文的正式資料檔「正式資料.sav」，試探討該樣本資料集是否具有常態性。

範例論文主要在探討品牌形象、知覺價值與品牌忠誠度等三個主構面間的關係，故未來進行描述統計或推論統計等高階統計分析時，主要亦是針對此三個主構面。因此，判斷其「正式資料」集是否具有常態性時，將針對品牌形象、知覺價值與品牌忠誠度等三個主構面之題項的得分狀況而評定。

基於此，在做法上，研究者須先求算出每一個受訪者於這三個主構面上的代表性得分，這個代表性得分就是我們先前已求算出的量表總分（三個主構面的總得分）。這樣，針對每個受訪者的代表性得分（量表總分），就可探討「正式資料」集的常態性了。在「正式資料.sav」中，變數「量表總分」已計算完成。接著，我們就可以針對變數「量表總分」，然後利用 SPSS 的「預檢資料」功能，探索樣本資料

是否具有常態性，以便能初步掌握資料的穩定性，爲將來較爲高階的統計分析奠定良好基礎。

在教學影音檔中，考量到有些讀者對於常態性的基本概念，可能相當陌生。因此，本書將這些常態性的基本概念列爲本單元的先修課程，讀者可先觀看這些先修課程，然後再進行「範例9-1」的實務操作。詳細課程內容，讀者可直接至五南出版社的線上學院（https://www.wunan.com.tw/tch_home），購買與本書同名的線上課程，就可以觀看實作「範例9-1」的教學影音檔了。

9-1 分析結果的撰寫

範例之正式資料集（樣本數爲248）的常態性檢定結果，本研究將以圖形與檢定方法分別予以描述：

（一）用圖形來觀察資料的常態性

一般來說，研究者可以透過繪製資料直方圖（如圖9-2）的方式，直觀地判斷「樣本資料的分配是否符合常態性」。從圖9-2中可以看到，原始問卷資料的直方圖具有近似於常態分配的外觀（如圖9-1），越接近圖形中央數值時，出現的頻率越高，而越遠離圖形中央數值時，出現的頻率越低，這說明了「正式資料集」應具有不錯的常態性。根據實務經驗，只要樣本數較大，那麼直方圖通常都會是個彎類似常態分

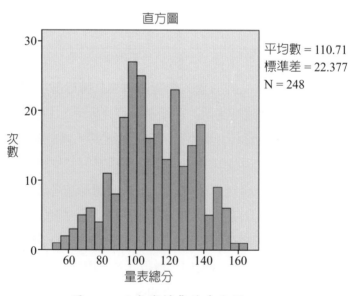

圖 9-2　正式資料集的直方圖

配的單峰圖形。但是如果樣本數不夠大時，那麼直方圖看起來就會比較不像常態分配，因而也就很難利用這種直方圖來值觀的評價資料的常態性了。

因此，除了直方圖之外，還有一種圖形也可以用來判斷資料的常態性，那就是Q-Q 圖。它在樣本數較小時，比一般的直方圖更容易判斷。使用相同的「正式資料集」，可以繪製如圖 9-3 的常態 Q-Q 圖和圖 9-4 的去除趨勢常態 Q-Q 圖。

圖 9-3 為常態 Q-Q 圖，如果資料呈常態分配的話，那麼常態 Q-Q 圖中的資料點應會和代表標準常態分配的對角線重合或於對角線附近上、下分布。由圖 9-3 可發現，雖然資料分布狀況較為隨機，但資料點基本上大都還是落在對角線附近上、下分布的，只是有幾個資料稍微偏離而已（在圖 9-3 中被圈起來的部分）。但整體而

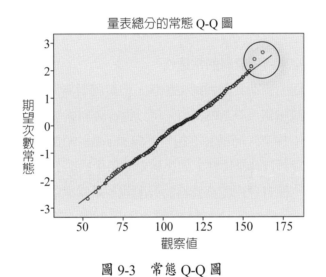

圖 9-3　常態 Q-Q 圖

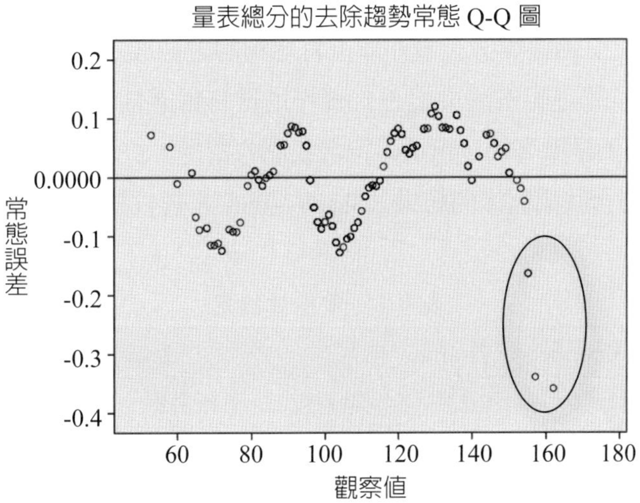

圖 9-4　去除趨勢常態 Q-Q 圖

言，資料並未出現明顯違反常態分配的情況。

　　爲了更仔細的觀察，我們也可以看圖 9-4 的去除趨勢常態 Q-Q 圖。該圖描述的是，標準常態分配所計算的理論值與實際資料值之差的分配情況。如果資料服從常態分配，則該差值應會較均勻的分布在 Y=0（與標準常態分配的差異爲 0 的意思）這條直線上、下。由圖 9-4 可發現，除幾個資料點離理論分配線較遠外（在圖 9-4 中被圈起來的部分），其他點的分布大致上也都沿 Y=0 這條基準直線而上、下分布。由此可見，資料應可被認爲是服從常態分配的。

　　在一些較爲複雜的統計方法中，資料的常態性假設往往是最基本的要求。因此，資料的常態性在統計分析過程中占有舉足輕重的地位。雖然從圖形可以直觀的判斷資料是否符合常態分配，但是爲求論文的嚴謹性，對於資料常態性的認定，還是透過 Shapiro-Wilk 常態性檢定來檢驗會比較妥當。

（二）利用假設檢定來判斷資料的常態性

　　圖形雖然可直觀的協助我們判斷常態性，但是絕對無法取代以精確的數學計算和推理爲基礎的假設檢定。在 SPSS 中，可以進行資料常態性檢定的方法有兩種：Kolmogorov-Smirnov 檢定（簡稱 K-S 檢定）與 Shapiro-Wilk 常態性檢定。這兩種檢定的虛無假設是：資料符合常態性。如果檢定結果中的顯著性小於 0.05 時，那麼就可以拒絕虛無假設，而有理由認爲資料的分配並不是常態的，否則就必須接受資料具有常態性的假設。一般而言，當資料的樣本數較少時，研究者通常會使用 Shapiro-Wilk 常態性檢定來檢驗常態性。因此，在本範例論文中，我們亦將使用 Shapiro-Wilk 常態性檢定來檢驗常態性。

　　從表 9-1 的常態性檢定中可發現 Shapiro-Wilk 常態性檢定的顯著性爲 0.102，大於 0.05，所以不能拒絕虛無假設，亦即沒有足夠的證據顯示可以否定資料分配的常態性。因此，可以認定範例論文之正式資料是具有常態性的。雖然，Kolmogorov-Smirnov 檢定的結果是顯著的，但這不符合我們的期待。故兩種檢定結果中，我們當然只挑那個可以符合我們需求的結果（Shapiro-Wilk 常態性檢定）來呈現就好。

表 9-1　常態性檢定

	Kolmogorov-Smirnov 檢定 [a]			Shapiro-Wilk 常態性檢定		
	統計量	自由度	顯著性	統計量	自由度	顯著性
量表總分	.061	248	.024	.990	248	.102

最後，特別要去注意的是，萬一樣本資料無法通過常態性的檢驗時，建議研究者可以去算出量表總分的偏態和峰度，當偏態與峰度的絕對值皆小於 2 時，則亦可認定資料具常態性（Bollen & Long, 1993）。這個方法比較容易得到樣本資料符合常態性的結果。但使用偏態與峰度後，若資料還是不具常態性，那最後的絕招就是增加樣本數了，也就是再去發放問卷，以增加樣本數，只要樣本數增加，那麼資料具常態性的可能性也會提高。

單元 **10**

檢測共同方法變異

所謂的共同方法變異（Common method variance, CMV）意指：因爲同樣的資料來源或受訪者、同樣的測量環境、量表語意以及量表本身特徵，所造成的自變數與依變數間的人爲共變關係（周浩、龍立榮，2004）。這種人爲的共變關係對研究結果將產生嚴重的混淆，並對結論有潛在的誤導，是一種系統性誤差。共同方法變異在心理學、行爲科學、管理學等研究中，特別是採用問卷調查法的研究中廣泛存在。因此，引起了越來越多研究者的注意。

在樣本資料集的變數中，如果同時包含了研究架構中的自變數和依變數，而且這些資料都是透過問卷而向同一群受訪者蒐集而得的話，那麼這個研究就可能已經存在所謂的「共同方法變異」問題了（彭台光、高月慈、林鉦棽，2006）。因爲，同一受訪者在填寫問卷時，會同時的填寫到自變數與依變數的所有題項（同源），所以自變數與依變數的相關性非常有可能會受到來自該受訪者本身的某些因素影響，而造成所謂的同源性偏差（同一位受訪者，同時填寫自變數與依變數所導致的偏差），進而導致自變數與依變數之間的相關性無謂的膨脹（即產生偏誤）。若自變數與依變數之間的相關性眞的會因爲同源（同一位受訪者）而失眞時，那麼這種失眞（變異）的現象，就稱爲我們的測量工具（問卷）產生共同方法變異了。

基本上，我們爲範例論文所設計的原始問卷，將來進行問卷調查時，必定是同源的。例如：根據研究架構，我們將會去研究品牌形象是否會影響品牌忠誠度，這時品牌形象是自變數；而品牌忠誠度就是依變數，但是這兩變數的所有題項都內含在原始問卷中，因此，受訪者填寫問卷時，也必定就會同時填寫品牌形象和品牌忠誠度的題項了，故原始問卷是屬於同源設計的問卷。也因爲是同源的，因此在進行進階統計分析之前，我們必須去確認在這種同源設計下，是否眞的產生共同方法變異了。

10-1 Harman單因素檢驗法

Harman 單因素檢驗法常被用來檢驗共同方法變異是否存在。這個統計技術的基本假設是如果方法變異明顯存在的話，那麼進行因素分析時，可能會出現兩種現象：一爲只萃取出單獨一個因素；另一爲某個共同因素解釋了大部分的變異量。因此，欲以 Harman 單因素檢驗法檢驗共同方法變異是否存在時，傳統的做法是把問卷中所有的變數（題項）放到一個因素分析中，然後檢驗未旋轉的因素分析結果，以確定最少的因素個數。如果只萃取出一個因素或某個因素的解釋力特別大時，即可判

定存在嚴重的共同方法變異。一般的評判標準為：若單一因素對所有的變數能解釋 50% 以上之變異量的話，那麼就會被認為有嚴重的共同方法變異（Podsakoff, MacKenzie, & Lee, 2003）。

Harman 單因素檢驗的最大優點是簡單易用，但切記它僅僅是一種評估共同方法變異之嚴重程度的診斷技術而已，且並沒有任何控制共同方法變異的效果存在（Podsakoff et al., 2003）。

10-2 檢驗共同方法變異之範例

範例 10-1

請開啓「正式資料.sav」，試檢驗該樣本資料是否存在「共同方法變異」的問題？

由於上述原始問卷的調查過程中，受訪者會同時填答自變數與依變數的所有題項，故可能造成同源性偏差而引發共同方法變異的問題。在此，將示範運用 Harman 單因素檢驗法檢驗共同方法變異是否存在。詳細課程內容，讀者可直接至五南出版社的線上學院（https://www.wunan.com.tw/tch_home），購買與本書同名的線上課程，就可以觀看實作「範例 10-1」的教學影音檔了。

依照教學影音檔的操作過程，當可跑出因素分析之報表，報表會相當長。但因為我們的主要目的，只在於利用 Harman 單因素檢驗法檢驗樣本資料是否存在共同方法變異的問題，因此，我們只要針對「解說總變異量」表進行解說即可。

10-3 分析結果的撰寫

表 10-1 即為執行未轉軸的因素分析後，所獲得的「解說總變異量」表，「平方和負荷量萃取」欄位即代表著所萃取出之因素的特徵值、解釋變異量與累積總變異量。若未轉軸的因素分析結果中，單一因素對所有的變數能解釋 50% 以上之變異量的話，那麼就會被認為有嚴重的共同方法變異（Podsakoff, et al., 2003）。據此，觀察表 10-1 的「平方和負荷量萃取」欄位，可發現因素分析結果總共萃取了 6 個特徵值大

於 1 的因素。第一個因素的可解釋變異為 41.297%（最大），但小於 50%。由於分析結果得到 6 個因素，且解釋能力最大的第一個因素並不能解釋其中大部分的變異（只有 41.297%，小於 50%），所以我們可認為在本研究中，共同方法變異的問題並不明顯。

表 10-1　解說總變異量

元件	初始特徵值			平方和負荷量萃取		
	總數	變異數的 %	累積 %	總數	變異數的 %	累積 %
1	10.324	41.297	41.297	10.324	41.297	41.297
2	2.929	11.716	53.013	2.929	11.716	53.013
3	2.172	8.689	61.702	2.172	8.689	61.702
4	1.994	7.976	69.678	1.994	7.976	69.678
5	1.496	5.985	75.663	1.496	5.985	75.663
6	1.137	4.546	80.209	1.137	4.546	80.209
7	0.733	2.931	83.141			

10-4 控制共同方法變異

避免共同方法變異的方式可分為程序控制和統計控制等兩類（周浩、龍立榮，2004）。程序控制指的是研究者在問卷設計與測量過程中就積極採取控制措施，以避免可能產生共同方法變異的情況。例如：以不同來源分別測量自變數與依變數、對測量進行時間上、空間上、心理上或方法上的隔離、保護受訪者的匿名性、減小對測量目的的猜疑以及改進量表題項順序等（彭台光、高月慈、林鉦棽，2006）。由於程序控制是直接針對共同方法變異之來源的事前預防控制方法，因此研究者在抽樣計畫上，應該優先考慮採用這種程序控制的方法，以嘗試杜絕共同方法變異的問題產生。

但是，在某些研究情境中，由於受某些條件的限制，上述的程序控制方法並無法確實落實，或者無法完全消除共同方法變異時，這個時候就應該考慮在資料分析時採用統計的方法來對共同方法變異進行事後補救的控制了。例如：使用第三因素測試法、潛在 CMV 變數測試法、偏相關法、量表題項修整法、多特質多方法模式（multi-trait multi-method，即 MTMM 法）等（彭台光、高月慈、林鉦棽，2006）。

求算Cronbach's α值

　　問卷的原始樣本資料，經過第 6 到 10 單元的去蕪存菁、千錘百鍊之後，終於可固定與確認資料集中所應具有的變數與樣本數了，這時的資料集狀態雖仍處於「準正式」狀態，但先前於「範例 7-1」中，我們已將這個「準正式」狀態的資料集命名為「正式資料.sav」了。這個「準正式」狀態的資料集只要再通過信、效度評估後，就可真正的變成「正式資料」了，那麼其資料檔名稱「正式資料.sav」，就可名符其實了。

　　因此，接下來從第 11 單元到第 16 單元中，我們將利用這個「準正式」狀態的資料集（檔名為正式資料.sav）來檢驗測量工具（「準正式」狀態下的問卷）的信、效度。檢驗信、效度時，將包含四項檢驗工作，如表 11-1。這四項檢驗工作分別為：檢驗各測量題項（指標）間是否具有信度（內部一致性）、檢驗各測量題項（指標）是否具有指標信度、檢驗範例論文中的三個主構面（品牌形象、知覺價值與品牌忠誠度）是否具有收斂效度、區別效度。而在本單元中，我們將先評估測量工具（問卷）的信度（即內部一致性）。

表 11-1　評估信、效度的準則依據

項目	準則	依據
內部一致性	Cronbach's α 或 CR 值大於 0.7	Nunally & Bernstein (1994); Gefen, Straub, & Boudreau (2000); Esposito Vinzi et al. (2010)
指標信度	標準化因素負荷量大於 0.5	Hulland (1999)
收斂效度	AVE 值大於 0.50	Fornell & Larcker (1981) Bagozzi & Yi (1988)
區別效度（Fornell-Larcker 準則）	每一個構面的 AVE 平方根應大於該構面與其他構面間的相關係數。	Fornell & Larcker (1981)

11-1 信度的基本概念

　　在測量過程中，對相同的一群受訪者、使用相同的測量工具（問卷），重複進行多次測量時，研究者就可以去評估看看每一次測量結果的「相似程度」。而這「相似程度」的統計學描述方式，一般即稱為信度（reliability）或內部一致性（internal consistency）。因此，信度的主要意義是指，當研究者針對某一群固定的受測者，利

用同一種測量工具（問卷），在重複進行多次測量後，所得到的結果的相似程度。測量工具的信度越高，表示該測量工具之測驗結果的可信程度也越高。

　　評估信度時，學界最常使用的指標是 Cronbach's α 值，Cronbach's α 值會介於 0 和 1 之間，其數值越靠近 1，則代表信度越高。研究中評估信度時，可參考吳統雄（1984）所建立的 Cronbach's α 值與信度對照表，如表 11-2。一般而言，Cronbach's α 值大於 0.7，我們就會認為測量工具具有信度或內部一致性。另外，評估問卷各題項間的內部一致性時，也可以使用組合信度（CR 值），組合信度的概念與計算方式，我們留待下一單元再來說明。

表 11-2　可信度高低與 Cronbach α 係數之對照表

可信度	Cronbach's α 值
不可信	Cronbach's α 值 < 0.3
勉強可信	0.3 ≦ Cronbach α 值 < 0.4
可信	0.4 ≦ Cronbach α 值 < 0.5
很可信（最常見的標準）	0.5 ≦ Cronbach α 值 < 0.7
很可信（學術論文的標準）	0.7 ≦ Cronbach α 值 < 0.9
十分可信	0.9 ≦ Cronbach α 值

11-2 信度分析範例

範例 11-1

　　請開啟範例論文之問卷的資料集（正式資料.sav），試計算該問卷中各構面的 Cronbach's α 值，並將該值填入評估信、效度的指標表中，如表 11-3。最後，再根據表 11-3 與表 11-1 評估各構面與整體問卷的信度。

表 11-3　評估信、效度的指標

二階構面	一階構面	指標	因素負荷量	Cronbach's α	CR 值	AVE 值
品牌形象				0.893		
	品牌價值	bi1_1		0.880		
		bi1_2				
		bi1_3				
	品牌特質	bi2_1		0.887		
		bi2_2				
		bi2_3				
	企業聯想	bi3_1		0.943		
		bi3_2				
		bi3_3				
知覺價值				0.873		
	品質價值	pv1_1		0.928		
		pv1_2				
		pv1_3				
	情感交流價值	pv2_1		0.940		
		pv2_2				
		pv2_3				
		pv2_4				
	價格價值	pv3_1		0.933		
		pv3_2				
		pv3_3				
		pv3_4				
	品牌忠誠度	ly1		0.912		
		ly2				
		ly3				
		ly4				
		ly5				
整體信度				0.936		

表 11-3 是個相當重要的表格，只要我們於表格中填入因素負荷量、Cronbach's α 值、CR 值與 AVE 值後，就可用來評估問卷題項間的內部一致性、單一問項（指標）的指標信度與各主構面的收斂效度。內部一致性、指標信度與收斂效度的評估標準，如表 11-1。

依照範例 11-1 的題意，我們需要利用 SPSS 的信度分析功能，去求算出各構面的 Cronbach's α 值。詳細操作過程，讀者可直接至五南出版社的線上學院（https://www.wunan.com.tw/tch_home），購買與本書同名的線上課程，就可以觀看實作「範例 11-1」的教學影音檔了。

11-3 分析結果的撰寫

利用 SPSS 的信度分析功能，求算出各構面的 Cronbach's α 值，並填入表 11-3 後，我們就可根據表 11-1 的評估標準，評估各構面題項間的內部一致性了，結論如下：

觀察表 11-3，範例論文中各構面的 Cronbach's α 值介於 0.880～0.943 之間，全部都大於 0.7，整體問卷的 Cronbach's α 值亦達 0.936，明顯超過 0.7。顯見範例論文中所使用的問卷應已達學術上對測量工具之內部一致性的要求。

單元 12

求算CR值

組合信度或稱為建構信度（construct reliability，簡稱 CR），組合信度為構面的信度指標，可用來衡量構面之所屬題項的內部一致性，CR 值越高表示這些題項間的內部一致性越高。一般學者建議構面的 CR 值宜大於 0.6（Bagozzi and Yi, 1988）。

組合信度的計算公式如下：

$$CR = \frac{(\sum \lambda)^2}{\left[(\sum \lambda)^2 + \sum (\theta)\right]}$$ （式 12-1）

CR：組合信度

λ：題項的標準化因素負荷量

θ：題項的測量誤差，$\theta = 1 - \lambda^2$ 基本上，由式 12-1 的公式應可理解，組合信度在計算上也是蠻複雜的，也或許有些讀者根本更不知如何計算起。為此，本書提供了簡便的計算方式，該計算方法是先將組合信度的公式建立在「cr_ave.xls」中，只要進行一些簡單的複製與輸入標準化因素負荷量的工作，就可算出組合信度。

12-1 求算CR值的範例

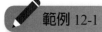
範例 12-1

　　請開啓範例論文之問卷的資料集（正式資料.sav），試計算該問卷中各構面的 CR 值，並將該值填入評估信、效度的指標表中，如表 12-1。

表 12-1　評估信、效度的指標

二階構面	一階構面	指標	因素負荷量	Cronbach's α	CR 值	AVE 值
品牌形象				0.893		
	品牌價值	bi1_1	0.867	0.880	0.891	
		bi1_2	0.844			
		bi1_3	0.856			
	品牌特質	bi2_1	0.818	0.887	0.883	
		bi2_2	0.844			
		bi2_3	0.876			

二階構面	一階構面	指標	因素負荷量	Cronbach's α	CR 值	AVE 值
	企業聯想	bi3_1	0.930	0.943	0.935	
		bi3_2	0.924			
		bi3_3	0.873			
知覺價值				0.873		
	品質價值	pv1_1	0.926	0.928	0.942	
		pv1_2	0.912			
		pv1_3	0.920			
	情感交流價值	pv2_1	0.901	0.940	0.949	
		pv2_2	0.906			
		pv2_3	0.911			
		pv2_4	0.909			
	價格價值	pv3_1	0.906	0.933	0.940	
		pv3_2	0.883			
		pv3_3	0.878			
		pv3_4	0.905			
	品牌忠誠度	ly1	0.882	0.912	0.935	
		ly2	0.849			
		ly3	0.824			
		ly4	0.871			
		ly5	0.876			
整體信度				0.936		

　　在求算出 CR 值之前，必須先利用因素分析取得各題項的標準化因素負荷量。因素分析先前於第 7 單元已做過，在本單元中將重做一次，藉以取得各題項的標準化因素負荷量。得到因素負荷量後，將把這些因素負荷量輸入到「cr_ave.xls」中，這樣就可求算出各構面的 CR 值了，詳細操作過程，讀者可直接至五南出版社的線上學院（https://www.wunan.com.tw/tch_home），購買與本書同名的線上課程，就可以觀看實作「範例 12-1」的教學影音檔了。

12-2 分析結果的撰寫

利用 SPSS 的因素分析功能，取得各題項的標準化因素負荷量後，再帶入式 12-1 中就可算出各子構面的組合信度（CR 值），將 CR 值填入表 12-1 後，我們就可根據表 11-1 的評估標準，來評估各構面題項間的內部一致性了，結論如下：

觀察表 12-1，範例論文中各子構面的 CR 值介於 0.883～0.949 之間，全部都大於 0.7。依據 Nunally & Bernstein（1994）、Gefen, Straub, & Boudreau（2000）、Esposito Vinzi et al.（2010）等學者的評估標準，顯見範例論文中所使用的問卷應已達學術上對測量工具之內部一致性的要求。

單元 **13**

求算AVE值

　　構面的平均變異抽取量（average variance extracted, AVE）為該構面之所屬各題項對該構面的平均變異解釋力。AVE 值的意義代表構面的總變異量有多少是來自於各題項的變異量。其計算公式如下：

$$AVE = \frac{\sum \lambda^2}{\left[\sum \lambda^2 + \sum (\theta)\right]}$$

（式 13-1）

AVE：平均變異抽取量

λ：題項在所屬構面上的標準化因素負荷量

θ：題項的測量誤差，$\theta = 1 - \lambda^2$

　　基本上，平均變異抽取量的計算公式也相當複雜。為此，本書提供了簡便的計算方式，該計算方法是將平均變異抽取量的公式已建立在「cr_ave.xls」中，和求算只要 CR 值時一樣，只要進行一些簡單的複製與輸入標準化因素負荷量的工作，就可算出平均變異抽取量。

13-1 求算AVE值的範例

範例 13-1

　　請開啟範例論文之問卷的資料集（正式資料.sav），試計算該問卷中各構面的 AVE 值，並將該值填入評估信、效度的指標表中，如表 13-1。

表 13-1　評估信、效度的指標

二階構面	一階構面	指標	因素負荷量	Cronbach's α	CR 值	AVE 值
品牌形象				0.893		
	品牌價值	bi1_1	0.867	0.880	0.891	0.732
		bi1_2	0.844			
		bi1_3	0.856			
	品牌特質	bi2_1	0.818	0.887	0.883	0.716
		bi2_2	0.844			
		bi2_3	0.876			

二階構面	一階構面	指標	因素負荷量	Cronbach's α	CR 值	AVE 值
	企業聯想	bi3_1	0.930	0.943	0.935	0.827
		bi3_2	0.924			
		bi3_3	0.873			
知覺價值				0.873		
	品質價值	pv1_1	0.926	0.928	0.942	0.845
		pv1_2	0.912			
		pv1_3	0.920			
	情感交流價值	pv2_1	0.901	0.940	0.949	0.822
		pv2_2	0.906			
		pv2_3	0.911			
		pv2_4	0.909			
	價格價值	pv3_1	0.906	0.933	0.940	0.798
		pv3_2	0.883			
		pv3_3	0.878			
		pv3_4	0.905			
	品牌忠誠度	ly1	0.882	0.912	0.935	0.741
		ly2	0.849			
		ly3	0.824			
		ly4	0.871			
		ly5	0.876			
整體信度				0.936		

在求算出 AVE 值之前，必須先利用因素分析取得各題項的標準化因素負荷量。因素分析已在第 12 單元中將重做過一次。得到因素負荷量後，將把這些因素負荷量輸入到「cr_ave.xls」中，這樣就可求算出各構面的 AVE 值了。詳細操作過程，讀者可直接至五南出版社的線上學院（https://www.wunan.com.tw/tch_home），購買與本書同名的線上課程，就可以觀看實作「範例 13-1」的教學影音檔了。

13-2 分析結果的撰寫

利用 SPSS 的因素分析功能，取得各題項的標準化因素負荷量後，再帶入式 13-1

中就可算出各子構面的平均變異抽取量（AVE 值），將 AVE 值填入表 13-1 後，我們就可根據表 11-1 的評估標準，來評估各構面間的收斂效度了。至於收斂效度的基本概念，將在下一單元中，再來進行詳細的說明，在此僅作簡單的結論，結論如下：

　　由表 11-1 的評估標準可知，若構面的 AVE 值大於 0.50，則該構面就具有收斂效度（Fornell & Larcker, 1981; Bagozzi & Yi , 1988）。由表 13-1 可以發現，問卷中共包含 7 個子構面（直接由題項所測量的構面），其 AVE 值介於 0.716 至 0.845 間，皆大於 0.5，故可研判問卷中的所有主構面應都已具有收斂效度。

單元 **14**

評估收斂效度

在社會與行為科學的研究中，研究者經常會蒐集實證性的量化資料來驗證某些理論或假設。為了要維持驗證過程之嚴謹性，首要條件是：所蒐集的量化資料必須是可靠且正確的。欲評估資料的可靠性與正確性時，則必須依靠測量或調查工具的信度或效度來評估（楊國樞等，2002）。

14-1 信、效度的基本概念

一份好的量表應該要能夠將欲研究的主題構面（construct，它是心理學上的一種理論構想或特質，無法直接觀測得到）清楚且正確的呈現出來，也就是說，量表要能真正衡量到我們所欲量測之構面的特性，亦即量表需要具有「效度」。此外，量表還需要具有「信度」，即該量表所衡量的結果應具有一致性、穩定性。信度和效度的關係，可用 Duane Davis（2004）的經典圖形來加以描述，如圖 14-1。

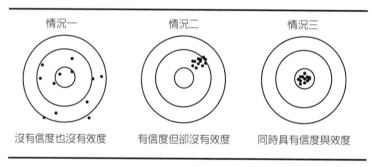

圖 14-1　信度和效度的關係

在圖 14-1 中，可以將靶心想像成「欲測量之變數的具體目標」，而人拿的槍即為欲打到靶心的工具（即測量工具），利用圖 14-1 可具體說明信度和效度的關係。

情況一：彈痕分散於靶內各處，並無一致性可言，以測量的術語來說，即是無信度且也無效度。

情況二：雖然彈痕很集中，即具有一致性，但是並沒有在靶中心，以測量的觀點來看，則是有信度但無效度。

情況三：彈痕很集中且聚焦靶心，這才是好的測量，同時具有信度及效度。

因此，為達成「良好測量」的目標，必須有以下兩個步驟：第一個步驟是針對量表的題項進行項目分析，以維持各題項的品質；第二步驟則是建立量表的信度與效度。量表的項目分析，已於第 7 單元中有所說明，量表之信度分析也已於第 11 單

元介紹過，在本章主要將探討如何利用 AVE 值來評估量表的效度。

14-2 效度的意義與種類

效度代表測量工具（量表／問卷）之正確性和準確性的程度，也就是測量工具確實能測出其所欲測量的特質、特徵或功能之程度。因此，評估效度時，首重測量工具（量表／問卷）能否達到原先研究所設定的評量目標、效果和效益。此外，若測量工具（量表／問卷）的效度良好時，根據該測量工具（量表／問卷）所得的分析結果，也可以視爲未來進行推論時的價值性、適當性和意義性之指標。

具體而言，在學術研究中，效度說明了概念定義（conceptual definition）與操作型定義（operational definition）間契合的程度。因此，當我們說某個構面的諸多觀察指標（題項）具有效度時，我們是在特定目的及定義的情況下（操作型之概念）做此判斷的。同樣的觀察指標在不同的研究目的下，則可能有不同的效度。某個測量的效度將比信度更難達成，因爲構面是抽象的，而觀察指標則是具體的觀察。我們對於一個測量是否有效度並無絕對的信心，但可判斷是否比另一測量更有效度。常見的效度有四種類型：

14-2-1 表面效度（face validity）

「表面效度」是指測量工具經由受測者或研究者主觀覺得其諸多題項與研究主題相關的程度。也就是說，當受測者或研究者一看到某測量工具的諸多題項後，就知道研究主題想測量什麼。這是最容易達成及最基本的效度，但也是最沒有效力的一種。此類效度通常會由學界來判斷觀察指標（題項）是否眞的能測量到所欲測量到的構面。

14-2-2 內容效度（content validity）

「內容效度」是指某測量工具之題項內容是否周延、具代表性、適切性、並確實已包含所欲測量主題的內涵。從測量工具的內容來檢驗，看看是否符合測量目標所預期的內容。這是一種特殊的表面效度。內容效度的達成有三個步驟：

(1) 說明構面定義的內容

(2) 從此定義所包含的區域或部分中做抽樣

(3) 發展指標以連結定義的內容

此外，常見的專家效度（expert validity），亦屬於內容效度的一種，檢驗專家效度時，將聘請專家（對於測量的主題熟稔，可協助判斷題項內容是否符合內容效度之要求的人）協助檢查問卷的內容與格式，評斷是否恰當。若測量內容涵蓋所有研究計畫所要探討的架構及內容，就可說是具有優良的內容效度。在一般論文中，常使用如下的方式來檢驗或說明內容效度：

> 本研究之問卷係以理論為基礎，參考多數學者的問卷內容及衡量項目，並針對研究對象的特性加以修改，且經由相關專業人員與學者對其內容審慎檢視，繼而進行預試及修正，因此本研究所使用之衡量工具應能符合內容效度的要求。

> 本研究之各研究變項皆經先前學者之實證，衡量工具內容均能足夠地涵蓋欲探討的研究主題。另外，本研究於正式施測前，亦針對問卷之各題項與相關領域的學者、專家進行內容適切度之討論，因此，研究採用之衡量工具應具內容效度。

> 在內容效度方面，主要是根據文獻探討及專家研究者的經驗。然因本研究問卷設計之初，考量目前相關的文獻中，尚未對本研究議題提出實證性問卷，故只能自行設計量表，對於內容效度是否達成，尚有疑慮。

14-2-3 校標效度（criterion validity）

效標是種獨立於本次測量，但可顯示本次測量所欲測量或預測之特質的獨立量數，因此效標可作為檢定效度的參照標準。故「校標效度」意指用某些標準或校標來精確的指明一個構面。檢驗測量指標的校標效度時，是要將它與其他測量同一構面且研究者有信心的指標（即效標）來進行比較。通常會以測量指標的得分和校標得分間的相關係數來檢驗校標效度程度之高低。由此可知，校標效度是建立在實證資料之上，且不涉及測量之構面多寡和涵蓋面問題。

另外，尚有一種與效標有關的效度，即效標關聯效度（criterion-related validity）。效標關聯效度意指測驗分數與一些外在效標間的相關，是以實證或統計的方

法，研究測驗分數與外在效標間的相關性，以表示測量之效度的高低，所以又叫實證效度（empirical validity）或統計效度（statistical validity）。由於各種測量所採用的效標，有的是立馬可以獲得的資料，有的則需待將來始能蒐集，故效標關聯效度又分為同時效度（concurrent validity）與預測效度（predictive validity）兩種。

同時效度：也可稱為併行效度，意指一個指標必須與既存且已被視為有效的指標相關連。在這種情形下，測量分數和效標分數是可以同時取得的。例如：大學入學考試（新的指標）可以用中學成績作效標（既存且有效的指標）。

預測效度：意指測量分數與將來之效標資料間的相關程度。若相關係數高，則測量工具的預測效度越高，預測效度的效標資料通常都需要過一段時間後才可搜集到。例如：評估一份工作表現之認知量表的預測效度，代表此測量的得分（實際測量後所得分數）與事後經過其服務單位主管所評定的表現評分（效標）兩者的相關程度。若經相關分析後，其相關性具有統計顯著性時，則此量表即具有預測效度。又例如：對各候選人的意見調查問卷（實際評量，如出口民調）能夠正確的預測選舉的結果（效標）。

14-2-4 建構效度（construct validity）

所謂的「建構效度」係指測量工具的內容（即各題項內容）是否能夠測量到理論上的構面或特質的程度。建構效度包含收斂效度（convergent validity）與區別效度（discriminant validity）。

收斂效度主要在評估一個構面所屬的多題題項，其變異解釋能力是否能充分的解釋構面的變異，一般可用平均變異抽取量來加以評估，評估的標準如表14-1所示。

而區別效度則為評估構面與構面間之區別程度，其評估的基本原則就是：一個題項（指標）對其所屬的構面之因素負荷量應大於該題項與其他構面間的因素負荷量（又稱為交叉負荷量）。基於此原則，Fornell & Larcker（1981）發展出了 Fornell-Larcker 準則以輔助區別效度的評估。Fornell-Larcker 準則的內容為：每一個構面的 AVE 值平方根應大於該構面與其他構面間的相關係數，如表 14-1 所示。

表 14-1　評估信、效度的準則依據

項目	準則	依據
內部一致性	Cronbach's α 或 CR 值大於 0.7	Nunally & Bernstein (1994); Gefen, Straub, & Boudreau (2000); Esposito Vinzi et al. (2010)
指標信度	標準化因素負荷量大於 0.5	Hulland(1999)
收斂效度	AVE 值大於 0.50	Fornell & Larcker (1981) Bagozzi & Yi (1988)
區別效度（Fornell-Larcker 準則）	每一個構面的 AVE 平方根應大於該構面與其他構面間的相關係數。	Fornell & Larcker (1981)

14-3 評估收斂效度的範例

 範例 14-1

試根據表 14-1 與表 14-2，評估範例論文中各構面的收斂效度。

表 14-2　評估信、效度的指標

二階構面	一階構面	指標	因素負荷量	Cronbach's α	CR 值	AVE 值
品牌形象				0.893		
	品牌價值	bi1_1	0.867	0.880	0.891	0.732
		bi1_2	0.844			
		bi1_3	0.856			
	品牌特質	bi2_1	0.818	0.887	0.883	0.716
		bi2_2	0.844			
		bi2_3	0.876			
	企業聯想	bi3_1	0.930	0.943	0.935	0.827
		bi3_2	0.924			
		bi3_3	0.873			

二階構面	一階構面	指標	因素負荷量	Cronbach's α	CR 值	AVE 值
知覺價值				0.873		
	品質價值	pv1_1	0.926	0.928	0.942	0.845
		pv1_2	0.912			
		pv1_3	0.920			
	情感交流價值	pv2_1	0.901	0.940	0.949	0.822
		pv2_2	0.906			
		pv2_3	0.911			
		pv2_4	0.909			
	價格價值	pv3_1	0.906	0.933	0.940	0.798
		pv3_2	0.883			
		pv3_3	0.878			
		pv3_4	0.905			
	品牌忠誠度	ly1	0.882	0.912	0.935	0.741
		ly2	0.849			
		ly3	0.824			
		ly4	0.871			
		ly5	0.876			
整體信度				0.936		

　　表 14-2 就是我們在第 13 單元所完成的信、效度評估指標表，只要再根據表 14-1 的收斂效度評估標準，就可以進行收斂效度的評估了。詳細的評估過程，讀者可直接至五南出版社的線上學院（https://www.wunan.com.tw/tch_home），購買與本書同名的線上課程，除可以觀看實作「範例 14-1」的教學影音檔外，尚可藉由附於教學影音檔中的先修課程，理解有關於效度的基本概念。

14-4 分析結果的撰寫

　　收斂效度主要在評估一個構面所屬的多題題項，其變異解釋能力是否能充分的解釋構面的變異，一般可用平均變異抽取量（AVE 值）來加以評估。由表 14-1 的評估標準可知，若構面的 AVE 值大於 0.50，則該構面就具有收斂效度（Fornell & Larcker, 1981; Bagozzi & Yi , 1988）。由表 14-2 可以發現，問卷中共包含 7 個一階構

面（直接由題項所衡量的構面），其 AVE 值介於 0.716 至 0.845 間，皆大於 0.5，故可研判問卷中的所有構面應都已具有收斂效度。

單元 **15**

評估區別效度

　　區別效度將評估構面與構面間之區別程度，其評估的基本原則就是：一個題項（指標）對其所屬的構面之因素負荷量（關係），應大於該題項與其他構面間的因素負荷量（又稱為交叉負荷量）。基於此原則，Fornell & Larcker（1981）發展出了Fornell-Larcker 準則以輔助區別效度的評估。Fornell-Larcker 準則的內容為：每一個構面的 AVE 值平方根應大於該構面與其他構面間的相關係數。

15-1 Fornell-Larcker準則表簡介

　　為了能更方便的運用 Fornell-Larcker 準則來評估構面間的區別效度，我們可以自行製作 Fornell-Larcker 準則表，如表 15-1。

表 15-1　Fornell-Larcker 準則表（區別效度檢定表）

構面	題項數	相關係數						
		A	B	C	D	E	F	G
A. 品牌價值[1]	3							
B. 品牌特質	3							
C. 企業聯想	3							
D. 品質價值	3							
E. 情感交流價值	4							
F. 價格價值	4							
G. 品牌忠誠度	5							

註 1：構面的得分，該得分為構面之所屬題項之得分的平均值。

註 2：對角線儲存格之值為構面之平均變異抽取量（AVE）的平方根，該值應大於非對角線儲存格之值（相關係數）。

　　表 15-1 中，對角線上的儲存格須填入各構面的 AVE 值平方根。對角線上方的儲存格可保留空白，不用填寫；而對角線下方的儲存格則須填入直行構面和橫列構面之相關係數。因此，只要對角線上，某構面的 AVE 值平方根大於同行對角線下方的相關係數時，那麼我們就可認為該構面與其他構面間具有區別效度。

15-2 評估收斂效度的範例

 範例 15-1

請開啓範例論文之問卷的資料集（正式資料.sav），試根據表 15-2 內已計算出的 AVE 值，製作如表 15-3 的 Fornell-Larcker 準則表，並評估範例論文中各構面間是否具有區別效度。

表 15-2　評估信、效度的指標

二階構面	一階構面	指標	因素負荷量	Cronbach's α	CR 值	AVE 值
品牌形象				0.893		
	品牌價值	bi1_1	0.867	0.880	0.891	0.732
		bi1_2	0.844			
		bi1_3	0.856			
	品牌特質	bi2_1	0.818	0.887	0.883	0.716
		bi2_2	0.844			
		bi2_3	0.876			
	企業聯想	bi3_1	0.930	0.943	0.935	0.827
		bi3_2	0.924			
		bi3_3	0.873			
知覺價值				0.873		
	品質價值	pv1_1	0.926	0.928	0.942	0.845
		pv1_2	0.912			
		pv1_3	0.920			
	情感交流價值	pv2_1	0.901	0.940	0.949	0.822
		pv2_2	0.906			
		pv2_3	0.911			
		pv2_4	0.909			
	價格價值	pv3_1	0.906	0.933	0.940	0.798
		pv3_2	0.883			
		pv3_3	0.878			
		pv3_4	0.905			

二階構面	一階構面	指標	因素負荷量	Cronbach's α	CR 值	AVE 值
	品牌忠誠度	ly1	0.882	0.912	0.935	0.741
		ly2	0.849			
		ly3	0.824			
		ly4	0.871			
		ly5	0.876			
整體信度				0.936		

表 15-3　Fornell-Larcker 準則表（區別效度檢定表）

構面	題項數	相關係數						
		A	B	C	D	E	F	G
A. 品牌價值[1]	3	**0.856**[2]						
B. 品牌特質	3	0.522	**0.846**					
C. 企業聯想	3	0.392	0.473	**0.909**				
D. 品質價值	3	0.436	0.331	0.284	**0.919**			
E. 情感交流價值	4	0.234	0.214	0.219	0.208	**0.907**		
F. 價格價值	4	0.375	0.399	0.419	0.306	0.303	**0.893**	
G. 品牌忠誠度	5	0.654	0.704	0.632	0.421	0.321	0.498	**0.861**

註 1：構面的得分，該得分為構面之所屬題項之得分的平均值。

註 2：對角線儲存格之值為構面之平均變異抽取量（AVE）的平方根，該值應大於非對角線儲存格之值（相關係數）。

　　要完成表 15-3 的 Fornell-Larcker 準則表，除了要從表 15-2 最後一欄求出各構面的 AVE 值平方根，然後填入對角線上的儲存格外，最重要的是要能求出各構面的相關係數。在求取相關係數前，我們必須要先求出各構面的得分，構面得分的算法很簡單，就是算出構面所屬題項得分之平均值就可。求出各構面的得分後，再執行相關分析，就可求取兩兩構面間的相關係數了。詳細操作過程，讀者可直接至五南出版社的線上學院（https://www.wunan.com.tw/tch_home），購買與本書同名的線上課程，就可以觀看實作「範例 15-1」的教學影音檔了。

15-3 分析結果的撰寫

　　某特定構面中，其所擁有之題項的因素負荷量，如果都能大於該些題項與其他構面間的因素負荷量時，就可稱該特定構面和其他構面間具有區別效度。根據此原則，評估區別效度時，最常使用的方法就是所謂的 Fornell-Larcker 準則（Fornell & Larcker, 1981）了。觀察表 15-3 的 Fornell-Larcker 準則表可發現，7 個子構面之 AVE 值平方根全部都大於該值下方的相關係數，因此，符合 Fornell & Larcker（1981）對區別效度檢驗所訂定的規則。故本研究認為所有的構面皆已具有區別效度。

單元 **16**

信度、收斂效度與
區別效度之評估總結

完成第 11 單元至第 15 單元的各項指標計算後，在本單元中，將為信、效度的評估進行總結。參考表 16-1，只要完成下方的表 16-2 與表 16-3，就可進行內部一致性、指標信度、收斂效度與區別效度之評估工作了。基本上，這些表格在先前的範例中，就已經彙整完成，只是隨著單元課程的進行，表格編號略有不同而已，希望讀者能理解。

表 16-1　評估信、效度的準則依據

項目	準則	依據
內部一致性	Cronbach's α 或 CR 值大於 0.7	Nunally & Bernstein (1994); Gefen, Straub, & Boudreau (2000); Esposito Vinzi et al. (2010)
指標信度	標準化因素負荷量大於 0.5	Hulland (1999)
收斂效度	AVE 值大於 0.50	Fornell & Larcker (1981) Bagozzi & Yi (1988)
區別效度（Fornell-Larcker 準則）	每一個構面的 AVE 平方根應大於該構面與其他構面間的相關係數。	Fornell & Larcker (1981)

表 16-2　評估信、效度的指標

二階構面	一階構面	指標	因素負荷量	Cronbach's α	CR 值	AVE 值
品牌形象				0.893		
	品牌價值	bi1_1	0.867	0.880	0.891	0.732
		bi1_2	0.844			
		bi1_3	0.856			
	品牌特質	bi2_1	0.818	0.887	0.883	0.716
		bi2_2	0.844			
		bi2_3	0.876			
	企業聯想	bi3_1	0.930	0.943	0.935	0.827
		bi3_2	0.924			
		bi3_3	0.873			
知覺價值				0.873		
	品質價值	pv1_1	0.926	0.928	0.942	0.845
		pv1_2	0.912			
		pv1_3	0.920			

二階構面	一階構面	指標	因素負荷量	Cronbach's α	CR 值	AVE 值
	情感交流價值	pv2_1	0.901	0.940	0.949	0.822
		pv2_2	0.906			
		pv2_3	0.911			
		pv2_4	0.909			
	價格價值	pv3_1	0.906	0.933	0.940	0.798
		pv3_2	0.883			
		pv3_3	0.878			
		pv3_4	0.905			
	品牌忠誠度	ly1	0.882	0.912	0.935	0.741
		ly2	0.849			
		ly3	0.824			
		ly4	0.871			
		ly5	0.876			
整體信度				0.936		

表 16-3　Fornell-Larcker 準則表（區別效度檢定表）

構面	題項數	相關係數						
		A	B	C	D	E	F	G
A. 品牌價值 [1]	3	**0.856**[2]						
B. 品牌特質	3	0.522	**0.846**					
C. 企業聯想	3	0.392	0.473	**0.909**				
D. 品質價值	3	0.436	0.331	0.284	**0.919**			
E. 情感交流價值	4	0.234	0.214	0.219	0.208	**0.907**		
F. 價格價值	4	0.375	0.399	0.419	0.306	0.303	**0.893**	
G. 品牌忠誠度	5	0.654	0.704	0.632	0.421	0.321	0.498	**0.861**

註 1：構面的得分，該得分為構面之所屬題項之得分的平均值。

註 2：對角線儲存格之值為構面之平均變異抽取量（AVE）的平方根，該值應大於非對角線儲存格之值（相關係數）。

　　表 16-2 與表 16-3 都已在先前的課程中製作完成。接下來，我們就根據這兩張表格來評估構面的內部一致性、指標信度、收斂效度與區別效度了。

16-1 分析結果的撰寫

社會科學領域的研究者，經常會蒐集實證性的量化資料來驗證某些理論或假設。爲了要維持驗證過程之嚴謹性，首要條件必先去確認測量工具的信度與效度（楊國樞等，2002）。而在這過程中，本研究將分別評估問卷的內部一致性、指標信度、構面的收斂效度與構面間的區別效度。

首先，在問卷的內部一致性方面，觀察表 16-2，範例論文中各構面的 Cronbach's α 值介於 0.880～0.943 之間，全部都大於 0.7，整體問卷的 Cronbach's α 值亦達 0.936，明顯超過 0.7，顯示問卷具有高信度。再從 CR 值來看，各構面 CR 值皆大於 0.7，亦符合學界對問卷之內部一致性的要求（Nunally & Bernstein, 1994; Gefen, Straub, & Boudreau, 2000; Esposito Vinzi et al., 2010）。故綜合而言，範例論文中所使用的問卷應已達學術上對測量工具之內部一致性的要求。

其次，有關各指標信度方面，觀察表 16-2，各題項（指標）的因素負荷量介於 0.818 至 0.930 間，皆大於 0.5，顯見問卷中各題項皆具有指標信度（Hulland, 1999）。

接下來，再來檢驗範例論文中各構面的收斂效度。收斂效度主要在評估一個構面所屬的多題題項，其變異解釋能力是否能充分的解釋構面的變異，其評估標準是：若構面的 AVE 值大於 0.50，則該構面就具有收斂效度（Fornell & Larcker, 1981; Bagozzi & Yi, 1988）。由表 16-2 可以發現，問卷中共包含 7 個一階構面（直接由題項所衡量的構面），其 AVE 值介於 0.716 至 0.845 間，皆大於 0.5，故可研判問卷中的所有構面應都已具有收斂效度。

最後，再來評估構面間的區別效度。某特定構面中，其所擁有之題項的因素負荷量，如果都能大於該些題項與其他構面間的因素負荷量時，就可稱該特定構面和其他構面間具有區別效度。根據上述的基本概念，本研究將依據 Fornell-Larcker 準則評估構面間的區別效度。觀察表 16-3 的 Fornell-Larcker 準則表可發現，7 個構面之 AVE 值平方根全部都大於該值下方的相關係數，因此，符合 Fornell & Larcker（1981）對區別效度檢驗所訂定的規則。故本研究認爲所有的構面皆已具有區別效度。

經過上述的信、效度檢驗後，本研究對於各構面的測量工具已證實是具有信度的。此外，各構面除具有收斂效度外，構面間亦具有區別效度。整體而言，測量工具與其測量結果之品質頗佳，已適合進行後續進階的統計分析工作了。

因此，「正式資料.sav」就是後續進階的統計分析時，我們將運用的主要資料檔。而該檔案中，所包含的變數（題項），就可彙整成我們論文上所宣稱的「正式

問卷」（如附錄 2）了。其實這個問卷的題項數量、內容與因素結構，在進行「範例 7-1」的刪除冗題與確認因素結構後，就沒再變化過。因此，在「範例 7-1」結束後，雖然資料的狀態仍處於「準正式」階段，但範例中，就預先存檔爲「正式資料.sav」了。雖然「正式資料.sav」後來又因離群值，只刪了一個個案，但只是影響樣本數多寡而已，並不會影響到問卷的結構。故讀者應可理解「正式問卷」的結構，其實早在「範例 7-1」結束後，就確定了。

單元 **17**

求算主構面得分

在確認論文範例之問卷具有信度，各構面的測量也都具有收斂效度與區別效度之後，就可依範例論文的研究目的，開始進行較進階的統計分析了。然而，在運用進階統計方法之前，通常我們也會先將正式資料稍微再整理一下，例如：計算各子構面和主構面的得分、量表總分、求算某變數的標準化值、將資料重新分組等工作。

雖然，計算各子構面與量表總分的工作，在先前的課程中，我們曾經計算過。不過，在此我們仍將以一個獨立單元，來說明 SPSS 的「計算」功能。

17-1 橫向計算的概念

在很多情況下，研究者是無法直接用原始資料進行分析的；而須對原始資料進行進一步的整理。這時就需要用到 SPSS 資料轉換或計算的一些方法了。熟練掌握並應用這些方法，可以在資料處理過程中收到事半功倍的效果，尤其是可以省去大量手工輸入資料的時間與精力。

在 SPSS 中，所有的分析與計算，其預設的計算方式都是縱向計算的（如圖 17-1）。換言之，SPSS 所預設的計算功能（如求平均數、標準差等），都是針對特定變數在所有的個案間進行計算的。比如說，利用【描述性統計資料】功能，要求算「pv1_1」這個變數的平均數。此時，SPSS 它是針對檔案中的所有個案數，於「1. 個案公司的產品風味很特殊。（pv1_1）」這個題項的答題得分進行平均而計算的。以範例論文而言，pv1_1 的平均數就是正式資料集中，248 個個案之 pv1_1 得分的平均。因此，縱向計算的特徵就是針對特定變數，於所有個案間進行計算。從 SPSS 的資料編輯視窗來看，他的計算方向是屬於「縱向」進行的。這個縱向的計算方向，也是 SPSS 所有的計算功能所預設的方向。

然而，這種縱向的計算方向，有時並不符合研究者實際的計算需求。例如：假設我們想比較男、女生對於個案公司的「品牌形象」構面之認知程度是否有顯著差異時，就遇到一個問題了。由於「品牌形象」構面是由三個子構面、共 9 個題項所構成，故若針對這 9 個題項逐題比較的話，不僅費時而且繁雜。試想，若能將每個個案）「品牌形象」構面得分先求出來後，再比較，那麼分析工作將變的很簡單。而求取每一個個案「品牌形象」構面之得分（bi1_1～bi3_3 等 9 個變數的平均）的過程，從 SPSS 的資料編輯視窗來看，它的計算方向即是屬於橫向進行的（如圖 17-1）。因此，橫向計算的特徵就是針對特定某個個案，於諸多變數間進行計算。而這種橫向計算的方式，在 SPSS 中則必須透過【計算變數】功能且由使用者自行定義計算公式

來達成。

縱向計算：針對變數進行計算

個案編號	pv1_1	pv1_2	pv1_3	個案平均得分
1	3	2	5	3.33
2	4	5	4	4.33
3	5	6	7	6.00
4	7	3	3	4.33
5	4	5	2	3.67
變數平均得分	4.60	4.20	4.20	

橫向計算：針對個案進行計算

圖 17-1 縱向計算與橫向計算示意圖

17-2 橫向計算的範例

範例 17-1

　　請開啓範例論文的正式資料檔「正式資料.sav」，在範例論文中，共有三個主構面，第一個爲「品牌形象」主構面（bi），該主構面中包含三個子構面，分別爲：品牌價值（bi1，3 個題項）、品牌特質（bi2，3 個題項）與企業聯想（bi3，3 個題項）。第二個爲「知覺價值」主構面，該主構面也包含了三個子構面，分別爲：品質價值（pv1，3 個題項）、情感交流價值（pv2，4 個題項）與價格價值（pv3，4 個題項）。第三個爲「品牌忠誠度」主構面（ly），該主構面爲單一構面，沒有子構面，共包含 5 個題項。試計算每一個個案之各主構面（bi, pv, ly）與子構面（bi1, bi2, bi3, pv1, pv2, pv3）的得分以及量表總分。計算完成後，請存檔。

　　當評估信效度之後，在進行真正的統計分析之前，通常我們都會根據正式資料集，將後續統計分析過程中所可能會使用到的變數，把它的得分計算出來。到目前爲止，相信讀者應該都能理解，SPSS 檔案中的每一個變數所代表的意義就是問卷中的每一個題項。至於所謂的主構面得分、子構面得分、量表總分等這些變數，在建立資料檔的原始狀態下，並不會出現在 SPSS 檔案中。但這些變數在後續的統計分析過程中占有重要角色，因此我們必須以原始問卷的題項變數爲基礎，把它們建立並

計算出它們的得分。例如：品牌價值（bi1）這個子構面的得分，就是由它所包含的題項變數 bi1_1～bi1_3 等 3 個題項變數加總後平均所求算出來的。這些求算（也就是產生新變數）過程都是運用到橫向計算的概念，也就是 SPSS 的計算變數功能。

在此，我們將新創各主構面（bi, pv, ly）與子構面（bi1, bi2, bi3,pv1, pv2, pv3）的得分以及量表總分等 10 個新變數，並算出它們的得分值。雖然各子構面（bi1, bi2, bi3, pv1, pv2, pv3）的得分以及量表總分在過去的課程中，我們曾經利用 SPSS 拖拉點選的方式計算過，但是操作的過程相當繁雜，因此，在本單元中，本書將示範以語法的方式，來新建變數並求取這些變數的得分值。詳細的計算過程，讀者可直接至五南出版社的線上學院（https://www.wunan.com.tw/tch_home），購買與本書同名的線上課程，就可以觀看實作「範例 17-1」的教學影音檔了。

求算變數的標準化值

對於具有不同水準或不同單位的資料，在進行統計分析之前，往往需要進行預先處理，使資料能在更平等的條件下進行分析。對於這類資料的預處理工作，最常使用的方法就是將資料予以標準化（standardization）。

18-1 標準化值的基本概念

例如：期中考時，小明的統計學成績為71分，全班的平均是62分，標準差3分；另其期末考成績為80分，班上的平均是70分，標準差5分，試問小明的成績在班上的名次應會是進步或退步呢？

雖然直接從小明的期中、期末考成績來看，明顯的是分數有增加，名次進步的機率應該會比較大。但是若考慮到兩次考試的難易度、鑑別力、情境等因素或有差異，故名次的變化應要有更嚴謹的評估標準。也就是說，單純的從原始分數來判斷小明成績進步或退步，將失之偏頗。故於名次的評估上，除應考量全班的平均數外，也應該將標準差的概念考慮進來。由於名次具有「位置」的概念，如果能了解兩次考試，小明的成績於班上所占的位置於何處，就可得知小明在班上名次是進步或退步了。在此考量下，必須各在期中、期末考時，找出一個成績的基準點，然後測量期中、期末成績離這個基準點有多少「距離」，且這個評估「距離」的單位也要一致才行。這樣就能去除考試的難易度、鑑別力、情境等因素的影響了。

據此，最簡單的方法就是將平均數訂為基準點，且以標準差為「距離」的單位，就可解決這種水準或層次不同的比較性問題了。

在此情形下，若能回答出下列兩個問題，名次問題就可輕易獲得解決：

(1) 小明的統計學期中考成績距全班期中考平均有多少個標準差的距離？

(2) 小明的統計學期末考成績距全班期末考平均有多少個標準差的距離？

不難理解第 (1) 個問題的答案就是 (71 – 62) / 3 = 3，也就是小明的期中考成績距全班期中考平均有 3 個標準差的距離；而第 (2) 個問題的答案為 (80 – 70) / 5 = 2，也就是小明的期末考成績距全班期末平均只有 2 個標準差的距離。明顯的，小明的成績在班上的名次應該是退步了。

上述解題過程中，該「距離」的值，就是統計學中所稱的標準化值（standardized value）。所謂標準化就是將樣本中的某個觀察值減去樣本平均數後再除以樣本標準差的過程，這個過程中所得的值就稱為標準化值。因此，所謂的標準化值的真正意義為，不管樣本資料的水準或單位如何，某觀察值與平均數的距離有幾個標準差之

意。標準化值是我們經常用來衡量資料之相對位置的指標數據，標準化值也稱為 Z 值，標準化值的計算公式如下：

$$Z_i = \frac{x_i - \bar{x}}{s}$$

（式 18-1）

其中，x_i 為樣本資料的第 i 個觀察值，$\bar{x}$ 為樣本資料的平均數，s 為標準差。

從式 18-1 的計算公式中不難理解，Z 值所代表的意義為任一資料 x_i 在整體資料中所在的相對位置。例如：如果在你所任職的公司中，你的「所得」的標準化值（Z 值）為 2，這表示你的「所得」是在「全體員工平均所得」以上的 2 個標準差之位置，所以從近似鐘形分配資料或常態分配的經驗法則來看，你是一個高所得者（前 2.5%）。因為根據常態分配的特性，約有 95% 的觀察值會落在平均數加或減 2 個標準差的範圍內。

此外，我們也可利用標準化值來輔助偵測離群值。如果研究者已能確認某變數資料符合常態分配的話，那麼最常見的檢測離群值方法，就非「標準化值」莫屬了。根據常態分配的性質，約有 99% 資料的 Z 值會落在平均值加、減 3 個標準差，所圍起來的範圍之內，因此過往文獻上，會將 Z 值大於 3 或小於 -3 的數據視為離群值（例如 Shiffler, 1988; Stevens, 1990）。

18-2 標準化值的範例

範例 18-1

　　請開啟範例論文的正式資料檔「正式資料.sav」。試計算「量表總分」的標準化值（Z 值），並以「量表總分」的標準化值偵測正式資料集中是否仍具有離群值，完成後請存檔。

　　量表總分這個變數在先前的單元中已計算過，現在，我們將計算數「量表總分」的標準化值。藉由標準化值可偵測是否存在離群值，並據以刪除具離群值的個案資料。詳細的計算過程，讀者可直接至五南出版社的線上學院（https://www.wunan.com.tw/tch_home），購買與本書同名的線上課程，除可以觀看實作「範例 18-1」的教學影音檔外，尚可藉由附於教學影音檔中的先修課程，理解有關於標準化值的相關

概念。

18-3 分析結果的撰寫

依據經驗法則，針對常態分配或近似鐘形分配的資料集而言，大約 68% 的資料與平均數的差距在一個標準差內；而大約 95% 的資料與平均數的差距在二個標準差內；且幾乎所有的資料（99%）與平均數的差距在三個標準差內。因此過往文獻上，會將 Z 分數大於 3 或小於 –3 的數據視為離群值（例如 Shiffler, 1988; Stevens, 1990）。計算「量表總分」的標準化值後，觀察「量表總分」的標準化值並沒有 Z 值大於 3 或小於 –3 的個案存在，故可研判目前正式資料集的狀態確實為符合常態分配（第 9 單元已證實）且沒有離群值存在。這種狀態可以滿足於後續某些進階統計分析方法的前提要件。

單元 **19**

資料重新分組

在我們進行統計分析的過程中，當原始資料的編碼方式不符合研究需求或欲簡化資料時，就須進行資料的轉換工作了。例如：研究者欲根據原始資料的某個變數值，而須將資料重新進行分組。研究者於轉換資料後，通常也想保留原始的資料編碼，此時，就可以選擇使用【重新編碼成不同變數】功能。因為，使用【重新編碼成不同變數】功能，除了可保留原有的資料編碼格式外，又可產生另一個新變數來存放轉換後的結果。

19-1依類別變數重新分組

範例 19-1

> 請開啟範例論文的正式資料檔「正式資料.sav」。由於研究的需求，有必要將受訪者的年齡資料予以簡化而重新分組。因此，須將「年齡」變數依下列規則，重新編碼成新變數「年齡層」，以對受訪者依「年齡層」重新分組。
>
> 30 歲以下：改稱為青年，其數值代碼為 1。
>
> 31～50 歲：改稱為壯年，其數值代碼為 2。
>
> 51 歲以上：改稱為老年，其數值代碼為 3。
>
> 計算完成後，請逕行存檔。

範例論文的原始問卷中，有關年齡的問項如下：

> 3. 年齡：□ 20 歲以下　　□ 21～30 歲　　□ 31～40 歲
>
> 　　　　□ 41～50 歲　　□ 51～60 歲　　□ 61 歲以上

由「年齡」題項之選項中，不難理解，由於「年齡」這個類別變數有 6 個數準值，所以受訪者也因此將被「年齡」變數分成 6 組。且受訪者於填答問卷的過程中，若勾選「20 歲以下」這個選項時，則「年齡」變數的值將編碼為「1」，歸類為第 1 組；若勾選「21～30 歲」時，則「年齡」變數的值將編碼為「2」，歸類為第 2 組；依序類推。

由於研究的需要，研究者打算將受訪者的年齡層分為三個階層（3 組）就好，以避免後續的檢定分析太過於複雜（組別太多）。因此，研究者訂定了將受訪者的年

齡狀況重新分組的規則，這些規則如題目所示。當受訪者的年齡在「30 歲以下」時，這些受訪者將被重新定義成「青年」組，這個規則在 SPSS 中的意義即是，原本答題為「1」或「2」的受訪者（年齡變數的值為 1 或 2），將被重新編碼為「1」，並儲存在新變數「年齡層」中，且將被歸類為「青年」組。原本答題為「3」或「4」的受訪者（年齡變數的值為 3 或 4），將被重新編碼為「2」，並儲存在新變數「年齡層」中，且將被歸類為「壯年」組。原本答題為「5」或「6」的受訪者（年齡變數的值為 5 或 6），將被重新編碼為「3」，並儲存在新變數「年齡層」中，且將被歸類為「老年」組（如圖 19-1）。這些舊值與新值的轉換，由於會產生新的變數（年齡層），因此我們將會利用到重新編碼的儲存成不同變數的功能，來進行操作。

　　詳細的計算與操作過程，本書將以教學影音檔呈現，以增進學習效率。讀者可直接至五南出版社的線上學院（https://www.wunan.com.tw/tch_home），購買與本書同名的線上課程，就可以觀看實作「範例 19-1」的教學影音檔了。

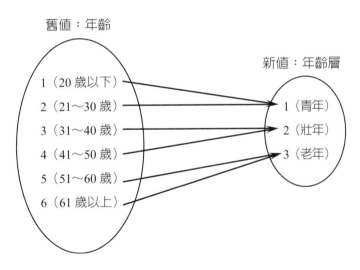

圖 19-1　分類變數重新編碼示意圖

19-2 依數值變數重新分組

　　請開啓範例論文的正式資料檔「正式資料.sav」。試以每個個案之「量表總分」爲基礎，並依下列規則，建立一個新變數「分組」。

　　量表總分小於第 25 百分位數者：改稱爲低分組，其數值代碼爲 1。

　　量表總分介於第 25 百分位數與第 75 百分位數之間者：改稱爲中分組，其數值代碼爲 2。

　　量表總分大於第 75 百分位數者：改稱爲高分組，其數值代碼爲 3。

　　計算完成後，請逕行存檔。

　　依題意，我們需要根據變數「量表總分」的第 25 百分位數與第 75 百分位數，將所有個案依題目所設定的規則而分組。亦即將變數「量表總分」重新編碼成不同的變數「分組」，然後再設定「分組」變數的【數值】標記爲「低分組」、「中分組」與「高分組」，如圖 19-2。

圖 19-2　　數值變數重新編碼示意圖

　　本題於重新編碼成不同變數時，和範例 19-1 最大的差異在於【舊值與新值】子對話框的設定，由於本題是數值範圍的轉換，因此於【舊值與新值】子對話框中，我們將設定該對話框中左側【舊值】方框中的【範圍】選項。詳細的計算與操作過程，本書將以教學影音檔呈現，以增進學習效率。讀者可直接至五南出版社的線上學院（https://www.wunan.com.tw/tch_home），購買與本書同名的線上課程，就可以觀看實作「範例 19-2」的教學影音檔了。

單元 **20**

計算分組平均數

在 SPSS 中，欲計算分組平均數時，最常使用的功能就是「觀察值摘要」功能了。「觀察值摘要」可以用來計算指定變數的分組統計量。其中，分組變數可以是一個，也可以有多個。如果是多個的話，將在所有水準（分組變數的取值）間進行交叉組合計算。在每個組別中，變數的值也可以選擇要顯示出來或不顯示。而對大資料集而言，也可以僅列出排序較前面的幾個觀察值。

20-1 計算分組平均數範例

 範例 20-1

　　請開啓範例論文的正式資料檔「正式資料.sav」。試依範例 19-1 中「年齡層」的分組方式，計算各分組中品牌形象構面（bi）、知覺價值（pv）與品牌忠誠度（ly）之得分的平均數與標準差，並塡製表 20-1（表 20-1 青、壯、老年於各主構面之平均值與標準差.docx）。

表 20-1　青、壯、老年於各主構面之平均值與標準差

	品牌形象（9 題）		知覺價值（11 題）		品牌忠誠度（5 題）	
	平均數	標準差	平均數	標準差	平均數	標準差
青年	4.403	1.010	4.286	1.052	4.339	1.006
壯年	4.482	1.015	4.413	1.045	4.403	1.105
老年	4.731	1.001	4.452	0.871	4.579	1.107

在 SPSS 中，其實唯一可以計算分組描述性統計量的功能就是「觀察值摘要」功能。詳細的計算過程，讀者可直接至五南出版社的線上學院（https://www.wunan.com.tw/tch_home），購買與本書同名的線上課程，就可以觀看實作「範例 20-1」的教學影音檔了。

20-2 分析結果的撰寫

從表 20-1 中可發現：品牌形象的整體認知（得分）中，年齡層為「老年」的受訪者對個案公司之整體品牌形象的認同度較高；在知覺價值的整體認知方面，亦以

「老年」的受訪者對個案公司之整體知覺價值的認同度較高；而於品牌忠誠度的整體認知方面，也是以「老年」的受訪者對個案公司之品牌忠誠度較高。推測其原因，會到85度C消費的老年人，大致上在社經水準上較高，且有錢有閒。以85度C所提供的產品、空間、氣氛或許是正符合老年人的需求吧！

雖然，從表20-1的分析數據中，可大略看出各分組於各構面的認知有所差異。然研究者不能因表面的數據差異而據以認定該差異是確實存在的。畢竟抽樣往往是具有誤差的，這些差異或許是因抽樣誤差所引起的也說不定。如果要確認各分組是否真有顯著差異，最好還是從科學的角度加以檢驗較為保險，此科學技術即是日後我們將學習的「假設檢定」。

單元 **21**

統計方法的選擇

在本書的前 20 單元中，我們循序漸進地從資料的輸入、刪除冗題、確認構面的因素結構到信度、效度的評估，最終確認了將用以進行統計分析的正式資料。接下來，面對眾多的統計方法，如何從中選擇出合適的統計方法，並運用於自己的專題或論文中，是我們接下來，所需面對的課題。基本上選擇統計方法時，我們必須問自己四個問題，只要能釐清這四個問題，那麼應當能順利的找到合適的統計方法。這四個問題是：

　　一、變數的種類

　　二、資料的型態

　　三、研究的目的

　　四、樣本的組數

21-1 變數的種類與型態

　　一般而言，在統計學中，變數主要可分為兩種：

1. 自變數（Independent variable, IV）：又稱獨立變數，通常指研究者可以自由操控的變數，其存在的主要目的就是要去了解或推測某些現象發生的原因。

2. 依變數（Dependent variable, DV）：又稱結果變數，會受到自變數影響的變數，也就是研究者去測量或想要去預測的結果。

　　而變數的型態就相當多元了，以大架構來看，可先將變數分為「類別變數」（categorical variable）及「連續變數」（continuous variable），其中類別變數可再細分為名義變數（nominal scale）和次序變數（ordinal scale）；連續變數則亦可細分為等距變數（interval scale）和等比變數（ratio scale），而在 SPSS 中則會將等距和等比變數合稱為叫尺度變數。由此可知變數的型態主要可分為四種型態：

1. 名義：利用名稱或數值來分辨人、事、物之類別的變數。例如：性別、血型、教育程度、種族。

2. 次序：利用數值或名稱來加以排序或賦予等第的變數。例如：考試的名次、偏好項目。

3. 等距：可賦予名稱並加以排序，還可以計算差異之大小量（差異有意義）的變數。例如：溫度。

4. 等比：除可賦予名稱、排序，並計算差異之大小量外，甚至其比率（倍數）也具有實質意義的變數。例如：薪資。

研究中，如果只有一種變數，而且通常這些變數都是由研究者所測量出來的，那麼統計方法的選用上會比較簡單（應屬依變數），我們只要考慮這個變數是類別變數或連續變數就可以了。如果是類別變數時，那麼可選用的方法不多，大致上就是進行次數分析、比例分析而以。而如果是連續變數時，那麼就可進行描述性統計了。

但是，通常研究中則會有依變數、自變數同時存在的情形，那這種情況下，統計方法的選用會比較複雜。首先來看到依變數是類別變數的情形，其決策樹，大致如圖 21-1。

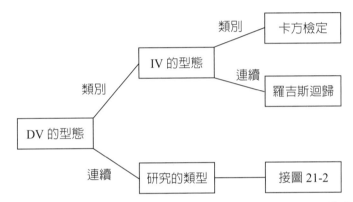

圖 21-1　當依變數是類別變數時，統計方法選用的決策樹

由圖 21-1 可知，當依變數是類別變數，而自變數也是類別變數時，我們就可採用卡方（Chi square）家族系列的檢定，比如：交叉表分析、適合度檢定、獨立性檢定與同質性檢定等。而當自變數是連續變數時，那麼則只能採用羅吉斯迴歸（Logistic regression）了。

此外，當依變數是連續變數時，那麼狀況就更複雜了，要考慮的情形變多了，比如我們的研究類型是進行群組間的比較，還是了解變數間的相關性、影響力呢？甚至我們所操控的自變數之水準數或樣本的群組數都必須納入考量。

21-2 研究的類型

研究的類型當然也會影響到我們對統計方法的選擇，研究的類型大致上可分為兩種，一種是「比較」；另一種是「關係」。如果是屬「關係」類型的話，那麼這

種關係是「相關關係」（一般研究架構圖中會以雙向箭頭表示）或「因果關係」（以單向箭頭表示）。至於研究類型屬「比較」的話，則我們所操控的自變數之水準數或樣本的群組數是重要的決定因子，下一小節再來說明。研究類型屬「關係」類型時，其決策樹，大致如圖 21-2。

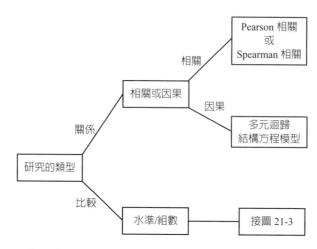

圖 21-2　當研究類型屬「關係」類型時，統計方法選用的決策樹

由圖 21-2 顯見，當我們想研究兩變數（不須分自變數或依變數）之間的相關性時，可以使用 Pearson 相關或 Spearman 相關，到底是使用哪一種相關可以依據下列的三個準則來判斷：

1. 兩變數都具常態性？（可用直方圖、Q-Q 圖判斷或進行 Kolmogorov-Smirnov 常態檢定）

2. 兩變數具有線性關係？（可用散佈圖判斷）

3. 兩變數都是連續變數？

如果違反了第 1、第 3 點準則，那麼應使用 Spearman 相關，否則，全部滿足的話，則應使用 Pearson 相關。

其次，若我們想研究兩變數（須分自變數或依變數）之間的因果關係（自變數對依變數的影響力）時，那麼我們必須去注意變數是觀察變數（observed variables）或潛在變數（latent variables）。

觀察變數：可以直接透過量測工具，所測量出來的數據。通常指一般我們所蒐集的實驗性資料或問卷中各題項之填答結果等數據資料。

潛在變數：不可直接測量，但可透過其他工具（例如：問卷）間接測量後，再以統計方法所估計出來的數據。

如果，變數中含有潛在變數的話，那麼要求取變數間的因果關係時，最佳的統計方法就是結構方程模型（Structural Equation Modelling, SEM）了；否則就使用多元迴歸分析（Multiple regression analysis）。

21-3 自變數的水準數或樣本的組數

研究類型屬「比較」時，那麼我們所操控的自變數之水準數或樣本的群組數是重要的決定因子。然而，不管幾組，有個觀念更重要，那就是組和組之間的關係本質是屬獨立或相依。

獨立：各組內的受訪者成員都不相同。

相依：或稱重複測量（Repeated measure），即各組內的受訪者成員全都相同。

釐清組和組之間的關係本質後，選用統計方法的決策樹，大致如圖 21-3。

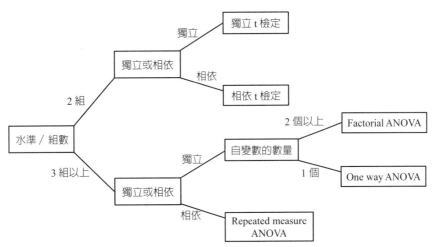

圖 21-3 依組數與組間性質，選用統計方法的決策樹

圖 21-3 中，同時包含了兩個決策因子，第一個因子是自變數的水準數或樣本的組數，第二個因子是組間的特質。由圖 21-3 可知，若只有 2 個組別或自變數只有 2 個水準時，比較 2 組或 2 水準間的差異時，須先釐清組間的特質，若 2 組或 2 水準間的本質是獨立時，那麼就只能選用獨立樣本 t 檢定（Independent Sample t test）。相依時，選用成對樣本 t 檢定（Paired Sample t test）。

　　其次，若組別或自變數的水準數在 3 個以上，且組間特質屬獨立時，這時還須判別自變數到底有幾個？只有一個時，就採用單因子變異數分析（One way ANOVA）；多個自變數時，則採用多因子變異數分析（Factorial ANOVA），如：二因子完全獨立變異數分析

　　最後，我們再來看看，3 組以上且組間特質屬相依的情形，在這種狀況下，別無它法，只能選擇重複量數變異數分析（Repeated measure ANOVA），如：二因子混合設計變異數分析、二因子完全相依變異數分析。

　　研究中，對於統計方法的選用，只要讀者能將圖 21-1、圖 21-2 與圖 21-3 串聯起來，相信必能在自己的專題或論文中，找到合適的統計方法，以能充分的實證專題或論文中所蘊含的實質內涵。

單元 **22**

受訪者基本資料分析

受訪者基本資料分析表（如表 22-1），幾乎是所有的專題、論文於統計分析時第一個產出的報表。其主要的目的在於描述受訪者各項社經背景資料的分布狀況，這將有助於研究者檢視，經由抽樣調查所得到的受訪者樣本是否符合研究議題的設定（如母體代表性、抽樣誤差）。基本上，表 22-1 的基本資料分析表其本質應是種次數分配表。

22-1 次數分配表的基本概念

一般而言，最基本的統計分析往往都是從次數分配開始的。透過次數分配能夠清楚了解變數之取值狀況，對掌握資料的特徵是非常有用的。例如：對問卷資料的統計分析過程中，通常會先去分析本次調查之受訪者的基本資料，如受訪者的總人數、年齡區間、職業、性別、婚姻狀況等基本資料。透過這些分析，便能夠輔助研究者了解樣本是否具有母體代表性，或者抽樣是否存在系統偏差等，並能以此確認未來各種分析結果的代表性和可信度。

次數分配表是描述性統計分析中最常被使用的方法之一，SPSS 的「次數分配表」功能就是專門為產生次數分配表而設計的。它不僅可以產生詳細的次數表，還可以依照研究需求顯示出變數之百分位數的數值，以及常用的長條圖，圓形圖等統計圖形。此外，使用「次數分配表」功能亦可以方便地對資料按組別進行歸類整理，而形成各變數之不同水準下的次數分配表和圖形。如此，研究者就能對各變數的資料特徵和觀察值之分配狀況，預先有一個概括性的認識。次數分配表是描述性統計中最常用的方法之一，它還可對資料的分配趨勢進行初步分析。

22-2 次數分配表的範例

範例 22-1

請開啟範例論文的正式資料檔「正式資料.sav」與「表 22-1 受訪者基本資料分析表.docx」。試對受訪者的各項基本資料製作「次數分配表」，完成後並將資料彙整如表 22-1。

表 22-1　受訪者基本資料分析表（樣本數：248）

受訪者基本資料		樣本數	比例%	受訪者基本資料	樣本數	比例%
性別	女	87	35.08	國小（含）以下	3	1.21
	男	161	64.92	國中	8	3.23
婚姻	未婚	69	27.82	高中（職）	48	19.35
	已婚	179	72.18	專科	62	25.00
年齡	20 歲以下	29	11.69	大學	114	45.97
	21～30 歲	46	18.55	研究所（含）以上	13	5.24
	31～40 歲	96	38.71	15,000 元以下	33	13.31
	41～50 歲	39	15.73	15,001～30,000 元	70	28.23
	51～60 歲	27	10.89	30,001～45,000 元	79	31.85
	61 歲以上	11	4.44	45,001～60,000 元	40	16.13
職業	軍公教	39	15.73	60,001～75,000 元	12	4.84
	服務業	41	16.53	75,001～90,000 元	11	4.44
	製造業	76	30.65	90,001～120,000 元	1	0.40
	買賣業	45	18.15	120,001 元以上	2	0.81
	自由業	9	3.63			
	家庭主婦	17	6.85			
	學生	17	6.85			
	其他	4	1.61			

教育程度欄位對應：國小（含）以下、國中、高中（職）、專科、大學、研究所（含）以上；平均月收入欄位對應：15,000 元以下、15,001～30,000 元、30,001～45,000 元、45,001～60,000 元、60,001～75,000 元、75,001～90,000 元、90,001～120,000 元、120,001 元以上。

　　表 22-1 為一般論文中常見的受訪者基本資料分析表，這個表中會描述著受訪者的基本社經背景資料，如受訪者的總人數、性別、年齡、職業、婚姻狀況等基本資料的分布狀況。透過這些分析，可讓我們了解受測樣本的基本構造，進而輔助研究者了解樣本是否具有母體代表性，或者抽樣是否存在系統偏差等，並據以確認未來各種統計分析之結果的代表性和可信度。

　　基本上，表 22-1 只是次數分配表的基本應用與彙整而已。在 SPSS 中的操作很簡單，只是填表 22-1 有點麻煩罷了。但是，若能善用 Microsoft Excel 套裝軟體，那麼將可達事半功倍之效。表 22-1 的空白表格已製作完成，其檔名為「表 22-1 受訪者基本資料分析表.docx」，該檔案放置於讀者所下載回來的範例資料夾之「表單工具」子資料夾中。請讀者自行開啟並應用。詳細的操作與彙整表單過程，讀者可直接至五南出版社的線上學院（https://www.wunan.com.tw/tch_home），購買與本書同名的

線上課程，就可以觀看實作「範例 22-1」的教學影音檔了。

22-3 分析結果的撰寫

本研究主要針對個案公司之消費者進行問卷調查，經實際發放 350 份問卷後，實際回收 288 份問卷，扣除填答不完整、亂填、離群等回收問卷後，本研究實際回收 248 份有效問卷。

本研究之受訪者基本資料變數包括「性別」、「婚姻」、「年齡」、「職業」、「教育程度」與「平均月收入」等六項。受訪者基本屬性分析結果如表 22-1 所示。受訪者樣本中，男性占 64.92%，女性占 35.08%，男性占多數；從婚姻狀況來看，已婚者占多數（72.18%）；在教育程度方面，以大學或專科學歷（70.97%）占多數；在年齡的分布中以 31～40 歲（38.71%）占多數，其次是 21～30 歲（18.55%）；在職業方面以製造業（30.65%）占多數，其次是買賣業（18.15%）；在平均月收入方面以 30,001～40,000（31.85%）占最多，其次是 15,001～30,000（28.23%）。

經由受訪者基本資料分析得知，個案公司的消費族群中，有相當高的比率屬青、壯年齡層、高等教育程度與中等所得；而職業則以製造業、買賣業與服務業居多，男、女消費者之分布狀況則以男性居多。綜觀受訪者之各項基本資料的分布狀況，經比對個案公司實際之消費者族群之分布狀況後，基本上分布狀況相當一致。故經由抽樣後，所獲得的樣本資料應具有代表性，將來的研究結果應不至於產生太大的抽樣誤差。

主構面的現況分析

　　問卷資料分析的過程中，利用次數分配表初步掌握受訪者基本資料之分布狀況後，通常還需要更精確的掌握區間尺度型態資料的分配特徵（即，了解主要研究變數的現況），這時就需要精確計算各變數的基本描述統計量了。例如：對於範例論文的問卷資料，通常研究者會去分析各個構面的現況，這時就須去計算這些構面變數或各題項的平均數、標準差、偏態、峰度等描述性統計量，以便能更進一步準確的掌握資料的集中趨勢、分散趨勢與分布狀況等特徵。

23-1 描述性統計量的基本概念

　　一般而言，常見的描述性統計量大致可以分為三大類。第一，描述資料集中趨勢的統計量；第二，描述資料分散程度的統計量；第三，描述資料分配型態的統計量。一般而言，只要能掌握這三類統計量就能夠極為精確和清晰地把握資料的分配特徵。分別介紹如下：

23-1-1 描述資料集中趨勢的統計量

　　集中趨勢是指一組資料向某一中心點靠攏的傾向。因此，計算集中趨勢統計量的目的，正是要尋找到一個能夠反映資料一般水準的「代表值」或「中心值」。常見的集中趨勢統計量包含平均值、中位數與眾數。這些集中趨勢統計量中，平均值（mean）是一個最常用的「代表值」或「中心值」，又稱「算術平均數」。在統計學中，平均值占有重要的地位，它反映了某變數所有取值的集中趨勢或平均水準。平均值具有以下的特點：

　　1. 平均值的計算使用了所有樣本的資料值。

　　2. 平均值代表了資料的一般水準。

　　3. 平均值的大小易受到極端值的影響。

　　此外，還有其他一些描述資料集中趨勢的統計量，如中位數（median，即一組資料由小排到大後，位於中間位置上的資料值）、眾數（mode，即一組資料中出現次數最多的資料值）等。這些集中趨勢統計量都具有各自的特性。在實際應用中，應根據這些統計量的不同特性和實際問題，選擇合適的統計量。例如：在評價全國人民的所得水準時，一般會使用中位數；鞋廠在制定各種型號的鞋子的生產計畫時，應該會運用眾數等。

23-1-2 描述資料分散程度的統計量

分散程度是指一組資料中的各觀察值遠離其「中心值」的程度。描述資料的概況時，若僅簡單的使用平均值等「中心值」來描述，並不能得到盡善盡美的結果，應該還須再考察資料分配的分散程度。即考察所有資料相對於「中心值」的分散程度。如果各觀察值都能緊密地集中在「中心值」的附近，那麼可推斷資料的分散程度較小，而這現象正可說明這個「中心值」確實是全部觀察值的「代表」。因此我們可以說，「中心值」對全部觀察值而言，它的代表性良好；相反的，如果各觀察值僅是鬆散地分配在「中心值」的附近，那麼可推斷資料的分散程度較大，這時「中心值」則較不具有代表性。因此，同時考量「中心值」和相對於「中心值」的分散程度的交互作用，才能對資料特徵進行比較完整的描述。可以用以描述資料分散程度的統計量有：

一、標準差（Standard Deviation：Std Dev）

它描述了各觀察值和平均值間的平均離散程度。標準差越大，即說明各觀察值之間的差異程度越大，距平均值這個「中心值」的分散趨勢也越大。

二、變異數（variance）

變異數也是一種可用以描述各觀察值間離散程度的統計量。其實，變異數就是標準差的平方；變異數值越大，各觀察值之間的差異程度也越大，距平均值這個「中心值」的分散趨勢也越大。

三、全距（range）

全距這個在統計學中常用的統計量，在中文版的 SPSS 中將被翻譯為「範圍」。它的意義為各觀察值中的最大值（maximum）與最小值（minimum）之差的絕對值。全距也是一種可用來描述各觀察值間離散程度的統計量。在相同樣本大小之情況下的兩組資料，全距大的資料比全距小的資料分散。全距若非常小，這就意味著各觀察值基本上大都是集中在一起的。

四、標準誤（standard error of mean）

樣本平均值的標準誤差簡稱為標準誤（standard error of mean）。眾所周知，樣本資料是來自母體的，樣本的描述統計量可以反映出母體資料的特徵。由於抽樣誤差的存在，使得樣本資料不一定能夠完全準確地反映母體，它與母體的真實值之間存在著一定的差異。因此樣本平均值與母體平均值之間或多或少將存在著一些差異。只要將樣本標準差除以樣本數的平方根，就可得到標準誤。由此可見，標準誤是描述樣本平均值與母體平均值之間平均差異程度的統計量。它反映了樣本平均數的離散程度。標準誤越小，即表示樣本平均數與母體平均數越接近。

23-1-3 描述分配型態的統計量

集中趨勢統計量和分散統計量是表達資料分配狀況的兩個重要特徵。為能更清楚、更廣泛的了解資料分配的特性，還應掌握資料的分配型態。所謂資料的分配型態主要是指資料的分配是否對稱，偏斜程度，陡峭程度等指標。描述分配型態的統計量主要有兩種，如下：

一、峰度（kurtosis）

峰度是描述觀察值分配型態陡峭程度的統計量。峰度係以具有相同變異情況的常態分配為基礎而進行比較的，它可用以了解一個對稱性的樣本分配的峰點是否處於相對比較扁平或高聳的狀況。

當資料分配的峰度較高時，表示該分配在接近平均數附近時，是比較高聳的，坡度因此也較陡；而當資料分配的峰度較低時，則表示該分配在接近平均數附近，是比較扁平的。此外，當資料分配狀況與標準常態分配的陡峭程度相同時，峰度值會等於 0；峰度大於 0 表示資料的分配狀況比標準常態分配更陡峭；而當峰度小於 0 表示資料的分配狀況比標準常態分配更扁平。

二、偏態（skewness）

偏態是種描述觀察值分配型態之對稱性的統計量。當一個分配的尾巴向右一直延伸，那麼，我們稱它為「正偏態（positively skewed）」或右偏。同樣的，當一個分配的尾巴向左一直延伸，那麼，我們稱它為「負偏態（negatively skewed）」或左偏。所以，偏態的範圍可以從負的無限大到正的無限大。

　　當資料分配為對稱分配時，正、負總偏差相等，偏態值等於 0；當分配為不對稱分配時，正負總偏差不相等，偏態值將大於 0 或小於 0。偏態值大於 0 時，表示正偏差值大，為正偏態或稱右偏，這時直方圖中有一條長尾會拖往右邊；偏態小於 0 時，表示負偏差數值較大，為負偏態或稱左偏，這時直方圖中有一條長尾拖往左邊。偏態絕對值越大，表示資料分配型態的偏斜程度越大、越不對稱。

23-2 描述性統計量的範例

範例 23-1

　　請開啟範例論文的正式資料檔「正式資料.sav」與「表 23-1 主構面現況分析表.docx」。試對「品牌形象」、「知覺價值」與「品牌忠誠度」構面進行現況分析，完成後並將資料彙整如表 23-1。

　　範例論文中共包含三個主要研究變數，分別為「品牌形象」、「知覺價值」與「品牌忠誠度」，依題意，我們須對這 3 個主要研究變數所包含的題項，逐題進行描述性統計分析，並完成表 23-1 的製作，以了解受訪者對該構面之認知現況。詳細的操作與填表過程，讀者可直接至五南出版社的線上學院（https://www.wunan.com.tw/tch_home），購買與本書同名的線上課程，就可以觀看實作「範例 23-1」的教學影音檔了。

表 23-1　主構面現況分析表

主構面	構面	問　項	平均數	標準差	偏態	峰度	總排序	子構面平均	主構面平均
品牌形象	品牌價值	1. 85 度 C 的產品風味很特殊。(bi1_1)	4.496	1.329	−0.247	−0.145	8	4.507	4.496
		2. 85 度 C 的產品很多樣化。(bi1_2)	4.532	1.313	−0.320	−0.309	4		
		3. 85 度 C 和別的品牌有明顯不同。(bi1_3)	4.492	1.359	−0.232	−0.247	9		
	品牌特質	4. 85 度 C 很有特色。(bi2_1)	4.601	1.422	−0.095	−0.691	3	4.626	
		5. 85 度 C 很受歡迎。(bi2_2)	4.673	1.320	−0.242	−0.497	1		
		6. 我對 85 度 C 有清楚的印象。(bi2_3)	4.605	1.364	−0.223	−0.288	2		

主構面	構面	問 項	平均數	標準差	偏態	峰度	總排序	子構面平均	主構面平均
品牌形象	企業聯想	7. 85度C的經營者正派經營。(bi3_1)	4.323	1.451	0.209	−0.776	21	4.356	4.496
		8. 85度C形象清新。(bi3_2)	4.319	1.462	0.116	−0.718	22		
		9. 85度C讓人聯想到品牌值得信任。(bi3_3)	4.427	1.395	0.151	−0.672	12		
知覺價值	品質價值	1. 我認為85度C的產品，其品質是可以接受的。(pv1_1)	4.331	1.596	−0.246	−0.610	20	4.339	4.377
		2. 我不會對85度C之產品的品質，感到懷疑。(pv1_2)	4.335	1.596	−0.114	−0.720	19		
		3. 85度C之產品的品質，常讓我感到物超所值。(pv1_3)	4.351	1.572	−0.154	−0.766	18		
	情感交流價值	4. 我會想使用85度C的產品。(pv2_1)	4.367	1.574	−0.057	−0.724	17	4.295	
		5. 使用85度C的產品後，會讓我感覺很好。(pv2_2)	4.290	1.626	0.030	−0.926	24		
		6. 使用85度C的產品後，能讓其他人對我有好印象。(pv2_3)	4.210	1.547	−0.031	−0.707	25		
		7. 我的好友們，和我一樣，都喜歡購買85度C的產品。(pv2_4)	4.315	1.550	−0.024	−0.690	23		
	價格價值	8. 我認為85度C的產品價格不甚合理。(pv3_1)	4.508	1.489	−0.197	−0.701	5	4.498	
		9. 我認為以此價格購買85度C的產品是不值得的。(pv3_2)	4.500	1.443	−0.228	−0.468	7		
		10. 我認為85度C的產品，CP值很高。(pv3_3)	4.504	1.443	−0.106	−0.513	6		
		11. 相較於其他價位相近產品，我會選擇購買85度C的產品。(pv3_4)	4.480	1.473	−0.171	−0.615	11		
品牌忠誠度		1. 購買85度C的產品對我來說是最好的選擇。(ly1)	4.371	1.263	−0.071	−0.678	16	4.410	4.410
		2. 我是85度C的忠實顧客。(ly2)	4.391	1.126	−0.146	−0.295	15		
		3. 當我有需求時，我會優先選擇85度C。(ly3)	4.484	1.224	−0.056	−0.434	10		
		4. 我願意繼續購買85度C的產品。(ly4)	4.399	1.303	−0.142	−0.317	14		
		5. 我會向親朋好友推薦85度C的產品。(ly5)	4.407	1.322	−0.253	−0.521	13		

23-3 分析結果的撰寫

「品牌形象」、「知覺價值」與「品牌忠誠度」構面的現況分析結果，如表 23-1 所示。一般而言，資料的偏態與峰度的絕對值如果介於正、負 2 之間，則可研判資料符合常態分配（Mardia, 1985）。從偏態與峰度係數來看，3 個主要構面之各題項其值的偏態與峰度值分別介於 $-0.320 \sim -0.209$、$-0.926 \sim -0.145$ 間。因此，可認為 3 個主要構面的樣本資料分配狀況大致上可服從常態分配。

再從主構面的平均得分觀之，消費者對「品牌形象」（4.496）的認同程度最高，「品牌忠誠度」（4.410）次之，「知覺價值」（4.377）最低。然皆差異不大，且認同程度皆屬中上程度以上。

而若從子構面來看的話，消費者對「品牌特質」（4.626）的認同程度最高，而對「情感交流價值」（4.295）的認同程度最低。但差異亦不大，且認同程度皆屬中上程度以上。

最後，由個別題項來進行比較，所有題項中消費者對「5. 85 度 C 很受歡迎。」（4.673）這個題項的認同程度最高。而對「6. 使用 85 度 C 的產品後，能讓其他人對我有好印象。」（4.210）的認同程度最低。

綜合而言，一般消費者對於「85 度 C」的「品牌形象」、「知覺價值」與「品牌忠誠度」之認同程度高，且已能清楚的對「85 度 C」的「品牌特質」明確釐清。雖是如此，一般消費者「85 度 C」能否營造出一個能讓消費者進行情感交流體驗的空間仍多所期待。

雖然，從表 23-1 的分析數據中，可大略看出各構面的認同程度差異。然研究者不能因表面的數據差異而據以認定該差異是確實存在的。畢竟抽樣往往是具有誤差的，這些差異或許是因抽樣誤差所引起的也說不定。如果要確認各構面的認同程度是否真有差異時，最好還是從科學的角度加以檢驗較為保險，此科學技術即是日後我們將學習的「假設檢定」。

單元 **24**

差異性檢定——
獨立樣本 t 檢定

　　單元 24 與單元 25 將分別介紹兩個重要的檢定，一個是獨立樣本 t 檢定；另一個是單因子變異數分析，這兩個檢定都是屬於平均數的差異性檢定，只是在使用時機有些差異罷了。既然談到檢定，相信還有些讀者可能較欠缺檢定的相關概念，不過讀者不用太擔心。在「範例 24-1」的教學影音檔中，已將假設檢定的基本概念與 t 檢定的相關概念，列為本單元的先修課程，只要讀者觀看這些先修課程的影音教材，相信必能為後續的各種檢定工作，打下良好的基礎。

　　獨立樣本 t 檢定的目的在於：檢定抽樣自某兩個母體的獨立樣本，經計算兩獨立樣本的平均值後，進行科學性的檢定工作，以推論原本的兩個母體之平均值是否存在顯著性差異。例如：利用對遊客的抽樣調查資料，推論北部民眾和南部民眾於墾丁旅遊之平均花費額是否具有顯著差異。再例如：利用銀行從業人員的基本資料，分析本國銀行與外資銀行之從業人員中，平均年薪是否存在顯著差異。由於這些推論過程中，都涉及了兩個母體、檢定時須採用 t 統計量，且同時兩組樣本的關係屬獨立狀態（即從一母體中抽取的樣本和從另一母體中所抽取的另一組樣本，兩者之間沒有任何影響、不會互相干擾），但兩組樣本的個案數目也可以不相等。因此稱為獨立樣本 t 檢定。

　　獨立樣本 t 檢定的前提假設條件是：樣本來自的母體應服從或近似服從常態分配，且兩樣本必須相互獨立。在上述的兩個例子中，遊客的平均花費額和從業人員平均年薪都可認為是近似服從常態分配。另外，在遊客的平均花費額中，北部民眾和南部民眾的抽樣是相互獨立、互不影響的，故可認為是兩獨立樣本。同理，本國銀行從業人員的樣本與外資銀行從業人員的樣本也是獨立的。因此，這些問題都滿足獨立樣本 t 檢定的前提假設條件。

24-1 獨立樣本 t 檢定的基本步驟

　　獨立樣本 t 檢定的檢定基本步驟與一般的假設檢定過程一致，並無特殊之處。

(一) 提出虛無假設（H_0）

　　獨立樣本 t 檢定的虛無假設 H_0 為：兩母體之平均值並無顯著差異，記為：

$$H_0 : \mu_1 - \mu_2 = 0 \text{ 或 } \mu_1 = \mu_2$$

μ_1、μ_2 分別為第一個母體與第二個母體的平均值。

例如：可假設：北部民眾於墾丁旅遊之平均花費額（μ_1）和南部民眾於墾丁旅遊之平均花費額（μ_2）沒有顯著差異，即「$\mu_1 - \mu_2 = 0$」。

(二) 選擇檢定統計量

獨立樣本 t 檢定的檢定統計量當然是 t 統計量，但檢定過程中，我們須先研判兩母體的變異數是否相等，然後才能進行差異性比較。若變異數不相等時，則 t 統計量必須進行修正。

在 SPSS 中，此兩母體變異數是否相等之檢定，又稱為變異數同質性檢定，將透過 Levene 檢定法，並採用 F 統計量進行檢定。待確認「兩母體變異數是否相等」後，即可計算出正確的 t 檢定值。

(三) 計算檢定統計量觀測值和機率 p 值

此步驟將依據資料的實際觀察值並應用機率原理，分別計算出 t 統計量值以及其相對應的機率 p 值，以作為後續研判接受或拒絕虛無假設的基礎。

(四) 設定顯著水準 α，並作出統計決策

當研究者訂定了顯著性水準 α 後，再根據機率 p 值來進行接受或拒絕虛無假設的決策，當「機率 p 值 $> \alpha$」時，接受虛無假設；而當「機率 p 值 $< \alpha$」時，則拒絕虛無假設。

24-2 獨立樣本 t 檢定的報表解析

一般而言，SPSS 所輸出的獨立樣本 t 檢定表的外觀，如圖 24-1。圖 24-1 是檢定「男、女生血液中血紅蛋白含量的平均值是否具有顯著差異」的獨立樣本 t 檢定報表。如果讀者想完整的觀看圖 24-1 的報表產生過程的話，請參看「範例 24-1」之教學影音檔當中的先修課程「獨立樣本 t 檢定——範例 1」。這個檢定的分析過程算是有點複雜，需要一些邏輯概念。原則上，解析報表時，可將獨立樣本 t 檢定報表的分析過程劃分為三個階段，只要循序漸進，當可駕輕就熟。

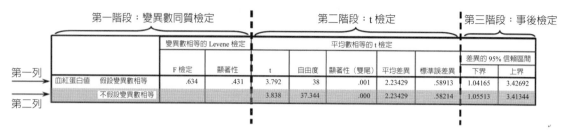

圖 24-1　「獨立樣本 t 檢定」報表解析示意圖

☞ 第一階段：變異數同質檢定

　　這個階段將進行獨立樣本 t 檢定的前提條件檢測──兩母體變異數是否相等的檢定。由於兩母體變異數的異同會影響到 t 統計量之自由度的計算方法和 t 值的計算結果。因此，在實際進行 t 檢定之前，須先進行「變異數相等的 Levene 檢定」，其虛無假設為「兩母體的變異數是相等的」，Levene 檢定中將使用 F 統計量來進行接受或拒絕虛無假設的決策。如果 F 檢定統計量的機率 p 值小於顯著性水準 α（0.05），則應拒絕虛無假設，而認為兩母體變異數是具有顯著差異的，此時需修正 t 檢定的自由度與 t 值；反之，如果機率 p 值大於顯著性水準 α，則不應拒絕虛無假設，因此可認為兩母體變異數是相等的。

　　例如：在圖 24-1 的獨立樣本 t 檢定表中，第一階段即屬於變異數同質檢定，其虛無假設 H0 為：「兩母體的變異數是相等的」。由圖 24-1 之第一階段的「變異數相等的 Levene 檢定」欄中，可發現 Levene 檢定的 F 統計量之顯著性為「0.431」大於顯著水準「0.05」。因此，不可拒絕「兩母體的變異數是相等的」的虛無假設，而應認為「兩母體的變異數是相等的」。

☞ 第二階段：t 檢定

　　在第二階段將真正利用獨立樣本 t 檢定，以判斷兩母體的平均值是否存在顯著差異。如果 t 檢定統計量的機率 p 值小於顯著性水準 α（0.05），則應拒絕虛無假設，而認為兩母體的平均值具有顯著差異；反之，如果機率 p 值大於顯著性水準 α，則不應拒絕虛無假設，而應認為兩母體平均值並無顯著差異。

　　在圖 24-1 的獨立樣本 t 檢定表中，第二階段才是獨立樣本 t 檢定的主體。其虛無假設 H0 為：「男、女生血液中血紅蛋白含量的平均值並無顯著差異」。然而，不難發現，於第二階段的 t 檢定中，卻有兩個 t 值，即「第一列的 t 值」與「第二列的 t 值」。這兩列 t 值的選用，必須以第一階段的變異數同質檢定之結果而定，其決策情形如下：

第一列的 t 值：當第一階段之 Levene 檢定的顯著性大於顯著水準 0.05（即兩母體的變異數相等）時，必須採用「第一列的 t 值」。

第二列的 t 值：當第一階段之 Levene 檢定的顯著性小於顯著水準 0.05（即兩母體的變異數不相等）時，則必須採用「第二列的 t 值」。

在圖 24-1 的檢定表中，由於第一階段的變異數同質檢定中，「Levene 檢定」的顯著性為「0.431」大於顯著水準「0.05」，因此，可認為「兩母體的變異數是相等的」。所以，第二階段的 t 檢定中，要看「第一列的 t 值」（至於第二列的 t 值可完全不用理會）。第一列的 t 值為「3.792」，其機率 p 值（即顯著性）為「0.001」小於顯著水準「0.05」。因此，可拒絕「男、女生血液中血紅蛋白含量的平均值並無顯著差異」的虛無假設，而可認為「男、女生血液中血紅蛋白含量的平均值是具有顯著差異的」。

☞ 第三階段：事後比較

第三階段的事後比較並非每次進行獨立樣本 t 檢定都會用到。只有在 t 檢定值顯著（顯著性小於 0.05）時，也就是拒絕 t 檢定的虛無假設時，才須進行事後比較。因為事後比較的主要目的在於比較兩組樣本之平均值大小，所以當接受虛無假設（不顯著）時，兩組樣本平均值是相等的，因此就無須進行事後比較了。但若拒絕虛無假設（顯著）時，代表兩組樣本的平均值是具有顯著差異的，此時進行事後比較以比較平均值大小才有意義。進行事後比較時，我們會使用到獨立樣本 t 檢定表的最後一欄「差異的 95% 信賴區間」，其判斷方式如下：

「差異的 95% 信賴區間」的上、下界皆為正數：前一組別的平均值（μ_1）大於後一組別（μ_2）。

「差異的 95% 信賴區間」的上、下界皆為負數：前一組別的平均值（μ_1）小於後一組別（μ_2）。

在圖 24-1 的獨立樣本 t 檢定表中，由於第二階段已確認「男、女生血液中血紅蛋白含量的平均值是具有顯著差異的」。故必須進行事後比較，以比較男、女生之血液中的血紅蛋白含量之平均值大小。由於第三階段主要將比較男、女生血液中血紅蛋白的含量，而且男生在前、女生在後（這是在 SPSS 的操作介面中設定的，如先修課程的範例 1）。又因第一列中【95% 差異數的信賴區間】的上、下限皆為正數。故可得獨立樣本 t 檢定的最後結論：「男生血液中的血紅蛋白含量之平均值大於女生」。至此即可完成獨立樣本 t 檢定之所有分析過程了。

24-3 獨立樣本 t 檢定的範例

 範例 24-1

　　請開啟範例論文的正式資料檔「正式資料.sav」與「表 24-1 主構面認知對基本資料變數的差異性分析表.docx」，試利用獨立樣本 t 檢定與單因子變異數分析，完成表 24-1，以探討人口統計變數對範例論文中各構面認知」的差異性。

表 24-1　主構面認知對基本資料變數的差異性分析表－t／F 值

構面	性別	婚姻	年齡	職業	教育	月收入
品牌形象	−0.098	−2.277*	1.722	1.242	1.568	0.510
事後檢定		未婚＜已婚				
品牌價值	0.768	−1.498	0.867	0.544	1.883	0.162
事後檢定						
品牌特質	−0.841	−2.456*	1.154	1.219	0.381	0.630
事後檢定		未婚＜已婚				
企業聯想	−0.129	−1.522	2.729*	1.095	3.076*	1.269
事後檢定			6>1,3		6>5	
知覺價值	−0.195	0.012	1.287	1.399	4.266*	1.554
事後檢定					6>3,4,5	
品質價值	0.644	−0.004	2.051	1.860	1.844	0.909
事後檢定						
情感交流價值	−1.560	0.280	0.664	1.104	2.095	1.838
事後檢定						
價格價值	0.740	−0.277	3.182*	0.916	2.934*	0.850
事後檢定			6>2		6>3,4,5	
品牌忠誠度	0.431	−0.913	1.211	0.724	1.231	1.093
事後檢定						

* P ≦ 0.05

　　要順利完成「範例 24-1」，讀者必須先具備一些有關於假設檢定的基本概念與 t 檢定的相關概念。這些基礎概念，皆已被列為本單元的先修課程，放在「範例

24-1」的教學影音檔中。因此，建議讀者在檢定「範例 24-1」前，可以先觀看這些先修課程。

依題意，我們將建立虛無假設，然而在專題、博碩士論文、或期刊論文等學術性論文中，關於假設檢定的敘述與分析結果，一般會去強調某種現象或所關注議題「顯著」的重要性。因此，在虛無假設的描述上，學術性論文皆不會使用「虛無假設」，而是使用「對立假設」。故本範例中，亦將使用對立假設來進行檢定，本範例的假設如下：

H_1：消費者對品牌形象、知覺價值與品牌忠誠度等主構面（包含子構面）的認知，會因性別而產生顯著差異。

H_2：消費者對品牌形象、知覺價值與品牌忠誠度等主構面（包含子構面）的認知，會因婚姻狀況而產生顯著差異。

H_3：消費者對品牌形象、知覺價值與品牌忠誠度等主構面（包含子構面）的認知，會因年齡而產生顯著差異。

H_4：消費者對品牌形象、知覺價值與品牌忠誠度等主構面（包含子構面）的認知，會因職業而產生顯著差異。

H_5：消費者對品牌形象、知覺價值與品牌忠誠度等主構面（包含子構面）的認知，會因教育程度而產生顯著差異。

H_6：消費者對品牌形象、知覺價值與品牌忠誠度等主構面（包含子構面）的認知，會因月收入而產生顯著差異。

表 24-1 在一般的碩士論文或期刊論文中很常見，表中沒有灰色網底的儲存格須填入 t 值或 F 值，若顯著的話則需要在 t 值或 F 值後，打上「*」號。而具灰色網底的儲存格則須填入事後比較的結果，當然若不顯著就不需要填。

本範例應算簡單，只是檢定的次數較多罷了！特別再提示一點，由於原始問卷中，性別與婚姻屬二分變數（水準數為 2），故應使用獨立樣本 t 檢定；而年齡、職業、教育與月收入等變數都屬於多分組變數（水準數大於等於 3），故應使用單因子變異數分析。

其次，範例論文中，「品牌形象」構面，包含「品牌價值」、「品牌特質」與「企業聯想」等三個子構面，「知覺價值」構面，包含「品質價值」、「情感交流價值」與「價格價值」等三個子構面；而「品牌忠誠度」構面為單一構面。在進行檢定之前需先求算出這些主構面與子構面的得分。此範例的詳細操作過程與先修課

程，讀者可直接至五南出版社的線上學院（https://www.wunan.com.tw/tch_home），購買與本書同名的線上課程，就可以觀看實作「範例 24-1」與先修課程的教學影音檔了。

24-4 分析結果的撰寫

經進行獨立樣本 t 檢定與變異數分析後，檢定結果如表 24-1。觀察表 24-1，範例論文各構面對性別的差異性檢定中，所有構面的 t 值絕對值都小於 1.96，顯著性全部大於 0.05，故不顯著。因此可研判，受訪者對所有主構面與子構面的認同程度並不會因性別而有所差異。也就是說，H_1 未獲支持，不成立。

而在婚姻狀況方面，由表 24-1 可發現，「品牌形象」主構面和「品牌特質」子構面，其 t 值分別為 –2.277 與 –2.456，顯然 t 值絕對值都大於 1.96，顯著性小於 0.05，故顯著（H_2 成立）。因此可研判，受訪者對「品牌形象」與「品牌特質」的認同程度都會因婚姻狀況而有顯著差異。且經事後比較後可發現，已婚者的「品牌形象」與「品牌特質」的認同程度皆高於未婚者。至於其他主構面與子構面的認同程度，由於其 t 值絕對值都小於 1.96，顯著性全部大於 0.05，故差異不顯著。

單元 **25**

差異性檢定——
單因子變異數分析

在論文研究或科學實驗中，常常要探討在不同的環境條件或處理方法下，對研究結果的影響。其結論通常都是藉由比較不同環境條件下，樣本資料的平均數差異而得到的。對於這種平均數之差異性檢定的方法選用上，若樣本資料只可分為兩組時，一般我們會使用 t 檢定；但是，若我們要檢定多組（3 組以上）的樣本平均數間的差異是否具有統計意義時，就得使用單因子變異數分析了。

有關單因子變異數分析的基本概念，或許有些讀者較為欠缺，不過讀者也不用太過於擔心。在「範例 25-1」的教學影音檔中，已將假設檢定的基本概念與單因子變異數分析的相關概念，列為本單元的先修課程，只要讀者觀看這些先修課程的影音教材，相信必能為後續的各種檢定工作，打下良好的基礎。

25-1 單因子變異數分析的基本概念

單因子變異數分析（one way ANOVA）是種只存在一個自變數（控制變量或稱因子）的變異數分析。單因子變異數分析將檢定在「單一」自變數的「各種」不同水準（組別）影響下，某依變數（觀測變量）的平均值是否產生顯著性的差異。如果「各種」不同的水準（組別）間具有顯著差異，則表示這個自變數對依變數是有顯著影響力的，也就是說，自變數的不同水準（組別）會影響到依變數的觀測值。

例如：欲比較若干種品牌的球鞋，其腳底板的耐磨情況。變數「Brand」代表樣品的品牌（控制變量，自變數），變數「Wcnt」為樣品的磨損量（依變數）。假設共有五種品牌的腳底板（五個組別），每種實驗了 4 個樣品（每個組別的依變數磨損量有 4 個觀測值）。我們想要去研究這五種品牌腳底板（自變數）的磨損量（依變數）有無顯著差異。如果沒有顯著差異，那麼我們在選購時就不必考慮哪一種是更耐磨的而只需考慮價格或供貨穩定性等因素就可以了。但如果結果是有顯著差異時，則當然應考慮使用耐磨性較好的品牌。在此，自變數是球鞋的品牌（Brand）、而依變數則為磨損量（Wcnt）。當各種品牌球鞋之磨損量有顯著差異時，就表示自變數的取值（組別）對依變數是有顯著影響力的。所以，變異數分析的結論是自變數（品牌）對依變數（磨損量）具有顯著的影響力。在這個例子中，因為自變數只有一個，所以這種變異數分析就稱為單因子變異數分析。

需要注意的是，傳統的單因子變異數分析只判斷自變數的各水準間有無顯著差異，而不管某兩個水準之間是否有差異。比如說，我們的五個品牌即使有四個品牌沒有顯著差異，而只有一個品牌的球鞋比這四個品牌的都好，作結論時，也必須說

成：自變數的影響效果是顯著的，或自變數的各水準間有顯著差異。

再例如：研究者欲分析不同施肥量是否導致農作物產量產生顯著的影響；調查學歷對年收入的影響；促銷型態是否會影響銷售額等案例。明顯的，這些問題都是探討一個自變數（施肥量、學歷、促銷型態）對依變數（產量、年收入、銷售額）之平均數的影響，因此，只要這個自變數的水準（組別）數大於等於 3 的情形下，都是屬於單因子變異數分析的相關問題。

25-2 單因子變異數分析的原理

在單因子變異數分析中，其主要的內涵在於依變異來源拆解變異數。也就是說，要把依變數之觀測值的變異數分解為由自變數的不同取值（水準或組別）所能夠解釋的部分和剩餘的不能解釋的部分，然後比較兩部分的大小，當能用自變數所能解釋的部分明顯遠大於剩餘不能解釋的部分時，則可認為自變數的影響效果是顯著的。

基本上，變異數是由總離差平方和除以樣本數而得到的，因此，我們可以專注在總離差平方和的拆解就可，如式 25-1。

$$SST = SSA + SSE \qquad\qquad （式 25-1）$$

其中，SST 為依變數的總離差平方和；SSA 為組間離差平方和，這是由自變數之不同水準所造成的離差（不同水準下的依變數值和其平均數間的差異）；SSE 為組內離差平方和，是由抽樣誤差引起的離差（隨機誤差）。

在式 25-1 中，如果組間離差平方和（SSA）/ 組內離差平方和（SSE）的比值遠大於 1 時，則可推論依變數的變動主要是由自變數所引起的，也就是說，依變數的變化主要可以由自變數來解釋，且自變數給依變數帶來了顯著的影響；反之，若該比值小於 1 時，則說明了依變數的變化主要不是由自變數所引起的。因此不可以由自變數來解釋依變數的變化，也就是說，自變數沒有給依變數帶來顯著的影響。故可推論依變數值（觀測值）的變動是由隨機抽樣因素所引起的。

其實，組間離差平方和（SSA）/ 組內離差平方和（SSE）的比值，若經適當的演算後（考慮到自由度），就是我們所熟知的 F 統計量，因此，在單因子變異數分析中，我們主要將利用 F 統計量來輔助我們進行檢定決策的制定。

25-3 單因子變異數分析的統計報表解說

在 SPSS 中，執行了單因子變異數分析後，所產生的報表相當長。但讀者可針對較重要的三個表格來進行解釋就可以了，這三個報表分別為「變異數分析表」、「變異數同質性檢定表」與「事後檢定表」。而檢視這些表格時，有一定的邏輯步驟（詳細操作與報表解說過程，請讀者觀看「範例 25-1」之教學影音檔的先修課程範例）：

1. 首先須觀察「變異數分析表」，由「變異數分析表」中，若 F 統計量的顯著性，顯示不顯著（顯著性大於 0.05），則無須進行事後檢定，所有檢定就此為止，結束了。而其結論就是「接受虛無假設」。

2. 但是，若「變異數分析表」中，F 統計量的顯著性，顯示顯著（即，顯著性小於 0.05），即表示在自變數的各水準（分組）下，依變數的平均值是有顯著差異的。所以，就必須再去比較各水準（分組）下的依變數平均值高低，這時就必須去進行「事後檢定」了，但檢定前須先觀察「變異數同質性檢定表」。

3. 如果「變異數同質性檢定表」中，Levene 統計量的顯著性，顯示不顯著時（顯著性大於 0.05），則研究者將來只能使用屬於「假設相同變異數」的檢定方法來進行事後比較（建議，使用 Tukey 檢定法來比較依變數平均值的大小）。

4. 否則，如果「變異數同質性檢定表」中，Levene 統計量的顯著性，顯示顯著時（顯著性小於 0.05），就應該使用屬於「未假設相同變異數」的檢定方法進行事後比較（建議，使用 Games-Howell 檢定法來比較依變數平均值的大小）。

25-4 單因子變異數分析的範例

範例 25-1

請開啟範例論文的正式資料檔「正式資料.sav」與「表 24-1 主構面認知對基本資料變數的差異性分析表.docx」，試利用獨立樣本 t 檢定與單因子變異數分析，完成表 25-1，以探討人口統計變數對範例論文中各構面認知」的差異性。

表 25-1　主構面認知對基本資料變數的差異性分析表─t／F 值

構面	性別	婚姻	年齡	職業	教育	月收入
品牌形象	−0.098	−2.277*	1.722	1.242	1.568	0.510
事後檢定		未婚＜已婚				
品牌價值	0.768	−1.498	0.867	0.544	1.883	0.162
事後檢定						
品牌特質	−0.841	−2.456*	1.154	1.219	0.381	0.630
事後檢定		未婚＜已婚				
企業聯想	−0.129	−1.522	2.729*	1.095	3.076*	1.269
事後檢定			6>1,3		6>5	
知覺價值	−0.195	0.012	1.287	1.399	4.266*	1.554
事後檢定					6>3,4,5	
品質價值	0.644	−0.004	2.051	1.860	1.844	0.909
事後檢定						
情感交流價值	−1.560	0.280	0.664	1.104	2.095	1.838
事後檢定						
價格價值	0.740	−0.277	3.182*	0.916	2.934*	0.850
事後檢定			6>2		6>3,4,5	
品牌忠誠度	0.431	−0.913	1.211	0.724	1.231	1.093
事後檢定						

$* \ P \leqq 0.05$

依題意，我們將建立假設為（論文中，須寫對立假設）：

H_1：消費者對品牌形象、知覺價值與品牌忠誠度的認知會因性別而產生顯著差異。

H_2：消費者對品牌形象、知覺價值與品牌忠誠度的認知會因婚姻狀況而產生顯著差異。

H_3：消費者對品牌形象、知覺價值與品牌忠誠度的認知會因年齡而產生顯著差異。

H_4：消費者對品牌形象、知覺價值與品牌忠誠度的認知會因職業而產生顯著差異。

H_5：消費者對品牌形象、知覺價值與品牌忠誠度的認知會因教育程度而產生顯

著差異。

H₆：消費者對品牌形象、知覺價值與品牌忠誠度的認知會因月收入而產生顯著差異。

在第 24 單元中，我們已經使用獨立樣本 t 檢定，完成了性別與婚姻的差異性檢定。但由於，年齡、職業、教育、月收入等變數都具有 3 個以上的水準，因此進行差異性檢定時，我們將使用單因子變異數分析。當然這個過程是相當繁雜的，讀者必須有耐心的去完成它。

此外，要順利完成「範例 25-1」，讀者除必須先具備一些有關於假設檢定的基本概念外，尚需具備單因子變異數分析的相關概念。這些基礎概念與經典範例，皆已被列為本單元的先修課程，放在「範例 25-1」的教學影音檔中。因此，建議讀者在檢定「範例 25-1」前，可以先觀看這些先修課程。

有關「範例 25-1」的詳細操作過程與解說，讀者可直接至五南出版社的線上學院（https://www.wunan.com.tw/tch_home），購買與本書同名的線上課程，就可以觀看實作「範例 25-1」與先修課程的教學影音檔了。

25-5 分析結果的撰寫（表25-1的總結論）

經進行獨立樣本 t 檢定與變異數分析後，檢定結果如表 25-1。觀察表 25-1，範例論文之各構面對性別的差異性檢定中，所有構面的 t 值之絕對值都小於 1.96，且顯著性全部都大於 0.05，故不顯著。因此可研判，受訪者對所有主構面與子構面的認同程度並不會因性別而有所差異。H₁ 未獲支持，即不成立。

而在婚姻狀況方面，由表 25-1 可發現，「品牌形象」主構面和「品牌特質」子構面，其 t 值分別為 −2.277 與 −2.456，顯然 t 值之絕對值都大於 1.96，且顯著性小於 0.05，故顯著（H₂ 成立）。因此可研判，受訪者對「品牌形象」與「品牌特質」的認同程度都會因婚姻狀況而有顯著差異。且經事後比較後可發現，已婚者的「品牌形象」與「品牌特質」的認同程度皆高於未婚者。至於其他主構面與子構面的認同程度，由於其 t 值之絕對值都小於 1.96，顯著性全部大於 0.05，故差異不顯著。

其次，在年齡、職業、教育、月收入等變數的差異性檢定方面，可發現只有年齡、教育的差異性檢定具有顯著差異，故 H₃ 成立且 H₅ 也成立；而 H₄ 不成立且 H₆ 也不成立。

在年齡之差異性的事後比較方面，除「企業聯想」、「價格價值」在年齡的差

異性顯著外，其他構面並不顯著。再從事後檢定可發現，無論是「企業聯想」或「價格價值」構面，61歲以上（代碼：6）的高齡者的認同程度都最高。顯見高齡者除對85度C這個品牌予以肯定與信任外，85度C的產品與服務也讓高齡者覺得物超所值。

而在教育差異性比較方面，只有在「企業聯想」、「知覺價值」與「價格價值」等構面，各教育程度之受訪者的認同程度有顯著差異。而且從事後檢定可發現，教育程度為研究所（含）以上的受訪者對於「企業聯想」、「知覺價值」與「價格價值」等構面的認同程度最高。

由上述的差異性檢定結果，不難描繪出對85度C的「品牌形象」與「知覺價值」構面認同度較高的族群特徵為：教育程度高的已婚高齡者。未來85度C的經營管理上，不管是產品開發、環境氛圍營造、行銷活動與作為，建議可針對年輕未婚族群等進行相關資源的重新調配或活動內容的改善。

相關分析——
Pearson相關係數

相關分析的主要目的在於探討兩變數之間關係的緊密程度，以及根據兩樣本的資料推斷其母體資料間是否也相關。而能反映兩變數間關係緊密程度的指標就是所謂的相關係數（correlation coefficient），相關係數的取值在 -1 和 +1 之間，當數值越接近 -1 或 +1 時，則表示關係越緊密，但負數值時，則代表兩變數關係的方向是相反的；接近於 0 時，則說明關係越不緊密。但是相關係數常常是根據樣本的資料而計算的，因此若想要確定母體中兩個變數是否也相關時，則應該要考慮到樣本規模的影響力。因為樣本太小，推論時可能會出現較大的誤差。因此相關分析中有一個很重要任務，那就是根據樣本相關係數來推斷母體的相關情況。

26-1 相關分析的基本概念

雖然，研究兩變數或兩變數以上之相關關係的方法有二，即相關分析（correlation analysis）與迴歸分析（regression analysis），但其本質上仍存在一些差異。

於簡單迴歸模型中，所涉及的兩個變數中，假設 X 為自變數（independent variable），Y 為依變數（dependent variable），那麼自變數 X 將可以被預先確定或控制，因此自變數 X 是一個非隨機變數，而依變數 Y 則不用去事先決定，所以依變數 Y 是一個隨機變數。

而在相關模型中，所涉及的兩個變數則都是屬於隨機變數，而且沒有哪個是自變數或哪個是依變數之分。從而不難理解，如果變數間無法區分出所謂的依變數與自變數時，則使用相關分析來探討變數間的線性關係；而如果變數是可以區分自、依變數的話，那麼就可以使用線性迴歸分析來探討變數間的線性關係。

因此，在相關模型的假設下，由於變數沒有依變數與自變數之分，如果硬要去擬合迴歸直線，那麼就會有兩條直線可以擬合。例如：若是透過 X 去估計 Y，則建立迴歸模型時，應使 Y 的各點到迴歸線的距離最短（最小平方法擬合迴歸線之意）；若是透過 Y 去估計 X，則應使 X 的各點到迴歸線線的距離最短。雖然，在一般情況下，這兩條直線是不會一樣的，但是若從相關的角度來看的話，兩者關係的緊密程度則會是一致的。

26-2 Pearson相關係數的計算

統計學中，將衡量兩隨機變數間之關係緊密程度的方法稱為相關分析。而能反

映出兩個變數間關係緊密程度與方向的統計量數就稱爲是相關係數。樣本的相關係數一般用「r」來表示，而母體的相關係數一般則用「ρ」表示。

計算相關係數時，有幾種不同的方法可以選用，這完全視資料之屬性、特質而定。其中，Pearson 相關係數（Pearson correlation coefficient）適用於區間尺度資料（連續型的數值型資料），而 Spearman 等級相關係數和 Kendall 等級相關係數則都適合於順序尺度資料（或無母數的相關分析）。由於範例論文中，各主、子構面的得分都屬連續型的數值型資料，因此本書中將只示範 Pearson 相關係數的計算。

計算相關係數的公式，最早是由 Pearson 所提出，所以常被稱爲是 Pearson 相關係數，它可以直接根據樣本觀察值計算而得，其計算公式如式 26-1。在式 26-1 的分子部分爲兩個變數之第一動差（first moment，即離差之意）的相乘積，乘積後的結果亦可稱爲是兩變數的共變異數（covariance），共變異數的意義在於描述兩個隨機變數間的線性關係。也就是說，透過共變異數的數值可以協助理解，當一個變數變動時，另一變數將呈同方向或相反方向變動（此即線性關係之意）。共變異數的數值會介於 $-\infty$ 到 ∞ 之間，當兩變數的共變異數大於零，表示兩變數同方向變動；小於零時，則表示兩變數將反方向變動；而等於零時，則表示兩變數間沒有「線性」關係，但並不表示兩者之間沒有其他關係存在。

也由於式 26-1 的分子部分爲兩個變數之第一動差的相乘積，所以 Pearson 相關係數又稱爲乘積動差相關係數（product-moment correlation coefficient），簡稱爲積差相關係數。Pearson 相關係數的計算公式爲：

$$r_{XY} = \frac{\sum(X_i - \overline{X})(Y_i - \overline{Y})}{\sqrt{(\sum(X_i - \overline{X})^2) \times (\sum(Y_i - \overline{Y})^2)}} \qquad （式 26-1）$$

由式 26-1，可反映出下列有關相關係數 r_{XY} 的特性：

(1) $r_{XY} = 0$ 表示兩隨機變數 X 與 Y 沒有線性關係。

(2) $r_{XY} > 0$ 表示兩隨機變數 X 與 Y 間有正向的線性關係。

(3) $r_{XY} = 1$ 表示兩隨機變數 X 與 Y 完全正相關、斜率爲正的線性關係。

(4) $r_{XY} < 0$ 表示兩隨機變數 X 與 Y 間有負向的直線關係。

(5) $r_{XY} = -1$ 表示兩隨機變數 X 與 Y 完全負相關，斜率爲負的線性關係

統計學上，爲了在分析前就能初步確認兩變數間的關係，也常使用散佈圖（scatter plot）來加以判斷。利用散佈圖於座標平面中標示出兩變數之數值（一個爲 X；另一個爲 Y）所共同決定出的點後，若各分散的點呈左下至右上的直線分布，代表

X 軸的變數遞增時，Y 軸的變數亦遞增，此時即稱兩變數完全正相關（$r_{XY} = 1$，如圖 26-1c）。若各分散的點呈左上至右下的直線分布，代表 X 軸的變數遞增時，Y 軸的變數卻遞減，此時即稱兩變數完全負相關（$r_{XY} = -1$，如圖 26-1d）。散佈圖若像圖 26-1a、26-1b 呈現隨機分布時，代表兩變數零相關，即兩變數沒關聯之意。不過大多數情形，兩變數的關係經常不會呈現完美的直線關係，而是像圖 26-1e、26-1f 的情形，圖 26-1e 中「大致」呈現左下至右上的分布，即稱爲正相關（$r_{XY} > 0$）；反之，圖 26-1f 則「大致」呈現左上至右下的分布，則稱爲負相關（$r_{XY} < 0$）。須請讀者理解的是，關係的強弱與斜率並無直接關係，而是與散佈圖是否近似一條直線有關。當散佈圖越近似一條直線時，兩變數的關係就會越接近完全正相關或完全負相關。

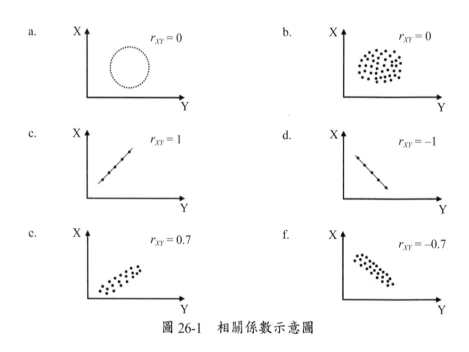

圖 26-1　相關係數示意圖

　　此外，學術上亦常根據相關係數的大小，而評定兩變數關係緊密程度的強弱，如表 26-1 所示。另亦有學者認爲當相關係數大於 0.7 時，即可成爲高度相關；介於 0.4 至 0.7 之間爲中度相關；小於 0.4 爲低度相關（吳明隆，2008）。

表 26-1　兩變數之關連程度評定

相關係數	關連程度
1	完全相關
0.7～0.99	高度相關
0.4～0.69	中度相關
0.1～0.39	低度相關
0.1 以下	微弱或無相關

　　除相關係數數值大小的討論外，讀者須注意的是，在推論統計中，兩個變數間的關係是否顯著，並不能單從相關係數數值（絕對值）的大小來決定，而必須從相關係數之檢定過程中所得來的機率 p 值來輔助判定。當機率 p 值大於 0.05（預設的顯著水準）時，縱使相關係數數值很大，我們仍得認定「兩變數的相關性未達顯著」，即兩變數間沒有顯著的正相關或負相關之意。反之，若機率 p 值小於 0.05 時，即代表「兩變數的相關性達顯著」，也就是說，兩變數間呈現顯著的正相關或負相關。兩變數間的關係要顯著時，相關係數數值（絕對值）的大小才有意義，也才可據以評估兩變數間的關連程度。

26-3 計算Pearson相關係數的範例

範例 26-1

　　請開啓範例論文的正式資料檔「正式資料.sav」，試檢驗「品牌形象」與「知覺價值」間的相關性並填製表 26-2。該兩主構面間的相關模型，如圖 26-2。

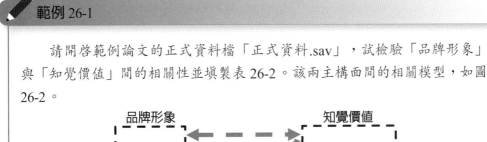

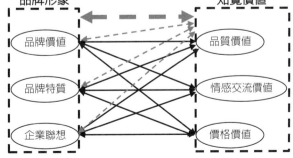

圖 26-2　「品牌形象」與「知覺價值」的相關模型

表 26-2　相關係數表

構面	題項數	相關係數							
		A	B	C	D	E	F	G	H
A. 品牌價值	3	1							
B. 品牌特質	3	0.522**	1						
C. 企業聯想	3	0.392**	0.473**	1					
D. 品質價值	3	0.436**	0.331**	0.284**	1				
E. 情感交流價值	4	0.234**	0.214**	0.219**	0.208**	1			
F. 價格價值	4	0.375**	0.399**	0.419**	0.306**	0.303**	1		
G. 品牌形象	9	0.782**	0.825**	0.795**	0.434**	0.278**	0.498**	1	
H. 知覺價值	11	0.473**	0.431**	0.425**	0.650**	0.743**	0.754**	0.552**	1

** 表在顯著水準為 0.01 時（雙尾），相關顯著。

依題意，我們將建立假設爲（論文中，須寫對立假設）：

H_1：品牌形象與知覺價值間具有顯著的相關性（粗虛線）。

　　H_{1-1}：品牌價值與知覺價值間具有顯著的相關性（虛線）。

　　　　H_{1-1-1}：品牌價值與品質價值間具有顯著的相關性。

　　　　H_{1-1-2}：品牌價值與情感交流價值間具有顯著的相關性。

　　　　H_{1-1-3}：品牌價值與價格價值間具有顯著的相關性。

　　H_{1-2}：品牌特質與知覺價值間具有顯著的相關性（虛線）。

　　　　H_{1-2-1}：品牌特質與品質價值間具有顯著的相關性。

　　　　H_{1-2-2}：品牌特質與情感交流價值間具有顯著的相關性。

　　　　H_{1-2-3}：品牌特質與價格價值間具有顯著的相關性。

　　H_{1-3}：企業聯想與知覺價值間具有顯著的相關性（虛線）。

　　　　H_{1-3-1}：企業聯想與品質價值間具有顯著的相關性。

　　　　H_{1-3-2}：企業聯想與情感交流價值間具有顯著的相關性。

　　　　H_{1-3-3}：企業聯想與價格價值間具有顯著的相關性。

　　在博碩士論文網或大學專題題目中，檢驗兩構面之相關性的文章，相當多。但是大部分研究者的作法是相當可議的。基本上，「品牌形象」與「知覺價值」都屬於所謂的潛在變數（Latent Variabe），潛在變數是種不可直接測量的變數，但可以透過問卷的題項（觀察變數）而間接測量。例如：在本研究中，「品牌形象」包含三

個子構面，「品牌價值」、「品牌特質」與「企業聯想」，這些主構面和子構面都屬於潛在變數，故範例論文中使用了9個題項來加以測量。但是，根據這9個題項，我們要來求取，「品牌形象」、「品牌價值」、「品牌特質」與「企業聯想」等構面（潛在變數）的得分時，往往很多研究者，都是直接將各構面所屬的題項加總後平均而求得構面得分。這樣的做法，容易引起論文口試者或審核者的質疑。所以，較嚴謹的做法應該是要先證明這些衡量題項是具有信度，且測量出來的構面是具有收斂與區別效度後，才能進行所屬題項的加總後平均而求得構面得分。這點請讀者務必留意。

如圖26-2，一般而言，模型圖中會以雙箭頭線來描述兩變數間的相關性。此外，本模型要檢驗「品牌形象」與「知覺價值」這兩個主構面的相關性時，若能先從子構面的觀點了解其間的相關性，更能深入探索主構面間之相關性的內涵。基於此，我們將先求各子構面間的相關，然後再來求算兩主構面間的相關性。進行相關分析前，必先將「品牌形象」、「品牌價值」、「品牌特質」與「企業聯想」，及「知覺價值」、「品質價值」、「情感交流價值」與「價格價值」等構面的得分求算出來，由於先前已檢驗過信、效度，所以可直接運用所屬題項加總後平均的方法來求得各構面的得分。求得各構面的得分後，就可進行相關分析了。詳細的操作過程與解說，讀者可直接至五南出版社的線上學院（https://www.wunan.com.tw/tch_home），購買與本書同名的線上課程，就可以觀看實作「範例26-1」的教學影音檔了。

26-4 分析結果的撰寫

「品牌形象」與「知覺價值」兩主構面之相關分析結果如表26-2，觀察表26-2可發現，「品牌形象」的三個子構面與「知覺價值」的三個子構面間的相關係數皆顯著（表26-2中淺灰色網底部分），故所有假設皆成立。其中以「品牌價值」與「品質價值」間的相關係數最大，達0.436（顯著），而以「品牌特值」與「情感交流價值」間的相關係數最小，只有0.214（顯著）。

此外，再觀察「品牌形象」的三個子構面與「知覺價值」主構面間的關係（表26-2中深灰色網底部分），可發現「品牌價值」與「知覺價值」間的關係最為緊密，相關係數達0.473（顯著），「品牌特值」（0.431，顯著）次之，而以「企業聯想」（0.425，顯著）最小。

　　最後，觀察「品牌形象」與「知覺價值」兩主構面間的關係，可發現其間相關係數為正向的，達 0.552 且顯著。顯見「品牌形象」與「知覺價值」的關係甚為緊密，且受訪者對 85 度 C 的「品牌形象」認同程度越高時，其所知覺得價值感也越高。從「品牌形象」的結構來看，造成這種現象的原因，很有能是受訪者對 85 度 C 這個品牌的價值感（品牌價值）所引起的。顯見，85 度 C 的經營者未來若能持續加強品牌於消費者心目中的價值感的話，則將有助提升產品的品質價值感，進而更有效率的提升消費者所知覺的消費價值感。

單元 **27**

多元迴歸分析

　　迴歸分析和相關分析，雖然都是研究兩個或兩個以上變數之間的關係。但兩者既有些差異又有些相關。其間的差異點主要是聚焦於模型的假設以及研究的目的有所不同。在模型的假設方面，如果把研究的變數及其關係的型態作進一步的分析，就會發現這種關係具有不同性質，大致可分爲兩類。第一類變數有隨機、非隨機之分；第二類變數全爲隨機變數。

　　第一類以農作物的施肥量和產量之間的關係爲例。施肥量是一個可以控制的變數，而農作物的產量則具有不確定性。在探索兩者之間的關係時，就可以把施肥的數量控制在某一個數值上，而農作物的產量卻是不固定的，它圍繞某個數值而變動，並服從一定的機率分配。在這樣的兩個變數中，顯見一個變數屬非隨機變數（施肥量），而另一個則是隨機變數（產量）。

　　第二類則以某個大學的學生身高和體重之間的關係爲例。這兩個變數都是不能控制的，如在觀察學生的身高時，由於身高各不相同，會形成一個分配；再觀察學生的體重時，其體重也不相同並形成另一個分配。因此，兩個變數均爲隨機變數。

　　顯見，第一類、第二類問題中，變數的本質具有差異性。在數理統計學中，就把第一類的分析稱爲迴歸分析，而把第二類的分析稱爲相關分析。

　　其次，再從分析的目的來看，迴歸分析是想描述出一個依變數（y）對另一個自變數（x）的倚賴情形。且在這裡的 x 可以利用各種試驗設計的方法來自由操控。我們利用迴歸方程式以嘗試支持「x 的改變會導致 y 的改變」之假設，並可用來預估某一 x 下的 y 值（迴歸分析具預測功能），以及將 x 當做是控制項而來解釋 y 的某些變異等（迴歸分析具解釋功能）。相反地，相關分析是探究兩個變數間的相互倚賴之程度，即共同一起變異的程度。所以並不會把一個變數表示成另一個變數的函數，因此也就沒有所謂的自變數和依變數之分了。雖然也有可能一個變數是另一個變數的因，但相關分析並不會去假設有這種關係存在。一般而言，這兩個變數是同時受到某一共同原因的影響（但未必一定是如此）。因此，當想測定成對變數間之互相關聯程度時，則應適合採用相關分析（呂秀英，2000）。

　　簡單的講，迴歸分析可用來分析一個或一個以上自變數與依變數間的數量關係，以了解當自變數爲某一水準或數量時，依變數所將反應的數量或水準。而相關分析所關注的，則是分析變數間關係的方向與程度大小的統計方法。

27-1 多元迴歸分析

簡單迴歸分析（simple regression analysis）主要是研究兩個變數之間的關係，然而實際的客觀現象可能會比較複雜些。社會經濟現象尤是如此，它們往往是多種因素綜合作用的結果。例如：某種商品的銷售量可能受人口、收入水準、消費習慣、產品品質、價格、宣傳廣告等多種因素的影響。某種化工產品的品質可能受原材料品質、配方比例、生產時的溫度、溼度以及壓力等因素的影響。一般來說，利用迴歸分析在進行預測時，如果能盡可能全面性的考量到各種因素的影響，那麼預測的效果將會更好一些，故而我們有時也會遇到要研究兩個以上之自變數的迴歸問題，這種迴歸問題一般即稱為多元迴歸分析（multiple regression analysis，亦稱複迴歸模型）。

多元迴歸模型的一般模型為：

$$Y_i = a + b_1 \times x_{1i} + b_2 \times x_{2i} + \ldots\ldots + b_k x_{ki} + \varepsilon_i \qquad （式27\text{-}1）$$

Y_i 表示變數 Y 的某一個實際的觀察值，它是隨機的，一般稱之為依變數（dependent variable）；x_{ki} 則表示另一個變數 X 的實際觀察數值，它不是隨機的，一般稱之為自變數（independent variable）；a 與 b_k 是參數，分別稱為迴歸常數和偏迴歸係數（partial regression coefficient）；ε_i 為殘差項，是一個隨機變數，其平均值為 0，變異數為 σ^2。

為了能根據樣本資料 X 來推斷 Y，以做出可靠、準確的估計。因此，應用多元迴歸模型必須滿足以下前提假設：

(1) x_i 可以是任意已確定的變數，也可以是故意挑選的變數。它將作為控制（自）變數來解釋依變數 Y 變動的原因，因此，也稱作是解釋變數。

(2) 依變數和自變數之間的關係是線性的。

(3) 對於每一個 i，殘差項 ε_i 的分配屬常態分配，其平均值為 0，變異數為 σ^2（即，殘差須具有常態性）。

(4) 所有的殘差項 ε_i 的平均值和變異數都是相等的（即，殘差須具有恆等性）。

(5) 每個 ε_i 之間是相互獨立的（即，殘差須具有獨立性）。

由以上的說明不難發現，這些假設都脫離不了線性、殘差常態性、殘差恆等性、殘差獨立性等的基本原則。

27-2 多元迴歸模型的建模過程

多元迴歸模型的建模過程，大致上可分為五個步驟，前二個步驟主要在建立迴歸模型，也就是在求得式 27-1 中的各項參數（常數和偏迴歸係數），以建立出迴歸線（迴歸方程式）。而找出並確定了多元迴歸模型（式 27-1 的方程式）之後，便需要去評價看看所建立的迴歸模型有沒有符合其前提假設？迴歸模型的解釋能力如何？迴歸模型是否真的能有效地反映變數之間的關係？而這些工作則將在步驟三至步驟五中完成，因此步驟三至步驟五也常被稱為是評價模型階段，主要是在評估所建模型之品質。

1. **變異數分析（檢定變數間是否確實存在線性關係）**

多元迴歸模型的變異數分析，將使用 F 統計量來對迴歸模型中所有自變數的迴歸係數同時進行顯著性檢定，其虛無假設為「所有的偏迴歸係數等於 0」。若檢定的結果是顯著的話，那麼就代表著偏迴歸係數不全為 0。因此，即代表至少有一個自變數的迴歸係數顯著的不等於 0，所以自變數與依變數間確實存在線性關係（即，自變數與依變數間真的可以建立出迴歸線的意思），也就是代表迴歸方程式確實存在的意思。

2. **偏迴歸係數的顯著性檢定（逐一檢定各自變數是否被包含在迴歸模型中）**

多元迴歸模型中的迴歸係數，一般稱為偏迴歸係數。因為該係數主要在反應所對應的自變數，在固定其他的自變數之情形下，於模型中的解釋能力（R^2）變化。偏迴歸係數的顯著性檢定是為了查明到底是哪一個自變數對依變數的影響力是重要的。因為每增加一個自變數就會增加許多計算工作量，而且自變數之間也會存在線性關係（共線）而影響整個迴歸模型的預測效果，也就是說自變數不是越多越好之意。在偏迴歸係數的檢定中，會個別假設每一個自變數的迴歸係數等於 0。當迴歸檢定的結果顯示某個自變數的係數不顯著時，那麼也就表示該自變數在迴歸模型中的影響力不大，應從迴歸模型中剔除，從而須重新建立一個較為簡單（自變數比較少）的迴歸模型。偏迴歸係數檢定將使用的統計量為 t 統計量。

3. **R^2 決定係數（coefficient of determination）（評估迴歸模型的解釋能力）**

在迴歸分析中，決定係數 R^2 的意義為迴歸模型可以解釋的變異占總變異的比例。換句話說，是指總離差平方和中有多大的比例是可以用迴歸模型來解釋的。因而，它是反映迴歸模型解釋能力（或稱擬合程度）的一個指標。它的數值大小也反

映了樣本資料和迴歸模型的緊密程度。如果各資料點越接近迴歸直線，R^2 就趨近於 1，代表解釋能力（擬合程度）很好。否則，如果 R^2 遠離 1 的話，就說明了解釋能力（擬合程度）是令人不滿意的。

4. 殘差分析

殘差分析所探討的議題是迴歸模型中的殘差項，是否符合下列三個性質—常態性、恆等性與獨立性，以評估目前所建立出來的迴歸模型是否恰當。當確定所採用之模型為恰當後，則所有的估計、檢定及預測行為始能稱為有效。檢定殘差的常態性對於模型具有非常重要的意義，因為線性模型的基礎就是建立在殘差是常態分配的假設之上的。如果透過檢定發現殘差為非常態，那麼迴歸分析工作就沒有必要再進行下去了。只有殘差是常態分配時或接近常態分配時，才可以進行下一步的分析工作。恆等性若成立，則殘差變異數就不會隨著 x 的改變而改變，也就是說殘差會隨機散佈且沒有特別的形態或趨勢。而獨立性若成立的話，則不同兩個樣本之殘差值間就不會存在正相關或負相關。殘差的三個性質是迴歸建模的前提假設，研究者所建立的迴歸模型必須符合這些前提假設，才能稱得上是良好模型。

5. 共線性診斷

在多元迴歸模型中也可能會存在共線性（collinarity）問題。共線性，就是指在自變數中有兩個或兩個以上的自變數存在完全線性或幾乎完全線性的關係，共線性若從資料的分布圖來看，資料的線性圖形將呈現平行的狀態。由於使用最小平方法估計迴歸係數的一個基本條件是要求「自變數間不是完全線性相關」。如果自變數之間具有完全線性相關的現象，那麼其迴歸係數就不屬唯一解了，從而不可能求得每個迴歸係數的數值，也就不可能使用最小平方法了。解決多元迴歸模型中的共線性問題，可以嘗試使用剔除相關程度較高之自變數的策略來達成。在 SPSS 之中，解決共線性問題時，主要就是採用剔除變數的方法，其詳細步驟為：首先採用技術指標確定引起共線性問題的變數，然後剔除和此變數相關程度較高的其他變數。可以使用的技術指標有允差值（tolerance）、變異數膨脹係數（variance inflation factor, VIF）與條件指標（condition index, CI）。

27-3 多元迴歸分析的範例

範例 27-1

　　請開啓範例論文的正式資料檔「正式資料.sav」，試建立迴歸模型以檢驗「品牌形象」與「知覺價值」對品牌忠誠度的影響力，迴歸模型如圖 27-1 與圖 27-2 所示。

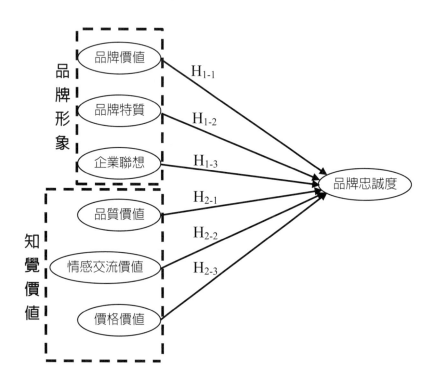

圖 27-1　「品牌形象」與「知覺價值」之各子構面對「品牌忠誠度」的迴歸模型

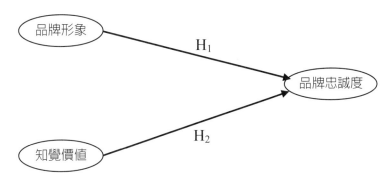

圖 27-2 「品牌形象」與「知覺價值」對「品牌忠誠度」的迴歸模型

依題意，我們將建立假設為（論文中，須寫對立假設）：

H$_1$：品牌形象會顯著影響品牌忠誠度。

　　H$_{1-1}$：品牌價值會顯著影響品牌忠誠度。

　　H$_{1-2}$：品牌特質會顯著影響品牌忠誠度。

　　H$_{1-3}$：企業聯想會顯著影響品牌忠誠度。

H$_2$：知覺價值會顯著影響品牌忠誠度。

　　H$_{2-1}$：品質價值會顯著影響品牌忠誠度。

　　H$_{2-2}$：情感交流價值會顯著影響品牌忠誠度。

　　H$_{2-3}$：價格價值會顯著影響品牌忠誠度。

　　本書中，範例論文的題目是《品牌形象、知覺價值與品牌忠誠度關係之研究》，從題目的字面來看，研究目的應該就是在檢驗品牌形象、知覺價值與品牌忠誠度三者之間的因果關係，如圖 27-3。圖 27-3 中，單向箭頭即代表著自變數對依變數的影響力，這種影響力又稱為因果關係，自變數為因、依變數為果。但很可惜的，利用 SPSS 並無法「同時」求出模型中的 3 個影響力（α_1、α_2、α_3），因為圖 27-3 中包含了兩個依變數。當然研究者或許會想說，那就建立兩個迴歸模型，分段來做，第一個迴歸模型以品牌形象、知覺價值為自變數，品牌忠誠度為依變數，先求出 α_1、α_3；而第二個迴歸模型以品牌形象為自變數、知覺價值為依變數，再求出 α_3，這樣就可求出模型中的 3 個影響力了。但是讀者應了解的是品牌形象、知覺價值、品牌忠誠度等三個變數是連動的，其間的影響力也是「同時」發生的，在這種情形下，我們所建立的模型應要能「同時」納入兩個依變數，而不能分段來做。所以要驗證圖 27-3 中的 3 個影響力，對 SPSS 所建立的迴歸模型而言，是無法達成目的的。若真的想要「同時」求算出 3 個影響力，只有應用到所謂第二代統計的結構方程模型

分析（Structural equation modeling, SEM）了。

　　然而，在不使用結構方程模型分析的情形下，要去檢驗「品牌形象、知覺價值與品牌忠誠度」的關係時，比較合理的作法是，類似上述分段的作法，先建立一個迴歸模型，這個迴歸模型以品牌形象、知覺價值為自變數，品牌忠誠度為依變數，而先求出 α_1、α_3；然後再檢驗看看「知覺價值」是否可在「品牌形象」和「品牌忠誠度」的關係間，扮演著中介角色。這樣就可以在只使用迴歸分析的方式，而將「品牌形象、知覺價值與品牌忠誠度」的關係描述清楚了。因此，在範例 27-1 我們先檢驗「品牌形象」與「知覺價值」對「品牌忠誠度」的影響力，如圖 27-2。而在下一個單元中，我們再來檢驗「知覺價值」的中介效果。

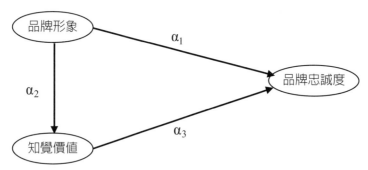

圖 27-3　品牌形象、知覺價值與品牌忠誠度之關係模型

　　從先前對範例模論文的介紹，讀者應可理解，「品牌形象」與「知覺價值」皆屬二階構面。因此，探討「品牌形象」與「知覺價值」對「品牌忠誠度」的影響力（以單向箭頭表示）時，可以從子構面的角度（圖 27-1），也可以從主構面的角度（圖 27-2）來檢視「品牌形象」與「知覺價值」對「品牌忠誠度」的影響力。因為若能從子構面的觀點來探討「品牌形象」與「知覺價值」對「品牌忠誠度」的影響力，則更將有助於理解能顯著影響「品牌忠誠度」的因素到底有那些。因此，我們將根據圖 27-1 與圖 27-2，分別建立迴歸模型。而在建立迴歸模型前，讀者也須先具備有關迴歸模型的基本概念，這些基本概念在本課程中已列為先修課程，並包含在「範例27-1」的教學影音檔中了。故，這些先修課程的內容與「範例 27-1」的詳細操作過程，讀者可直接至五南出版社的線上學院（https://www.wunan.com.tw/tch_home），購買與本書同名的線上課程，就可以觀看實作「範例 27-1」與先修課程的教學影音檔了。

27-4 報表解說 —— 第一個迴歸模型

首先來看到第一個迴歸模型（圖 27-1），第一個迴歸模型中，我們將要來檢驗「品牌形象」的三個子構面與「知覺價值」子構面中，到底哪一些子構面對「品牌忠誠度」會有顯著的影響力。進行迴歸分析後所產生的報表。我們將遵循先前所介紹過的五大步驟來進行分析。

1. 變異數分析：檢驗自變數與依變數間是否具有線性關係

變異數分析的假設是所有投入之自變數的迴歸係數全為 0（即自變數與依變數間，不具線性關係）。因此，當變異數分析表的 F 值顯著時，則表示偏迴歸係數不全為 0。其意義就代表著依變數與所有或某幾個自變數間確實是可以建立線性迴歸模型的，也就是說，依變數與所有或某幾個自變數間確實具有線性關係（可以建立出迴歸方程式之意）。至於到底是那幾個自變數可以真正的拿來建立線性迴歸模型，還須利用後續的 t 檢定來個別的檢定每個自變數的偏迴歸係數後，才能確定。

首先檢視變異數分析表，如表 27-1，由表 27-1 可發現，迴歸分析後，共可得到 5 個模型，且 5 個模型的顯著性皆小於 0.05，因此都顯著，代表各模型的線性關係確實都是存在的。這五個模型的自變數逐次增加，其中，第五個模型自變數最多，且顯著。因此，第五個模型才是最終我們所建立的迴歸模型。

表 27-1　變異數分析表

模式		平方和	df	平均平方和	F	顯著性
1	迴歸	141.444	1	141.444	242.022	.000[b]
	殘差	143.769	246	.584		
	總數	285.213	247			
2	迴歸	174.208	2	87.104	192.248	.000[c]
	殘差	111.005	245	.453		
	總數	285.213	247			
3	迴歸	195.745	3	65.248	177.949	.000[d]
	殘差	89.467	244	.367		
	總數	285.213	247			
4	迴歸	198.669	4	49.667	139.457	.000[e]
	殘差	86.544	243	.356		
	總數	285.213	247			
5	迴歸	200.388	5	40.078	114.339	.000[f]
	殘差	84.825	242	.351		
	總數	285.213	247			

a. 依變數：ly
b. 預測變數：（常數），bi2
c. 預測變數：（常數），bi2, bi3
d. 預測變數：（常數），bi2, bi3, bi1
e. 預測變數：（常數），bi2, bi3, bi1, pv3
f. 預測變數：（常數），bi2, bi3, bi1, pv3, pv2

2. 偏迴歸係數的顯著性檢定：檢定模型中，各自變數的偏迴歸係數是否顯著

接著檢視偏迴歸係數表，如表 27-2。由表 27-2 可發現，模型五中包含了 5 個自變數，且所有自變數之偏迴歸係數都是顯著的，這說明了品牌價值（bi1）、品牌特質（bi2）、企業聯想（bi3）、情感交流價值（pv2）與價格價值（pv3）等五個變數對品牌忠誠度「ly」都是具有顯著影響力的（H_{1-1}、H_{1-2}、H_{1-3}、H_{2-2}、H_{2-3} 成立）。然而卻也可發現品質價值（pv1）的影響力不顯著（H_{2-1} 不成立），無法進入到迴歸模型中。以模型五而言，品牌特質（bi2）的影響力最大（標準化係數 0.355）；情感交流價值（pv2）的影響力最小（標準化係數 0.082）。

表 27-2　偏迴歸係數表

模式		未標準化係數		標準化係數	t	顯著性	共線性統計量	
		B 之估計值	標準誤差	Beta 分配			允差	VIF
1	（常數）	1.580	.188		8.389	.000		
	bi2	.612	.039	.704	15.557	.000	1.000	1.000
2	（常數）	.988	.180		5.493	.000		
	bi2	.454	.039	.522	11.540	.000	.776	1.289
	bi3	.304	.036	.385	8.504	.000	.776	1.289
3	（常數）	.444	.177		2.514	.013		
	bi2	.330	.039	.380	8.483	.000	.642	1.558
	bi3	.255	.033	.323	7.795	.000	.747	1.339
	bi1	.295	.038	.328	7.664	.000	.700	1.429
4	（常數）	.296	.182		1.628	.105		
	bi2	.311	.039	.358	8.013	.000	.624	1.602
	bi3	.231	.033	.293	6.923	.000	.699	1.431
	bi1	.276	.038	.308	7.183	.000	.680	1.470
	pv3	.094	.033	.117	2.865	.005	.751	1.332
5	（常數）	.166	.190		.875	.382		
	bi2	.309	.039	.355	7.999	.000	.624	1.603
	bi3	.227	.033	.287	6.833	.000	.696	1.436
	bi1	.268	.038	.299	7.007	.000	.674	1.483
	pv3	.079	.033	.099	2.392	.018	.721	1.386
	pv2	.061	.028	.082	2.215	.028	.886	1.129

3. 迴歸模型的解釋能力 R^2：評估迴歸模型對品牌忠誠度的預測能力

觀察表 27-3 的模型摘要表。可發現，模型五的決定係數 R^2 最大，達 0.703（調整後 R^2 為 0.696），是所有模型最高者。因此，以品牌價值（bi1）、品牌特質（bi2）、企業聯想（bi3）、情感交流價值（pv2）與價格價值（pv3）等五個變數來建立迴歸模型，以預測品牌忠誠度「ly」時，模型四的擬合效果最好、解釋能力最

強。故參考表 27-2 中的非標準化偏迴歸係數值，將迴歸模型建立為：

品牌忠誠度（ly）＝ 0.166 ＋ 0.268× 品牌價值（bi1）＋ 0.309× 品牌特質（bi2）＋ 0.227× 企業聯想（bi3）＋ 0.061× 情感交流價值（pv2）＋ 0.079× 價格價值（pv3）

此外，也可建立標準化的迴歸模型：

品牌忠誠度（ly）＝ 0.299× 品牌價值（bi1）＋ 0.355× 品牌特質（bi2）＋ 0.287× 企業聯想（bi3）＋ 0.082× 情感交流價值（pv2）＋ 0.099× 價格價值（pv3）

表 27-3　模式摘要表

模式	R	R 平方	調過後的 R 平方	估計的標準誤	R平方改變量	F 改變	df1	df2	顯著性F改變	Durbin-Watson 檢定
					變更統計量					
1	.704[a]	.496	.494	.76448	.496	242.022	1	246	.000	
2	.782[b]	.611	.608	.67311	.115	72.314	1	245	.000	
3	.828[c]	.686	.682	.60553	.076	58.738	1	244	.000	
4	.835[d]	.697	.692	.59678	.010	8.208	1	243	.005	
5	.838[e]	.703	.696	.59204	.006	4.904	1	242	.028	1.755

4. 殘差的常態檢定、恆等性檢定、獨立性檢定

☞ 常態性檢定

由表 27-4 中顯見，Kolmogorov-Smirnov 檢定的顯著性為 0.614 大於 0.05，因此可接受殘差具常態性的假設。

表 27-4　Kolmogorov-Smirnov 檢定表

		ZRE_1
個數		248
常態參數[a,b]	平均數	.0000000
	標準差	.98982680
最大差異	絕對	.039
	正的	.033
	負的	-.039
Kolmogorov-Smirnov Z 檢定		.614
漸近顯著性（雙尾）		.845

a. 檢定分配為常態。

☞ 恆等性檢定

欲進行殘差的恆等性檢定時，須觀察標準化殘差（ZRESID）對標準化預測值（ZPRED）的散佈圖，如圖 27-4。

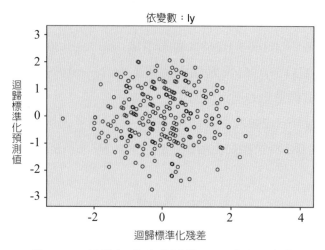

依變數：ly

圖 27-4　標準化殘差對標準化預測值之散佈圖

　　觀察圖 27-4，標準化殘差值的大致分布介於（–2, 2）之間，只有少數幾個異常點，且殘差大致上呈隨機散佈，並沒有特別的形態或趨勢，因此可認為殘差具有恆等性。

　☞ 獨立性檢定

　　欲進行殘差的獨立性檢定時，可觀察模式摘要表（表 27-3）中的 Durbin-Watson 檢定值，當

　☞ D-W 的數值在 2 的附近（可認為是 1.5～2.5）時，則表示殘差之間是獨立的。

　☞ D-W 遠小於 2，則表示殘差之間是正相關的，因此違反殘差獨立性的前提假設。

　☞ D-W 遠大於 2，則表示殘差之間是負相關的，故亦違反殘差獨立性的前提假設。

　　由表 27-3 的最後一欄，可發現 Durbin-Watson 檢定值為 1.755，相當接近 2，因此可認為殘差具有獨立性。

　　由以上的殘差分析過程中，可明顯發現殘差分析的結果相當好，殘差具有常態性、恆等性與獨立性，皆符合迴歸模型的基本假設。

5. 共線性診斷

　　欲進行共線診斷時，可觀察允差值（表 27-2 中）、VIF（表 27-2 中）與條件指標（表 27-5 中）等三個值。表 27-2 中，模型五之各自變數的允差值介於 0.624～0.886 之間，故皆大於 0.1，且 VIF 介於 1.129～1.603 間，皆小於 10，此外，表 27-5 中模

型五的條件指標介於 1.000～13.666 間，也都小於 30。因此可研判斷所建立的迴歸模型（模型五）中，各自變數的共線性問題並不存在。

表 27-5　共線性診斷表

模式	維度	特徵值	條件指標	變異數比例					
				（常數）	bi2	bi3	bi1	pv3	pv2
1	1	1.966	1.000	.02	.02				
	2	.034	7.627	.98	.98				
2	1	2.920	1.000	.01	.01	.01			
	2	.047	7.895	.33	.08	.95			
	3	.033	9.353	.66	.91	.04			
3	1	3.884	1.000	.00	.00	.00	.00		
	2	.051	8.714	.08	.02	.94	.15		
	3	.034	10.641	.90	.25	.00	.20		
	4	.031	11.223	.01	.73	.06	.65		
4	1	4.835	1.000	.00	.00	.00	.00	.00	
	2	.051	9.718	.08	.03	.77	.18	.03	
	3	.050	9.863	.06	.16	.05	.90		
	4	.034	12.010	.91	.20	.01	.13	.07	
	5	.031	12.523	.02	.71	.05	.63	.00	
5	1	5.755	1.000	.00	.00	.00	.00	.00	.00
	2	.083	8.308	.00	.04	.09	.02	.00	.82
	3	.051	10.642	.05	.08	.41	.25	.25	.01
	4	.048	10.944	.00	.01	.45	.00	.73	.07
	5	.032	13.463	.95	.11	.00	.15	.02	.09
	6	.031	13.666	.00	.77	.05	.58	.00	.00

27-5 報表解說——第二個迴歸模型

接下來，我們來看到第二個迴歸模型（圖 27-2），在這個迴規模型中，我們將要檢驗「品牌形象」主構面與「知覺價值」主構面對「品牌忠誠度」的影響力。進行迴歸分析後所產生的報表，我們也將遵循先前所介紹過的五大步驟來進行分析。

1. 變異數分析：檢驗自變數與依變數間是否具有線性關係

首先檢視變異數分析表，如表 27-6，由表 27-6 可發現，迴歸分析後，共可得到 2 個模型，且 2 個模型的顯著性皆小於 0.05，因此都顯著，代表各模型的線性關係確實都是存在的。這 2 個模型的自變數逐次增加，其中，第 2 個模型自變數最多，且顯著。因此，第 2 個模型才是最終我們所建立的迴歸模型。

表 27-6　變異數分析表

模式		平方和	df	平均平方和	F	顯著性
1	迴歸	195.128	1	195.128	532.848	.000[b]
	殘差	90.085	246	.366		
	總數	285.213	247			
2	迴歸	200.358	2	100.179	289.243	.000[c]
	殘差	84.855	245	.346		
	總數	285.213	247			

a. 依變數：ly
b. 預測變數：(常數)，bi
c. 預測變數：(常數)，bi, pv

2. 偏迴歸係數的顯著性檢定：檢定各模型中，各自變數的偏迴歸係數是否顯著

接著檢視偏迴歸係數表，如表 27-7。由表 27-7 可發現，模型二中包含了 2 個自變數，且所有自變數之偏迴歸係數都是顯著的，這說明了品牌形象（bi）與知覺價值（pv）對品牌忠誠度「ly」都具有顯著影響力（H_1、H_2 成立）。且以模型五而言，品牌形象（bi）的影響力（標準化係數 0.737）大於知覺價值（pv）的影響力（標準化係數 0.162）。

表 27-7　偏迴歸係數表

模式		未標準化係數		標準化係數	t	顯著性	共線性統計量	
		B 之估計值	標準誤差	Beta 分配			允差	VIF
1	(常數)	.465	.175		2.654	.008		
	bi	.877	.038	.827	23.084	.000	1.000	1.000
2	(常數)	.144	.189		.758	.449		
	bi	.782	.044	.737	17.643	.000	.695	1.439
	pv	.171	.044	.162	3.886	.000	.695	1.439

3. 迴歸模型的解釋能力 R^2：評估迴歸模型對品牌忠誠度的預測能力

觀察表 27-8 的模型摘要表。可發現，模型二的決定係數 R^2 達 0.702（調整後 R^2 為 0.700），顯見模型二的擬合效果相當好、解釋能力很強。故參考表 27-7 中的非標準化偏迴歸係數值，將迴歸模型建立為：

品牌忠誠度（ly）= 0.144 + 0.782× 品牌形象（bi）+ 0.171× 知覺價值（pv）

此外，也可建立標準化的迴歸模型：

品牌忠誠度（ly）= 0.737× 品牌形象（bi）+ 0.162× 知覺價值（pv）

表 27-8　模式摘要表

模式	R	R 平方	調過後的R 平方	估計的標準誤	變更統計量 R 平方改變量	F 改變	df1	df2	顯著性F改變	Durbin-Watson 檢定
1	.827[a]	.684	.683	.60514	.684	532.848	1	246	.000	
2	.838[b]	.702	.700	.58851	.018	15.099	1	245	.000	1.706

4. 殘差的常態檢定、恆等性檢定、獨立性檢定

☞ 常態性檢定

由表 27-9 中顯見，Kolmogorov-Smirnov 檢定的顯著性為 0.773 大於 0.05，因此可接受殘差具常態性的假設。

表 27-9　Kolmogorov-Smirnov 檢定表

		ZRE_1
個數		248
常態參數[a,b]	平均數	.0000000
	標準差	.99594319
最大差異	絕對	.049
	正的	.049
	負的	-.033
Kolmogorov-Smirnov Z 檢定		.773
漸近顯著性（雙尾）		.589

a. 檢定分配為常態。

☞ 恆等性檢定

欲進行殘差的恆等性檢定時，須觀察標準化殘差（ZRESID）對標準化預測值（ZPRED）的散佈圖，如圖 27-5。

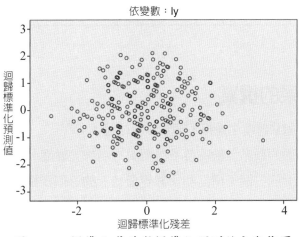

依變數：ly

圖 27-5　標準化殘差對標準化預測值之散佈圖

　　觀察圖 27-5，標準化殘差值的大致分布介於（–2, 2）之間，只有少數幾個異常點，且殘差大致上呈隨機散佈，並沒有特別的形態或趨勢，因此可認為殘差具有恆等性。

　　☞ 獨立性檢定

　　欲進行殘差的獨立性檢定時，可觀察模式摘要表（表 27-8）中的 Durbin-Watson 檢定值，由表 27-8 的最後一欄，可發現 Durbin-Watson 檢定值為 1.706，相當接近 2，因此可認為殘差具有獨立性。

　　由以上的殘差分析過程中，可明顯發現殘差分析的結果相當好，殘差具有常態性、恆等性與獨立性，皆符合迴歸模型的基本假設。

　　5. 共線性診斷

　　欲進行共線診斷時，可觀察允差值（表 27-7 中）、VIF（表 27-7 中）與條件指標（表 27-10 中）等三個值。表 27-7 中，模型二之各自變數的允差值都是 0.695，故皆大於 0.1，且 VIF 的值也皆為 1.439，皆小於 10，此外，表 27-10 中模型二的條件指標介於 1.000～11.569 間，也都小於 30。因此可研判斷所建立的迴歸模型（模型二）中，各自變數的共線性問題並不存在。

表 27-10　共線性診斷表

模式	維度	特徵值	條件指標	變異數比例		
				（常數）	bi	pv
1	1	1.976	1.000	.01	.01	
	2	.024	9.007	.99	.99	
2	1	2.952	1.000	.00	.00	.00
	2	.026	10.585	.94	.07	.42
	3	.022	11.569	.06	.92	.58

27-6 分析結果的撰寫

　　綜合整理上述迴歸建模之過程，獲致以下結論：

　　首先，從子構面的觀點，檢驗各子構面對「品牌忠誠度」的影響力。由表 27-2 得知，「品牌形象」的三個子構面和「知覺價值」的三個子構面中，只有「品質價值」不會顯著影響「品牌忠誠度」，對「品牌忠誠度」具有顯著影響力的子構面中，品牌特質（bi2）的影響力最大，其次依序為品牌價值（bi1）、企業聯想（bi3）、價

格價值（pv3），而以情感交流價值（pv2）的影響力最小。顯見對「品牌忠誠度」影響力較大的因素，都是屬於「品牌形象」主構面。

接著，再從主構面的觀點，檢驗「品牌形象」與「知覺價值」對「品牌忠誠度」的影響力。由表 27-7 可發現，品牌形象（bi）與知覺價值（pv）對品牌忠誠度「ly」都具有顯著影響力，解釋能力 R^2 高達 0.702。且品牌形象（bi）的影響力大於知覺價值（pv）。故建立非標準化與標準化迴歸模型為：

☞ 非標準化迴歸模型

品牌忠誠度（ly）= 0.144 + 0.782 × 品牌形象（bi）+ 0.171 × 知覺價值（pv）

☞ 標準化迴歸模型

品牌忠誠度（ly）= 0.737 × 品牌形象（bi）+ 0.162 × 知覺價值（pv）

最後，由殘差分析與共線性診斷檢視所建的迴歸模型是否符合迴歸分析的前提假設。經殘差分析後得知，迴歸模型的殘差皆具有常態性、恆等性與獨立性；此外，共線性診斷後亦可發現並無自變數共線之情形存在。故可推論所建之迴歸模型擬合能力好、品質頗佳。

由上述的結論建議 85 度 C 業者，在提升消費者忠誠度的過程中，宜加強「品牌形象」的形塑，尤其更應致力於品牌特質的強化與連結，以便能更有效率的提升消費者對 85 度 C 的忠誠度。

單元 **28**

中介效果檢定

在前一單元中，我們曾經說明，本書中範例論文的題目是《品牌形象、知覺價值與品牌忠誠度關係之研究》。明顯的，該論文主要的研究目的在於檢驗品牌形象、知覺價值與品牌忠誠度等三個主構面之間的因果關係。這些因果關係若使用結構方程模型分析（本書第 45 至 52 單元），那麼將可順利的檢驗出來。但是在只運用 SPSS 的場合下，比較合理的作法是，先建立一個迴歸模型，這個迴歸模型以品牌形象、知覺價值為自變數，品牌忠誠度為依變數，以檢驗品牌形象、知覺價值對品牌忠誠度的影響力（因果關係）。然後再檢驗看看「知覺價值」是否可在「品牌形象」和「品牌忠誠度」的關係間，扮演著中介角色。這樣就可以將「品牌形象、知覺價值與品牌忠誠度」等三個變數的關係描述清楚了。因此，在前一個單元中的範例 27-1，我們已先檢驗「品牌形象」與「知覺價值」對「品牌忠誠度」的影響力了。而本單元中，我們將繼續來檢驗「知覺價值」的中介效果。

28-1 中介效果的基本概念

若自變數對依變數有顯著的影響效果，而此效果是透過第三變數的途徑而達到影響時，則此第三變數即稱為是中介變數（mediator variables），如圖 28-1。通常中介變數可以用來解釋自變數是經由什麼途徑而影響了依變數。而其間的影響程度大小即稱為中介效果（mediating effect）。

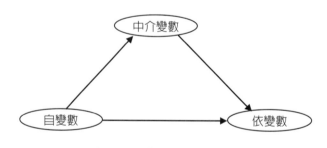

圖 28-1　中介效果示意圖

依此概念，Baron & Kenny（1986）提出了一個經典的中介變數檢驗方式（又稱為 Baron & Kenny 中介四條件）。依此概念，一般檢測中介變數的方式為，首先，自變數對依變數要具有顯著影響效果（迴歸係數 α）（先決條件），如圖 28-2(a)；其次，若檢視自變數和中介變數的關係時，自變數對中介變數的影響效果也要顯著，如圖 28-2(b)；最後，同時探討自變數、中介變數對依變數的影響效果時，中介變數

對依變數的影響效果要顯著，且自變數對依變數的影響效果（迴歸係數 β）會減弱（$\beta<\alpha$）或變為不顯著，如圖 28-2(c)。在此情況下，若自變數對依變數之影響程度變為 0（即，不顯著），則稱該中介變數具有完全中介效果（full mediation）；而若自變數對依變數之影響效果只是減弱而已（$\beta<\alpha$），但仍顯著，則稱該中介變數具有為部分中介效果（partial mediation）。

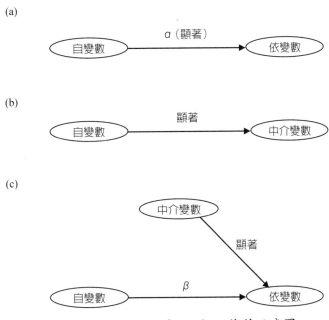

圖 28-2　Baron & Kenny（1986）四條件示意圖

28-2 檢驗中介效果的範例

 範例 28-1

　　請開啟範例論文的正式資料檔「正式資料.sav」，試檢驗「知覺價值」在「品牌形象」與「品牌忠誠度」的關係間，是否扮演著中介角色，其中介模型如圖 28-3 所示。

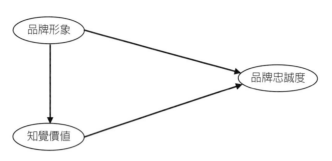

圖 28-3　知覺價值於「品牌形象與品牌忠誠度」之關係間的中介模型

依題意，我們將建立假設為（論文中，須寫對立假設）：

H₁：品牌形象會透過知覺價值的中介效果，而顯著影響品牌忠誠度。

或

H₁：知覺價值會在品牌形象與品牌忠誠度的關係間，扮演著中介角色。

過往不少文獻在檢驗中介效果時，常根據 Baron & Kenny 的中介四條件，再配合 SPSS 的階層迴歸功能達成任務。但這個過程相當繁雜，故不建議使用。在本書中，我們將使用由著名的統計學者 Hayes, A. F.（2018）所開發出來的 PROCESS 模組（The PROCESS marco for SPSS v3.5.3）來輔助我們進行中介效果的檢定。PROCESS 模組是一個可針對特定變數進行 OLS（ordinary least squares）和羅吉斯（logistic）迴歸路徑分析的建模工具。它可用來檢驗簡單中介模型、多重中介模型與各種干擾模型。

在使用 PROCESS 模組前，請讀者先到 PROCESS 模組的官網（http://www.pro-cessmacro.org/download.html）下載「The PROCESS marco for SPSS v3.5.3」。下載完成後再進行安裝，就可在 SPSS 中執行 PROCESS 模組並進行中介效果檢定了。有關中介效果的基本概念、PROCESS 模組的安裝與操作與「範例 28-1」的解析過程，都已包含在「範例 28-1」的教學影音檔中了。故，讀者可直接至五南出版社的線上學院（https://www.wunan.com.tw/tch_home），購買與本書同名的線上課程，就可以觀看實作「範例 28-1」的教學影音檔了。

28-3 報表解說

利用 PROCESS 模組進行中介效果檢定後，分析結果如表 28-1。由表 28-1(c) 可發現，「品牌形象」對「品牌忠誠度」的間接效果值（indirect effect）為 0.095，且其 95% 信賴區間介於 0.043（下界，BootLLCI）至 0.154（上界，BootULCI）間，明顯

的，95% 信賴區間並不包含 0，因此，間接效果顯著，也就是「知覺價值」的中介效果確實存在。

此外，由表 28-1(b) 可發現，「品牌形象」對「品牌忠誠度」的直接效果值（direct effect）為 0.782，且其 95% 信賴區間介於 0.695（下界，LLCI）至 0.870（上界，ULCI）間，故 95% 信賴區間亦不包含 0，因此，直接效果仍然顯著。因此可推論「知覺價值」在「品牌形象」對「品牌忠誠度」的關係間將扮演著中介角色，故 H1 成立。

由於總效果（total effect）等於直接效果加上間接效果，因此「品牌形象」對「品牌忠誠度」的總效果為 0.877，顯著，如 28-1(a) 所示。

表 28-1　直接、間接效果表

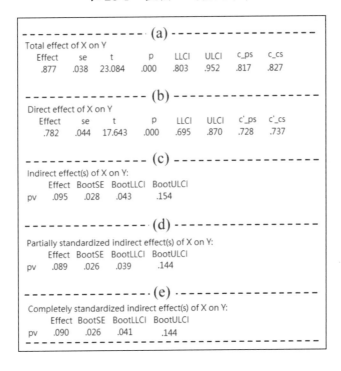

此外，也可以將 PROCESS 模組進行中介效果檢定後的結果，整理成表 28-2，以方便日後進行結論之用。讀者亦可仔細觀察表 28-2，在「知覺價值→品牌忠誠度」與「品牌形象→品牌忠誠度」的關係上，其結果與第 27 單元的多元迴歸分析結果是一模一樣的。這意味著，範例論文中檢驗檢驗品牌形象、知覺價值與品牌忠誠度三者之間的因果關係時，其實只要執行 PROCESS 模組，所有變數間的迴歸係數（影響

力），都可求得出來，只是運用 PROCESS 模組時，無法進行殘差分析與共線性診斷而已。因此，這些分析工具的取捨，需有賴研究者依本身的研究目的與需求來決斷。

表 28-2　中介效果摘要表

	迴歸係數		t 值	95% 信賴區間	
	非標準化	標準化		下界	上界
Indirect effect					
品牌形象→知覺價值→品牌忠誠度	0.095*	0.090*	3.393	0.043	0.154
Direct effect					
品牌形象→知覺價值	0.556*	0.552*	10.388	0.451	0.662
知覺價值→品牌忠誠度	0.171*	0.162*	3.886	0.084	0.258
品牌形象→品牌忠誠度	0.782*	0.737*	17.643	0.695	0.870
Total effect					
品牌形象→品牌忠誠度	0.877*	0.827*	23.084	0.803	0.952

28-4 分析結果的撰寫

綜合第 27 單元與本單元的分析結果，獲致以下結論：

首先，由表 27-2 與表 27-7 得知，品牌形象（bi）與知覺價值（pv）對品牌忠誠度「ly」都具有顯著影響力，解釋能力 R^2 高達 0.702。且品牌形象（bi）的影響力大於知覺價值（pv）。其次，「品牌形象」的三個子構面和「知覺價值」的三個子構面中，只有「品質價值」不會顯著影響「品牌忠誠度」，對「品牌忠誠度」具有顯著影響力的子構面中，品牌特質（bi2）的影響力最大，其次依序為品牌價值（bi1）、企業聯想（bi3）、價格價值（pv3），而以情感交流價值（pv2）的影響力最小。

最後，根據表 28-2，可發現「品牌形象」對「品牌忠誠度」的間接效果值為 0.095，且其 95% 信賴區間介於 0.043 至 0.154 間，明顯的，95% 信賴區間並不包含 0，因此，間接效果顯著，也就是「知覺價值」的中介效果確實存在。此外，「品牌形象」對「品牌忠誠度」的直接效果值為 0.782，且顯著。因此可推論「知覺價值」在「品牌形象」對「品牌忠誠度」的關係間將扮演著中介角色，且其中介類型應屬部分中介效果。

　　由上述的結論，建議 85 度 C 業者，在提升消費者忠誠度的過程中，宜加強「品牌形象」的形塑，尤其更應致力於品牌特質的強化與連結，以便能更直接、有效率的提升消費者對 85 度 C 的忠誠度。其次，由於「知覺價值」的中介效果確實存在，因此業主除應積極形塑 85 度 C 於消費者心目中的印象外，亦可藉由改善 85 度 C 於消費者心目中的價值感而增強消費者對 85 度 C 的忠誠度。

單元 **29**

多重中介效果檢定

　　中介變數檢驗所要回答的問題是自變數究竟是可以透過哪種機制或途徑而影響依變數。也就是說，中介研究的意義在於幫助我們解釋自變數對依變數關係的作用機制，也可以釐清、整合變數之間的關係（MacKinnon, 2008）。當然，如第 28 單元所述，中介變數在自變數對依變數的關係間具有中間傳導的作用，即自變數會透過中介變數，進而間接影響依變數的過程。在本單元之前，本書中所討論的中介效果皆屬簡單的中介模型，也就是只描述了存在一個中介變數的情況。然而，在心理、行為和其他一些社會科學研究領域中，研究情境複雜，往往需要多個中介變數才能更清晰地解釋自變數對依變數的效應（MacKinnon, 2008）。

29-1 多重中介效果簡介

　　近年來，越來越多的中介研究採用多重中介（multiple mediation）模型。不過，卻也不難發現，多數研究是將一個多重中介模型拆解爲多個簡單中介（即只含一個中介變數）模型，然後再針對這些拆解後的簡單中介模型，逐個加以分析，並據以產生結論。這樣的做法，可能會對結果的解釋產生偏誤。因爲模型中變數之間的關係是「同時」發生的，若加以拆解，將會忽略掉其他變數的影響，而失去多個變數同時互相影響的實際情境。基本上，建立多重中介模型，可以「同時」分析多個中介變數的影響力，當然是個比較好、比較先進的方法。

　　顧名思義，多重中介模型就是種「同時」存在多個中介變數的模型。根據多個中介變數之間是否存在相互影響的情況，多重中介模型又可以分爲單步多重中介模型（single step multiple mediator model）和多步多重中介模型（multiple step multiple mediator model）（Hayes, 2009）。單步多重中介模型是指多個中介變數之間不存在相互影響力（如圖 29-1），又稱爲平行多重中介模型（parallel mediator model）。多步多重中介模型則是指多個中介變數之間存在相互影響力，多個中介變數表現出順序性特徵，形成中介鏈（如圖 29-2 中的 IV → M1 → M2 → DV 路徑或 IV → M3 → M2 → DV 路徑），故又稱爲鏈式多重中介模型。

　　圖 29-2 的模型圖是個含有三個中介變數 M1、M2 和 M3 的多重中介模型，此時的多重中介效果可以從三個面向進行分析：(1) 特定路徑的中介效果（specific mediation effect），如 a1c1、a2c2、a3c3、a1b1c2 和 a3b2b2；(2) 總中介效果（total mediation effect），即「a1c1+a2c2+a3c3+a1b1c2+a3b2b2」；(3) 對比中介效果，如「a1c1-a2c2」、「a1c1-a3c3」等（Hayes, 2009; MacKinnon, 2008; Preacher & Hayes, 2008）。

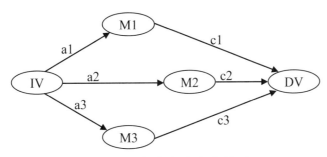

圖 29-1　多步多重中介模型

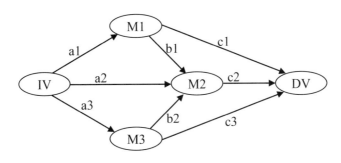

圖 29-2　多步多重中介模型

　　相較於簡單中介模型，多重中介模型具有三大優勢。首先，可以得到總中介效果。其次，可以在控制其他中介變數（如控制 M1、M2）的前提下，研究每個中介變數（如 M3）的特定中介效果。這種做法可以減少簡單中介模型因為忽略其他中介變數而導致的參數估計偏差。第三，可以計算對比中介效果，使得研究者能判斷多個中介變數的效果（如 a1c1、a2c2、a3c3、a1b1c2 和 a3b2b2）中，哪一個效果更大，即判斷哪一個中介變數的作用更強、哪個中介變數理論更有意義。因此，研究多重中介模型更能兼具理論與實務意涵（Preacher & Hayes, 2008）。

29-2 檢驗多重中介效果的範例

範例 29-1

　　請開啟範例論文的正式資料檔「正式資料.sav」，試檢驗「知覺價值」的三個子構面，在「品牌形象」與「品牌忠誠度」的關係間，是否扮演著中介角色？其中介模型如圖 29-3 所示。

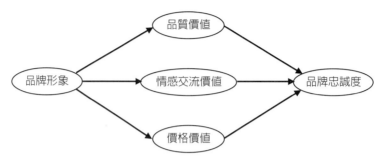

圖 29-3　範例論文的多重中介模型

依題意，我們將建立假設為（論文中，須寫對立假設）：

H$_1$：品質價值會在品牌形象與品牌忠誠度的關係間，扮演著中介角色。

H$_2$：情感交流價值會在品牌形象與品牌忠誠度的關係間，扮演著中介角色。

H$_3$：價格價值會在品牌形象與品牌忠誠度的關係間，扮演著中介角色。

在前一單元中，我們曾經檢驗「知覺價值」在「品牌形象」與「品牌忠誠度」的關係間，扮演的中介角色。在這個範例中，我們將更細部的想要來了解到底「品牌形象」是透過「知覺價值」的那些子構面而影響「品牌忠誠度」。由於「知覺價值」是個多維構面，它具有 3 個子構面，因此，我們將建構包含三個中介變數的多重中介模型。這樣的研究，當然就是想探究「品牌形象」影響「品牌忠誠度」的真正途徑，其研究成果將能更準確、更有效率的幫助 85 度 C 的經營業者進行精準改善，以提升消費者的忠誠度。

圖 29-3 的多重中介模型是個單步多重中介模型，又稱為是平行多重中介模型。這種多重中介模型的檢驗，對於 SPSS 的階層迴歸分析而言，就完全無能為力了。所以在本書中，我們亦將使用 PROCESS 模組來輔助我們進行多重中介效果的檢定。詳細的操作過程，讀者可直接至五南出版社的線上學院（https://www.wunan.com.tw/tch_home），購買與本書同名的線上課程，就可以觀看實作「範例 29-1」的教學影音檔了。

29-3 分析結果的撰寫

利用 PROCESS 模組進行多重中介效果檢定後，分析結果彙整如表 29-1。由於 PROCESS 模組是以 Bootstrapping 的方式進行參數估計，因此以 95% 信賴區間來進行檢定會比較準確。故由表 29-1 的「Indirect effect」部分可觀察出，三個間接效果

的 95% 信賴區間之下、上界區間，只有「品質價值」的中介效果之下、上界區間會包含 0（即，不顯著之意）。因此可推論，「知覺價值」的三個子構面中，「品質價值」的中介效果並不顯著（H_1 不成立），「情感交流價值」與「價格價值」的中介效果則屬顯著（H_2、H_3 成立）。其中又以「價格價值」的中介效果最大（看標準化迴歸係數欄位）。顯見，「知覺價值」所扮演的中介角色，主要是「價格價值」子構面所建構而成。

其次，「品牌形象→品牌忠誠度」的直接效果值為 0.780，且仍顯著。因此亦可推論「情感交流價值」與「價格價值」的中介效果類型應為部分中介效果。

最後，由表 29-1 亦可發現，「品牌形象→品牌忠誠度」的總效果值為 0.877，且顯著。可見「品牌形象」對「品牌忠誠度」確實具有舉足輕重的影響力。

表 29-1　多重中介效果摘要表

效果	迴歸係數		t 值	95% 信賴區間	
	非標準化	標準化		下界	上界
Indirect effect					
品牌形象→品質價值→品牌忠誠度	0.027	0.025	1.556	−0.008	0.060
品牌形象→情感交流價值→品牌忠誠度	0.023*	0.022*	1.917	0.001	0.047
品牌形象→價格價值→品牌忠誠度	0.048*	0.045*	2.286	0.006	0.090
Direct effect					
品牌形象→品質價值	0.636*	0.434*	7.555	0.470	0.802
品牌形象→情感交流價值	0.397*	0.278*	4.532	0.225	0.570
品牌形象→價格價值	0.655*	0.498*	8.997	0.512	0.799
品質價值→品牌忠誠度	0.042	0.058	1.472	−0.014	0.098
情感交流價值→品牌忠誠度	0.058*	0.078*	2.088	0.003	0.112
價格價值→品牌忠誠度	0.073*	0.090*	2.189	0.007	0.138
品牌形象→品牌忠誠度	0.780*	0.735*	17.024	0.690	0.870
Total effect					
品牌形象→品牌忠誠度	0.877*	0.827*	23.084	0.803	0.952

由上述的結論，建議 85 度 C 業者，在提升消費者忠誠度的過程中，宜加強「品牌形象」的形塑，尤其更應致力於品牌特質的強化與連結，以便能更直接、有效率的提升消費者對 85 度 C 的忠誠度。其次，由於「知覺價值」的中介效果確實存在，

但經由中介效果檢定這個中介效果主要是由「價格價值」所建構，因此業主除應積極形塑 85 度 C 於消費者心目中的印象外，亦可藉由提升 85 度 C 產品於消費者心目中的 CP 值，而增強消費者對 85 度 C 的價值感，進而增加消費者的忠誠度。

單元 **30**

自變數含類別變數的迴歸分析

　　本書的前 29 個單元中，已示範了一篇論文從蒐集資料到完成所有統計分析工作的過程，只要讀者循序漸進，想個具有創意的好議題，再模擬本書的做法與過程，必能完成您獨創且品質優良的專題或論文。

　　接下來的後續單元中，我們將陸續來探討一些在論文統計分析上，較少被使用到，但也相當重要的議題或統計方法。在第 27 單元中，我們介紹了迴歸分析，當時迴歸模型中的自變數都是屬於連續型的變數。當然，有些時候我們也會遇到需要將類別變數（categorical variable，又稱分類變數）放入自變數中的場合。當自變數中含類別變數時，進行迴歸分析的作法上將迥異於連續型變數，本單元中將針對這種自變數含類別變數的迴歸模型進行分析。

30-1 將類別變數轉化為虛擬變數

　　建立自變數含類別變數的迴歸模型時，與連續型變數最大的差異在於，我們不能把類別變數直接放入迴歸模型當中，而是必須要先予以轉化為虛擬變數（dummy variable）後，才能放入迴歸模型中。虛擬變數的特徵是：其取值不是 0，就是 1。因此，所謂將「類別變數轉化為虛擬變數」的意義就是根據類別變數的取值（或稱水準值），而將它轉換為只取值為 0 或 1 的代碼變數，當然只用一個虛擬變數（其值為 0 或 1）時，在大部分的情形下，實在很難將類別變數的所有取值都表示出來，所以通常需要好幾個虛擬變數才能完全涵蓋類別變數的所有取值。那到底需要多少個虛擬變數才夠呢？當然這要看類別變數的取值狀態（有幾個水準），例如：

　　1. 類別變數只有兩種類別（兩種取值、兩個水準）：在這種情形下，就不用轉化為虛擬變數了，直接可以放入迴歸模型。因為類別變數只有兩種類別時，那麼該類別變數的取值，原本就可以用 0 或 1 來代表，其取值狀況與虛擬變數完全一樣，故可直接用來當成是迴歸模型的自變數，不用轉換。例如：性別，0 代表女性、1 代表男性，故不用轉化為虛擬變數，可直接放入迴歸模型中當自變數。

　　2. 類別變數有 3 種以上的類別（取值、水準）時：例如：表 30-1a，當有 3 種類別（代碼：0、1、2）時，需要有 2 個虛擬變數才能完全表示出類別變數的 3 種類別。當有 4 種類別（代碼：0、1、2、3）時，則需要有 3 個虛擬變數才能完全表示出類別變數的 4 種類別，如表 30-1b。依序類推如表 30-1c、表 30-1d。所以應不難理解，當類別變數具有 k 種以上（k>=3）的類別時，而欲當作自變數以進行迴歸分析時，則應轉化為 k-1 個虛擬變數。

此外，建議讀者要特別注意類別變數之類別（分組）的編碼問題，通常代碼被編爲「0」的這個類別，將來若有需要做類別間比較時，會被視爲基底（被比較的對象）。例如：變數「轉換成本類型」是個類別變數，它有三個類別，分別爲「低」、「一般」、「高」。這時若能將「一般」編碼爲「0」、「低」編碼爲「1」、「高」編碼爲「2」，則將來若把「轉換成本類型」視爲干擾變數時，由於需要進行類別間的比較，這時就能以「一般」（其值爲0）爲比較基礎，這樣於轉換成虛擬變數時、或解析分析結果時，會比較方便，也比較容易理解分析結果的內涵。

表 30-1　類別變數值與虛擬變數

a.

類別變數值	虛擬變數	
	d1	d2
0	0	0
1	1	0
2	0	1

b.

類別變數值	虛擬變數		
	d1	d2	d3
0	0	0	0
1	1	0	0
2	0	1	0
3	0	0	1

c.

類別變數值	虛擬變數			
	d1	d2	d3	d4
0	0	0	0	0
1	1	0	0	0
2	0	1	0	0
3	0	0	1	0
4	0	0	0	1

d.

類別變數值	虛擬變數				
	d1	d2	d3	d4	d5
0	0	0	0	0	0
1	1	0	0	0	0
2	0	1	0	0	0
3	0	0	1	0	0
4	0	0	0	1	0
5	0	0	0	0	1

30-2 自變數含類別變數之迴歸分析範例

 範例 30-1

參考附錄3，論文《景觀咖啡廳意象、知覺價值與忠誠度：轉換成本的干擾效果》之原始問卷，該問卷的原始資料檔爲「景觀咖啡廳意象.sav」，試以「景觀咖啡廳意象」的 6 個子構面以及「sc_g」（轉換成本類型，屬類別變數）爲自變數，「忠誠度」爲依變數，建立迴歸模型。

　　論文《景觀咖啡廳意象、知覺價值與忠誠度：轉換成本的干擾效果》的原始問卷中，「景觀咖啡廳意象」主構面（im）包括「商品」（im1，4 題，im1_1～im1_4）、「服務」（im2，4 題，im2_1～im2_4）、「便利」（im3，3 題，im3_1～im3_3）、「商店環境」（im4，4 題，im4_1～im4_4）、「促銷」（im5，3 題，im5_1～im5_3）與「附加服務」（im6，3 題，im6_1～im6_3）等 6 個子構面，共 21 個題項；「知覺價值」構面（pv）包括 4 個題項（pv1～pv4）；「忠誠度」構面（ly）包含 5 個題項（ly1～ly5）、而「轉換成本」構面（sc）則包含 3 個題項（sc1～sc3），另外，原始資料檔「景觀咖啡廳意象.sav」中，已包含一個類別變數「轉換成本類型」，其變數名稱為「sc_g」，它是一個依「轉換成本」構面（sc）的得分轉換而成的類別變數。變數「轉換成本類型」共有 3 個類別（水準），分別為「一般轉換成本」（0）、「低轉換成本」（1）與「高轉換成本」（2）。

　　依題意，我們將建立假設為（論文中，須寫對立假設）：

H_1：商品會顯著影響忠誠度。

H_2：服務會顯著影響忠誠度。

H_3：便利會顯著影響忠誠度。

H_4：商店環境會顯著影響忠誠度。

H_5：促銷會顯著影響忠誠度。

H_6：附加服務會顯著影響忠誠度。

H_7：轉換成本類型會顯著影響忠誠度。

　　在此，我們將依題意建立多元迴歸模型，如圖 30-1 所示。由於迴歸模型的自變數中包含了一個具有 3 個水準的類別變數「轉換成本類型」，因此，建立迴歸模型前必須先將「轉換成本類型」這個類別變數轉換為虛擬變數。「轉換成本類型」有 3 個取值，故轉換成 2 個虛擬變數即可，如表 30-2。轉換及建立多元迴歸模型的過程，將以教學影音檔來進行解說，以增進學習效率，讀者可直接至五南出版社的線上學院（https://www.wunan.com.tw/tch_home），購買與本書同名的線上課程，就可以觀看實作「範例 30-1」的教學影音檔了。

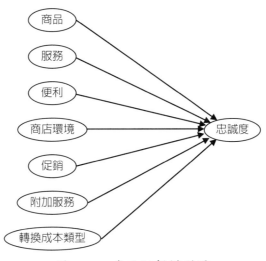

圖 30-1　多元迴歸模型圖

表 30-2　將變數「轉換成本類型」轉換成虛擬變數

轉換成本類型	虛擬變數	
	d1	d2
一般轉換成本：0	0	0
低轉換成本：1	1	0
高轉換成本：2	0	1

30-3 報表解說

在圖 30-1 的迴歸模型圖中，我們將要來檢驗「景觀咖啡廳意象」的 6 個子構面與「轉換成本類型」等 7 個自變數中，到底有哪一些自變數對「忠誠度」會有顯著的影響力。進行迴歸分析後所產生的報表。我們將遵循第 27 單元中所介紹過的五大步驟來進行分析。

1. 變異數分析：檢驗自變數與依變數間是否具有線性關係

首先檢視「變異數分析表」，如表 30-3，由表 30-3 可發現，迴歸分析後，共可得到 4 個模型，且 4 個模型的顯著性皆小於 0.05，因此都顯著，代表各模型的線性關係確實都是存在的。這 4 個模型的自變數逐次增加，其中，第 4 個模型自變數最多，且顯著。因此，第 4 個模型才是最終我們所建立的迴歸模型。這個模型中共包含了 im4、im5、im6 與 sc_g_d1（代表低轉換成本）等四個自變數。

表 30-3　變異數分析表

模式		平方和	df	平均平方和	F	顯著性
1	迴歸	89.725	1	89.725	59.882	.000[b]
	殘差	545.402	364	1.498		
	總數	635.127	365			
2	迴歸	146.086	2	73.043	54.217	.000[c]
	殘差	489.042	363	1.347		
	總數	635.127	365			
3	迴歸	161.573	3	53.858	41.171	.000[d]
	殘差	473.554	362	1.308		
	總數	635.127	365			
4	迴歸	167.000	4	41.750	32.196	.000[e]
	殘差	468.127	361	1.297		
	總數	635.127	365			

a. 依變數：ly

b. 預測變數：（常數），im6

c. 預測變數：（常數），im6, sc_g_d1

d. 預測變數：（常數），im6, sc_g_d1, im5

e. 預測變數：（常數），im6, sc_g_d1, im5, im4

2. 偏迴歸係數的顯著性檢定：檢定各模型中，各自變數的偏迴歸係數是否顯著

接著檢視「偏迴歸係數表」，如表 30-4。由表 30-4 可發現，模型四中包含了 4 個自變數，且所有自變數之偏迴歸係數都是顯著的，這說明了「商店環境」（im4）、「促銷」（im5）、「附加服務」（im6）與 sc_g_d1（低轉換成本）等四個變數對「忠誠度」（ly）都是具有顯著影響力的。這些自變數中，以「附加服務」（im6）的正向影響力最大（標準化係數 0.185）；「商店環境」（im6）的正向影響力最小（標準化係數 0.126）。且 sc_g_d1（低轉換成本）對「忠誠度」（ly）具有相當大的負向影響力。

表 30-4　偏迴歸係數表

模式		末標準化係數		標準化係數	t	顯著性	共線性統計量	
		B 之估計值	標準誤差	Beta 分配			允差	VIF
4	（常數）	2.812	.239		11.767	.000		
	im6	.166	.053	.185	3.151	.002	.595	1.681
	sc_g_d1	-.989	.157	-.289	-6.281	.000	.966	1.035
	im5	.118	.052	.135	2.281	.023	.579	1.726
	im4	.120	.059	.126	2.046	.042	.534	1.873

3. 迴歸模型的解釋能力 R2：評估迴歸模型對品牌忠誠度的預測能力

觀察表 30-5 的「模型摘要表」。可發現，模型四的決定係數 R^2 最大，達 0.263

（調整後 R^2 爲 0.255）。因此，以「商店環境」（im4）、「促銷」（im5）、「附加服務」（im6）與 sc_g_d1（低轉換成本）等四個變數等 4 個變數來建立迴歸模型，以預測「忠誠度」（ly）時，模型四的擬合效果最好、解釋能力最強。故參考表 30-4 中的非標準化偏迴歸係數值，將迴歸模型建立爲：

$$忠誠度（ly）= 2.812 + 0.120 \times 商店環境（im4）+ 0.118 \times 促銷（im5）+ 0.166 \times 附加服務（im6）- 0.989 \times sc\_g\_d1 \qquad （式 30-1）$$

式 30-1 中，當 sc_g_d1 等於 0 時，也就是「一般轉換成本」時，迴歸模型變爲：

$$忠誠度（ly）= 2.812 + 0.120 \times 商店環境（im4）+ 0.118 \times 促銷（im5）+ 0.166 \times 附加服務（im6） \qquad （式 30-2）$$

而當 sc_g_d1 等於 1 時，也就是「低轉換成本」時，迴歸模型變爲：

$$忠誠度（ly）= 1.823 + 0.120 \times 商店環境（im4）+ 0.118 \times 促銷（im5）+ 0.166 \times 附加服務（im6） \qquad （式 30-3）$$

可見，當餐廳的本質較屬「一般轉換成本」時，消費者對餐廳的忠誠度較「低轉換成本」時高，這個結論就管理理論而言，相當合理。此外，也可建立標準化的迴歸模型：

$$忠誠度（ly）= 0.126 \times 商店環境（im4）+ 0.135 \times 促銷（im5）+ 0.185 \times 附加服務（im6）- 0.289 \times sc\_g\_d1 \qquad （式 30-4）$$

表 30-5　模式摘要表

| 模式 | R | R 平方 | 調過後的 R 平方 | 估計的標準誤 | 變更統計量 | | | | | Durbin-Watson 檢定 |
					R 平方改變量	F 改變	df1	df2	顯著性F改變	
1	.376[a]	.141	.139	1.22407	.141	59.882	1	364	.000	
2	.480[b]	.230	.226	1.16070	.089	41.835	1	363	.000	
3	.504[c]	.254	.248	1.14375	.024	11.839	1	362	.001	
4	.513[d]	.263	.255	1.13875	.009	4.185	1	361	.042	1.826

4. 殘差的常態檢定、恆等性檢定、獨立性檢定

☞ 常態性檢定

由表 30-6 中顯見，雖然 Kolmogorov-Smirnov 檢定的顯著性爲 0.012 小於 0.05，

殘差不符常態性。然從殘差的直方圖來看，殘差已近似常態分配了，因此亦可認定殘差符合常態性（有點勉強……，但都做到北風尾了，只好以最低標準來研判，希望口試委員們大人大量）。

表 30-6　Kolmogorov-Smirnov 檢定表

		Standardized Residual
個數		366
常態參數[a,b]	平均數	.0000000
	標準差	.99450545
最大差異	絕對	.084
	正的	.051
	負的	-.084
Kolmogorov-Smirnov Z 檢定		1.598
漸近顯著性（雙尾）		.012

a. 檢定分配為常態。

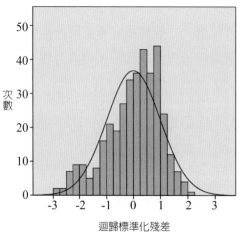

圖 30-2　標準化殘差的直方圖

☞ 恆等性檢定

　　欲進行殘差的恆等性檢定時，須觀察標準化殘差（ZRESID）對標準化預測值（ZPRED）的散佈圖，如圖 30-3。

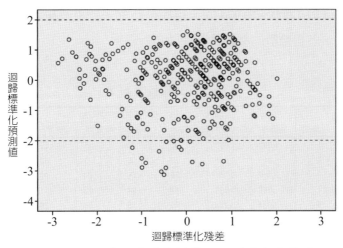

圖 30-3　標準化殘差對標準化預測值之散佈圖

觀察圖 30-3，標準化預測值的大致分布介於（−2, 2）之間，只有少數幾個異常點，且殘差大致上呈隨機散佈，並沒有特別的形態或趨勢，因此可認為殘差具有恆等性。

☞ 獨立性檢定

欲進行殘差的獨立性檢定時，可觀察模式摘要表（表 30-5）中的 Durbin-Watson 檢定值，當

☞ D-W 的數值在 2 的附近（可認為是 1.5～2.5）時，則表示殘差之間是獨立的。

☞ D-W 遠小於 2，則表示殘差之間是正相關的，因此違反殘差獨立性的前提假設。

☞ D-W 遠大於 2，則表示殘差之間是負相關的，故亦違反殘差獨立性的前提假設。

由表 30-5 的最後一欄，可發現 Durbin-Watson 檢定值為 1.826，相當接近 2，因此可認為殘差具有獨立性。

由以上的殘差分析過程中，可明顯發現殘差分析的結果相當好，殘差具有常態性、恆等性與獨立性，皆符合迴歸模型的基本假設。

5. 共線性診斷

欲進行共線診斷時，可觀察允差值（表 30-4 中）、VIF（表 30-4 中）與條件指標（表 30-7 中）等三個值。表 30-4 中，模型四之各自變數的允差值介於 0.534～0.966 之間，故皆大於 0.1，且 VIF 介於 1.035～1.873 間，皆小於 10。此外，表 30-7 中模

型四的條件指標介於 1.000～10.974 間，也都小於 30。因此可研判斷所建立的迴歸模型（模型四）中，各自變數的共線性問題並不存在。

表 30-7　共線性診斷表

模式	維度	特徵值	條件指標	變異數比例				
				（常數）	im6	sc_g_d1	im5	im4
4	1	4.062	1.000	.00	.00	.01	.00	.00
	2	.813	2.235	.00	.00	.91	.00	.00
	3	.050	9.051	.76	.00	.04	.43	.02
	4	.042	9.881	.19	.84	.02	.31	.00
	5	.034	10.974	.05	.16	.01	.26	.98

30-4 分析結果的撰寫

綜合整理上述迴歸建模之過程，獲致以下結論：

首先，由表 30-4 可發現，商店環境」（im4）、「促銷」（im5）、「附加服務」（im6）與 sc_g_d1（低轉換成本）等四個變數對「忠誠度」（ly）都是具有顯著影響力的（H_4、H_5、H_6、H_7 成立）。這些自變數中，以「附加服務」（im6）的正向影響力最大（標準化係數 0.185）；「商店環境」（im6）的正向影響力最小（標準化係數 0.126）。且 sc_g_d1（低轉換成本）對「忠誠度」（ly）具有相當大的負向影響力。

接著，由表 30-5 的模型摘要表。可發現，模型四的決定係數 R^2 最大，達 0.263（調整後 R^2 為 0.255）。因此，以「商店環境」（im4）、「促銷」（im5）、「附加服務」（im6）與 sc_g_d1（低轉換成本）等四個變數等 4 個變數來建立迴歸模型，以預測「忠誠度」（ly）時，模型四的擬合效果最好、解釋能力最強。故參考表 30-4 中的非標準化偏迴歸係數值，將迴歸模型建立為：

☞ 非標準化迴歸模型

忠誠度（ly）＝ 2.812 ＋ 0.120× 商店環境（im4）＋ 0.118× 促銷（im5）＋ 0.166× 附加服務（im6）－ 0.989× sc_g_d1　　　　　　　　　　　　（式 30-1）

☞ 標準化迴歸模型

忠誠度（ly）＝ 0.126×商店環境（im4）＋ 0.135×促銷（im5）＋ 0.185×附加服務（im6）

$\quad$ － 0.289×sc_g_d1　　　　　　　　　　　　　　　　（式 30-4）

最後，由殘差分析與共線性診斷檢視所建的迴歸模型是否符合迴歸分析的前提假設。經殘差分析後得知，迴歸模型的殘差皆具有常態性、恆等性與獨立性；此外，共線性診斷後亦可發現並無自變數共線之情形存在。故可推論所建之迴歸模型擬合能力好、品質頗佳。

由上述的結論，建議景觀咖啡餐廳業者，在形塑「餐廳意象」的過程中，宜加強「商店環境」、「促銷」與「附加服務」等面向的投入，以便能以最有效率的方式提升消費者忠誠度。其次，尚須評估景觀咖啡餐廳於消費者心目中之轉換成本的狀態，若餐廳屬於「低轉換成本狀態」時，尤其更應調配資源積極於「商店環境」、「促銷」與「附加服務」等面向從事改善作為。

數值型干擾效果檢定

　　干擾變數（moderating variables）又稱爲調節變數或情境變數，它是指會影響自變數與依變數之間，關係的方向或強度的變數，如圖 31-1。它可以是質性的（qualitative）（例如：性別、種族等）或是量化的（quantitative）（例如：薪資等）。例如：學生的智商會影響其成績表現，但是其間關係的強度可能會因爲學生之「用功程度」的不同而有所改變，在此「用功程度」就是一種干擾變數。干擾變數與自變數一樣對依變數會有顯著的影響，但干擾變數除主效用（其單獨對依變數的直接影響力）之外，也要檢視干擾變數與自變數的交互作用對依變數的影響（此即爲干擾效果）。以迴歸的角度而言，所謂干擾變數就是它干擾了自變數 x 與依變數 y 之間的關係式，包括方向與大小。以相關而言，x 與 y 間的相關性會因干擾變數之取值不同而得到不同的相關性。以 ANOVA 而言，干擾效用表示干擾變數與自變數 x 的交互作用顯著。

　　此外，干擾變數的資料型態可以是連續型資料，也可以是類別型資料。這兩種資料型態的干擾效果檢定方法，有很大的差異。在本單元中，我們將先就連續型的干擾變數進行示範。

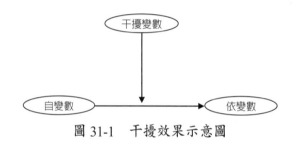

圖 31-1　干擾效果示意圖

31-1 檢驗數值型干擾效果的範例

範例 31-1

　　參考附錄 3，論文《景觀咖啡廳意象、知覺價值與忠誠度：轉換成本的干擾效果》之原始問卷，該問卷的資料檔爲「景觀咖啡廳意象.sav」，試探討轉換成本是否會干擾景觀咖啡廳意象與忠誠度間的關係？

　　論文《景觀咖啡廳意象、知覺價值與忠誠度：轉換成本的干擾效果》的模型圖，如圖 31-2。模型圖中「景觀咖啡廳意象」構面（im）包括「商品」（im1，4 題，

im1_1～im1_4）、「服務」（im2，4 題，im2_1～im2_4）、「便利」（im3，3 題，im3_1～im3_3）、「商店環境」（im4，4 題，im4_1～im4_4）、「促銷」（im5，3 題，im5_1～im5_3）與「附加服務」（im6，3 題，im6_1～im6_3）等 6 個子構面，共 21 個題項；「知覺價值」構面（pv）包括 4 個題項（pv1～pv4）；「忠誠度」構面（ly）包含 5 個題項（ly1～ly5）、而「轉換成本」構面（sc）則包含 3 個題項（sc1～sc3）。

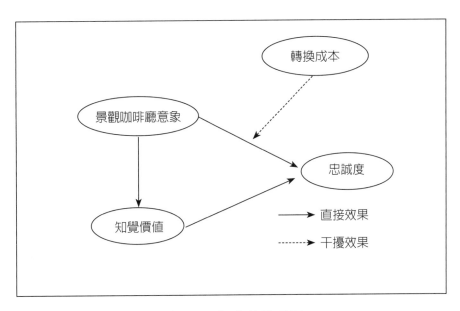

圖 31-2　概念性模型圖

依題意，我們將建立假設為（論文中，須寫對立假設）：

H$_1$：轉換成本會干擾景觀咖啡廳意象與忠誠度間的關係。

或

H$_1$：轉換成本會在景觀咖啡廳意象與忠誠度的關係間，扮演著干擾角色。

在這個範例中，我們將檢驗「轉換成本」這個數值型的變數是否會干擾「景觀咖啡廳意象→忠誠度」的關係。在此，我們將再度運用 PROCESS 模組來輔助我們進行干擾效果檢定。進行干擾效果檢定時，實務上，會先將受訪者的基本特性控制住，然後依序設定依變數（忠誠度）、自變數（景觀咖啡廳意象）與干擾變數（轉換成本）。此外，為避免多元共線性的問題（Aiken & West, 1991），也須先將數值型的自變數（景觀咖啡廳意象）與干擾變數（轉換成本）利用置中平減法（mean center）予以轉換後再相乘，以求得交互作用項。倘若交互作用項對忠誠度（也須置

中平減法轉換）具有顯著的影響效果，即表示干擾效果存在。詳細的操作過程，讀者可直接至五南出版社的線上學院（https://www.wunan.com.tw/tch_home），購買與本書同名的線上課程，就可以觀看實作「範例 31-1」的教學影音檔了。

31-2 分析結果的撰寫

利用 PROCESS 模組進行干擾效果檢定後，分析結果彙整如表 31-1。由表 31-1 可發現，受訪者基本資料變數，除「職業」外，大部分皆不會影響依變數（忠誠度）。「景觀咖啡廳意象」對「忠誠度」的主效果為 0.400，且顯著。另外，「轉換成本」對「忠誠度」的主效果為 0.244，亦顯著。

表 31-1 中，R^2 為原始模型（尚未加入交互作用項時）的決定係數，代表著迴歸模型的解釋能力，而 $\triangle R^2$ 是指原始模型加入了交互作用項（景觀咖啡廳意象 x 轉換成本）後，R^2 的改變量。因此，如果 $\triangle R^2$ 為正且顯著，代表交互作用項的加入有助於模型解釋能力的提升。由表 31-1 可發現，加入「景觀咖啡廳意象」與「轉換成本」的交互作用項後，迴歸模型對「忠誠度」的解釋變異量可提升 0.020（$\triangle R^2 = 0.020$），且 $\triangle R^2$ 顯著（F 值為 9.832）。此外，這個交互作用項的影響力為 −0.107，此結果也就說明了，「轉換成本」會負向顯著的干擾「景觀咖啡廳的意象 g 忠誠度」的關係。因此，H_1 成立。基於此，可將本範例的迴歸模型，表示如式 31-1。

忠誠度 = 3.949 + 0.400× 景觀咖啡廳意象 + 0.244× 轉換成本 − 0.107×[景觀咖啡廳
意象 × 轉換成本]　　　　　　　　　　　　　　　　　　　　　　　（式 31-1）

表 31-1　干擾變數檢定表

依變數 統計量 自變數	忠誠度			
	迴歸係數	t 值	95% 信賴區間	
			下界	上界
常數	3.949*	8.942	3.081	4.818
控制變數				
性別	−0.089	−0.702	−0.338	0.160
婚姻	−0.174	−1.091	−0.488	0.140
年齡	0.086	1.171	−0.058	0.230

依變數 統計量 自變數	忠誠度			
	迴歸係數	t 值	95% 信賴區間	
			下界	上界
職業	0.091*	2.950	0.030	0.152
教育	0.034	0.537	−0.091	0.160
月收入	0.101	1.537	−0.028	0.231
消費次數	−0.010	−0.227	−0.100	0.079
自變數				
景觀咖啡廳意象	0.400*	7.313	0.292	0.507
干擾變數				
轉換成本	0.244*	5.948	0.163	0.324
交互作用項				
景觀咖啡廳意象 × 轉換成本	−0.107*	−3.136	−0.174	−0.040
R^2	0.288			
$\triangle R^2$	0.020			
$\triangle F$	9.832(p=0.002)			

註：*: $p<0.05$

　　由上述分析結果說明了，「轉換成本」的不同取值將干擾「景觀咖啡廳意象→忠誠度」的關係。較值得注意的是，「景觀咖啡廳意象」與「轉換成本」之交互作用對「忠誠度」具有負向顯著的影響，這顯示在低轉換成本下「景觀咖啡廳意象」對「忠誠度」的影響力高於高轉換成本時。也就是說，當景觀咖啡廳的特質是屬低轉換成本的狀態時，更應重視其帶給消費者所感受到的意象（image），如此才能有效的提升消費者的忠誠度。

　　一般而言，餐廳的轉換成本普遍較低。再由上述的分析可發現，當消費者所感受到的轉換成本較低的情形下，「景觀咖啡廳意象」對「忠誠度」的正向影響力大於轉換成本較高時。基於此，在一般餐廳普遍具有低轉換成本傾向的業態中，更可突顯出「景觀咖啡廳意象」的重要性。回顧過去學者的研究，大都只強調「意象」對「忠誠度」間的正向影響關係。本研究則以在餐飲管理領域中，低轉換成本之特性的觀點，更進一部的說明了「意象」的關鍵角色。

　　最後，再依據概念性模型進行簡單斜率分析（simple slope analysis）以了解干擾

效果之方向性，並比較高、低轉換成本兩條迴歸線之差異。圖 31-3 呈現出轉換成本於「景觀咖啡廳意象」對「忠誠度」關係中的迴歸複線圖。由圖 31-3 可明顯看出，在不同的轉換成本水準下，「景觀咖啡廳意象」對「忠誠度」關係的正向影響程度（斜率），明顯會產生差異，且低轉換成本的斜率大於高轉換成本，這也說明了餐廳在低轉換成本的特質下，「景觀咖啡廳意象→忠誠度」的影響力是較「高轉換成本」時大的。而這也意味著，在「低轉換成本」的餐廳情境下，積極形塑「景觀咖啡廳意象」的重要性。

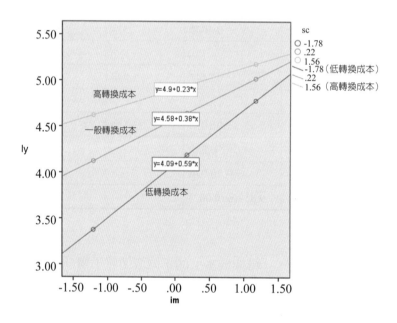

圖 31-3　轉換成本於「景觀咖啡廳意象→忠誠度」的迴歸複線圖

單元 **32**

類別型干擾效果檢定

　　干擾變數的資料型態可以是連續型資料，也可以是類別型資料。這兩種資料型態的干擾效果檢定方法，有很大的差異。在前一單元中，我們已先就連續型的干擾變數進行示範。而在本單元中則將要來介紹類別型干擾效果的檢定。

32-1 檢驗類別型干擾效果的範例

範例 32-1

　　參考附錄 3，論文《景觀咖啡廳意象、知覺價值與忠誠度：轉換成本類型的干擾效果》之原始問卷，該問卷的資料檔為「景觀咖啡廳意象.sav」，試探討轉換成本類型於景觀咖啡廳意象與忠誠度間是否具有干擾效果？

　　論文《景觀咖啡廳意象、知覺價值與忠誠度：轉換成本類型的干擾效果》的模型圖，如圖 32-1。範例論文中，景觀咖啡廳意象、知覺價值與忠誠度等主構面的因素結構，先前「範例 31-1」中以有所說明，在此不再贅述。

　　在本範例中，最重要的一個變數是「轉換成本類型」，其變數名稱為「sc_g」，它是一個依「轉換成本」主構面的得分轉換而成的分類變數。變數「轉換成本類型」有 3 個類別，分別為「一般轉換成本」（0）、「低轉換成本」（1）與「高轉換成本」（2）。且該變數已儲存於原始資料檔「景觀咖啡廳意象.sav」中。

　　依題意，我們將建立假設為（論文中，須寫對立假設）：

H_1：轉換成本類型會干擾景觀咖啡廳意象與忠誠度間的關係。

或

H_1：轉換成本類型會在景觀咖啡廳意象與忠誠度的關係間，扮演著干擾角色。

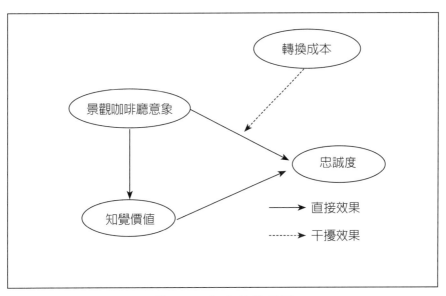

圖 32-1 概念性模型圖

　　在這個範例中，我們將檢驗「轉換成本類型」是否會干擾「景觀咖啡廳意象→忠誠度」的關係。在此，我們將再度運用 PROCESS 模組來輔助我們進行類別型干擾效果的檢定。進行干擾效果檢定時，實務上，會先將受訪者的基本特性控制住，然後依序設定依變數（忠誠度）、自變數（景觀咖啡廳意象）與干擾變數（轉換成本類型）。其次，與數值型干擾效果檢定之最大差異在於：類別型干擾效果中，干擾變數屬於類別變數，所以干擾變數須先轉換成虛擬變數。在本範例中，干擾變數為「轉換成本類型」，它是一個包含 3 個類別的分類變數，故進行分析前，只要將「轉換成本類型」轉換成 2 個虛擬變數就可以了，如表 32-1。不過這個轉換過程 PRO-CESS 模組會自動幫我們完成，請讀者放心。

表 32-1 將變數「轉換成本類型」轉換成虛擬變數

轉換成本類型	虛擬變數	
	d1	d2
一般轉換成本：0	0	0
低轉換成本：1	1	0
高轉換成本：2	0	1

　　此外，為避免多元共線性的問題（Aiken & West, 1991），也須先將模型中的數

值型自變數（景觀咖啡廳意象）利用置中平減法（mean center）予以轉換後再跟 2 個虛擬變數相乘，以求得交互作用項。倘若交互作用項對忠誠度（也須置中平減法轉換）具有顯著的影響效果，即表示干擾效果存在。詳細的操作過程，讀者可直接至五南出版社的線上學院（https://www.wunan.com.tw/tch_home），購買與本書同名的線上課程，就可以觀看實作「範例 32-1」的教學影音檔了。

32-2 分析結果的撰寫

利用 PROCESS 模組進行干擾效果檢定後，分析結果彙整如表 32-2。由表 32-2 可發現，受訪者基本資料變數中，除「職業」外，其餘的基本資料變數並不會影響依變數（忠誠度）。「景觀咖啡廳意象」對「忠誠度」的主效果為 0.368，且顯著。另外，「轉換成本類型」之「虛擬變數 d1」、「虛擬變數 d2」對「忠誠度」的主效果分別為 −0.893（顯著）與 0.166（不顯著）。

表 32-2 中，R^2 為原始模型（尚未加入交互作用向時）的決定係數，代表著迴歸模型的解釋能力，而 ΔR^2 是指原始模型加入了交互作用項（「景觀咖啡廳意象 × 虛擬變數 d1」與「景觀咖啡廳意象 × 虛擬變數 d2」）後，R^2 的改變量。如果 ΔR^2 為正且顯著，代表交互作用項的加入有助於模型解釋能力的提升。由表 32-2 可發現，加入交互作用項後，對整體「忠誠度」的解釋變異量可提升 0.016（$\Delta R^2 = 0.016$），且 ΔR^2 顯著（F 值為 3.999）。此外，「景觀咖啡廳意象 × 虛擬變數 d1」與「景觀咖啡廳意象 × 虛擬變數 d2」等兩個交互作用項的影響力分別為 0.323（顯著）與 −0.087（不顯著）。顯然，「虛擬變數 d1」會顯著干擾「景觀咖啡廳意象→忠誠度」的關係。基於此，可將本範例的干擾迴歸模型，表示如式 32-1。

忠誠度 = 3.993 + 0.368×景觀咖啡廳意象 − 0.893×d1 + 0.323×[景觀咖啡廳意象 ×d1]

（式 32-1）

表 32-2　干擾變數檢定表

依變數 / 統計量 / 自變數	忠誠度			
	迴歸係數	t 值	95% 信賴區間	
			下界	上界
常數	3.993*	9.034	3.124	4.863
控制變數				
性別	−0.102	−0.804	−0.352	0.147
婚姻	−0.189	−1.186	−0.503	0.125
年齡	0.109	1.486	−0.035	0.254
職業	0.090*	2.889	0.029	0.151
教育	0.044	0.681	−0.082	0.169
月收入	0.117	1.776	−0.013	0.247
消費次數	−0.021	−0.457	−0.110	0.069
自變數				
景觀咖啡廳意象	0.368*	5.052	0.225	0.511
干擾變數				
轉換成本類型 虛擬變數 d1	−0.893*	−5.317	−1.223	−0.563
轉換成本類型 虛擬變數 d2	0.166	1.115	−0.127	0.459
交互作用項				
景觀咖啡廳意象 × 虛擬變數 d1	0.323*	2.451	0.064	0.583
景觀咖啡廳意象 × 虛擬變數 d2	−0.087	−0.619	−0.364	0.190
R^2	0.292			
$\triangle R^2$	0.016			
$\triangle F$	3.999(p=0.019)			

註：*: $p<0.05$

　　由上述分析結果說明了，當「轉換成本類型」屬「一般轉換成本」（d1=0，d2=0）時，「景觀咖啡廳意象→忠誠度」的影響力為 0.368，而當「轉換成本類型」屬「低轉換成本」（d1=1，d2=0）時，「景觀咖啡廳意象→忠誠度」的影響力變為 0.691（0.368+0.323）。顯見，「景觀咖啡廳意象→忠誠度」的關係會因「轉換成本類型」的不同，而有顯著的差異。雖然，「轉換成本類型」屬「高轉換成本」（d1=0，d2=1）時，「景觀咖啡廳意象→忠誠度」的影響力和基準類別（一般轉換

成本）時，沒有顯著差異（「景觀咖啡廳意象 × 虛擬變數 d2」的迴歸係數不顯著）。但是，由於在「低轉換成本」和基準類別（一般轉換成本）時，「景觀咖啡廳意象→忠誠度」的影響力確實會產生顯著的差異（因為「景觀咖啡廳意象 × 虛擬變數 d1」顯著）。故本研究推論，「轉換成本類型」確實會干擾「景觀咖啡廳意象→忠誠度」的關係。因此，H_1 成立。

較值得注意的是，「景觀咖啡廳意象 × 虛擬變數 d1」之交互作用對「忠誠度」具有正向顯著的影響，這顯示在「低轉換成本」（d1=1）下「景觀咖啡廳意象」對「忠誠度」的影響力高於一般轉換成本（d1=0）或高轉換成本（d1=0）時。也就是說，當景觀咖啡廳的特質是屬低轉換成本的狀態時，更應重視其帶給消費者所感受到的意象（image），如此才能更有效的提升消費者的忠誠度。基於此，在一般餐廳普遍具有低轉換成本傾向的業態中，更可突顯出「景觀咖啡廳意象」的重要性。回顧過去學者的研究，大都只強調「意象」對「忠誠度」間的正向影響關係。本研究則以在餐飲管理領域中，低轉換成本之特性的觀點，更進一步的說明了「意象」的關鍵性角色。

最後，再依據干擾模型進行簡單斜率分析（simple slope analysis）以了解干擾效果之方向性，並比較各類型轉換成本間迴歸線之差異性。圖 32-2 呈現出「轉換成本類型」於「景觀咖啡廳意象」對「忠誠度」關係中的迴歸複線圖。由圖 32-2 可明顯看出，在不同類型的轉換成本水準下，「景觀咖啡廳意象」對「忠誠度」關係的正向影響程度（斜率），明顯會產生差異，且低轉換成本時的斜率大於一般轉換成本與高轉換成本，這也說明了餐廳在低轉換成本的特質下，積極形塑「景觀咖啡廳意象」的重要性。

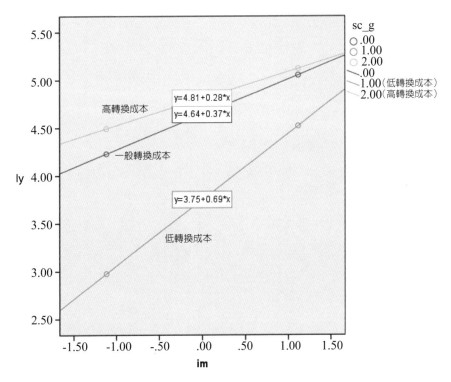

圖 32-2 轉換成本類型於「景觀咖啡廳意象→忠誠度」的迴歸複線圖

複選題的建檔

　　複選題（multiple responses）是問卷設計上的特殊題項型態。它們的資料處理方式迥異於一般變數的建檔過程。不管於資料的輸入或未來的統計分析方法的選用，複選題皆具有其特殊性與限制性。其主要的原因在於，由複選題所獲得的資料，其資料型態通常屬於名義尺度（nominal scale）而非區間尺度或比率尺度，導致限制了這種資料形態可選用的統計分析方法。

33-1 複選題的基本概念

　　有時，為因應研究的特定目的，在問卷設計上，某些題項將允許受訪者於同一個題項中，選答數個選項，這種題項一般稱為複選題。例如：

> 問題：你認為導致大學倒閉的原因為何？（可複選）
> □ 少子化　　□ 師資不良　　□ 設備不佳
> □ 教學內容不符合實務需求

　　雖然，複選題經常出現在許多問卷中或資料的蒐集上，但是，部分學者、專家並不十分支持且對其分析結果亦持保留的態度。因為，對於這些複選題的填答結果，於資料輸入時，通常都是以名義尺度（nominal scale）的「1」或「0」來呈現特定選項是否被勾選。但是使用名義尺度，將會限制這些複選題可使用的統計檢定分析方法。一般而言，以名義尺度編碼的複選題所能做的統計分析，大概只有次數分配與交叉分析表等描述性統計方法而已，並無法直接進行任何的統計檢定。但是，若根據所完成的次數分配表與交叉分析表，而再另行製作成 SPSS 資料檔後，也可以間接的使用卡方檢定來進行檢定工作。

　　因此，若讀者欲進行的研究屬較實務型的非學術研究，或只想了解各選項的次數分配時，那麼使用複選題也無妨。但是，如果所進行的研究屬學術研究的話，那麼則建議讀者盡量不要使用複選題。然而，若非用不可的話，或許也可考慮使用複選題的變形。例如：可將上述問題改為如下的李克特七點量表。

	極不同意	很不同意	不同意	普通	同意	很同意	極為同意
1.「少子化」是導致大學倒閉的原因之一。	☐	☐	☐	☐	☐	☐	☐
2.「師資不良」是導致大學倒閉的原因之一。	☐	☐	☐	☐	☐	☐	☐
3.「設備不佳」是導致大學倒閉的原因之一。	☐	☐	☐	☐	☐	☐	☐
4.「教學內容不符合實務需求」是導致大學倒閉的原因之一。	☐	☐	☐	☐	☐	☐	☐

33-2 複選題的建檔

在這一小節中，我們將學習如何把複選題的填答結果輸入至 SPSS 中。對於性質屬複選題的題項，建檔時較為麻煩，因為我們必須為複選題中的每一個選項設定一個專屬的變數，且該變數的衡量尺度必須為名義尺度。於資料輸入時，通常都是以代碼「1」或「0」來呈現某特定選項是否被勾選。

> ✏️ 範例 33-1
>
> 請參考附錄 2，論文《品牌形象、知覺價值與品牌忠誠度關係之研究》的原始問卷。原始問卷中，第四部分基本資料的第 7 題「您認為 85 度 C 的哪些特色很吸引您？」為複選題。請開啟「正式資料.sav」，進行此複選題的建檔工作，完成後請直接存檔。

複選題建檔時，必須將每一個選項設定為一個名義尺度的變數。根據論文《品牌形象、知覺價值與品牌忠誠度關係之研究》的原始問卷，第四部分基本資料的第 7 題，「您認為 85 度 C 的哪些特色很吸引您？」這個複選題共有 4 個選項，分別為「咖啡」、「糕點」、「服務」與「氣氛」。因此將來建檔時，必須有 4 個「選項變數」來儲存每個選項被回應的情形。而對於複選題的填答結果，於資料輸入時，也將以名義尺度的「1」（代表勾選）或「0」（代表未勾選）來呈現特定選項是否被勾選。

此外，將來若要針對複選題進行分析時，尚須注意的是，畢竟上述的四個變數

皆屬同一題項，因此必須將該四個變數綁在一起後，才能進行後續的統計分析。此綁定各選項變數的設定，在 SPSS 中，即名為「定義變數集」。定義變數集的主要用意，就是要將各「選項變數」集合成為一個單一變數（即，所謂的集合變數）。

　　詳細的建檔過程，讀者可直接至五南出版社的線上學院（https://www.wunan.com.tw/tch_home），購買與本書同名的線上課程，就可以觀看實作「範例33-1」的教學影音檔了。

複選題的次數分配表

由於複選題大都是使用名義尺度的測量方式來編碼，因此所能做的統計分析就只有次數分配與交叉分析表等描述性統計而已，並無法直接進行任何的統計檢定。在本小節中，我們將學習製作複選題的次數分配表。

34-1 製作複選題之次數分配表的範例

範例 34-1

請參考附錄 2，論文《品牌形象、知覺價值與品牌忠誠度關係之研究》的原始問卷。原始問卷中，第四部分基本資料的第 7 題「您認為 85 度 C 的哪些特色很吸引您？」為複選題。請開啓「正式資料.sav」，並為該複選題製作次數分配表，並分析 85 度 C 能夠吸引受訪者的主要特色為何？

請讀者注意，資料輸入完成後，要對複選題進行分析前，必須要先進行「定義變數集」的工作。定義變數集的主要目的，就是要將代表複選題的各「選項變數」合併成為一個單一的集合變數，如此才能進行後續的統計分析。

依本題題意，欲分析「85 度 C 能夠吸引受訪者的主要特色」，那麼只要針對該複數題中被勾選的選項進行次數分配表分析即可。詳細的操作過程，讀者可直接至五南出版社的線上學院（https://www.wunan.com.tw/tch_home），購買與本書同名的線上課程，就可以觀看實作「範例 34-1」的教學影音檔了。

34-2 報表解說

表 34-1 中，應看最右邊的「觀察值百分比」欄之結果來進行次數分析較有意義。該欄係以有效樣本 248 為基礎而計算出來的。例如：「咖啡」（ca1）的百分比為 61.3%，這個比例是以「咖啡」（ca1）被勾選的次數 152 除以總樣本數 248 而算出來的。所以以「觀察值百分比」欄的意義就是所有受訪者中有勾選某一選項的比例。因此，248 個受訪者中，有 61.3% 的受訪者認為「咖啡」這個特色很吸引人。

其次，表中第二欄「個數」即代表某選項被勾選的次數，也就是有多少個受訪者認為該特色很吸引人；而第三欄「百分比」，則是以四個選項的總勾選數（691）為分母、某選項被勾選的次數為分子而計算出來的，如「咖啡」的「百分比」為 152

／691=22.0%，這個欄位的實質意義並不高。

表 34-1　複選題分析的次數分配表

		反應值		觀察值百分比
		個數	百分比	
ca^a	咖啡	152	22.0%	61.3%
	糕點	137	19.8%	55.2%
	服務	178	25.8%	71.8%
	氣氛	224	32.4%	90.3%
總數		691	100.0%	278.6%

34-3 分析結果的撰寫

　　觀察表 34-1，可以發現：85 度 C 的特色中，消費者認為「氣氛」（ca4）很吸引人的比例最高，達 90.3%、其次依序為「服務」（ca3，71.8%）、「咖啡」（ca2，61.3%），而最低的為「糕點」（ca2，53.6%）。

　　由於是複選題的關係，「觀察值百分比」欄之加總數字為 278.6%（691／248），已超過 100%，表示於複選題中，每個人平均勾選了 2.769 個選項。由此，也可看出消費者填答的意願頗高。

單元 **35**

複選題的交叉表

　　使用交叉表（crosstabs）可以簡單的以表格的方式，來呈現數個類別變數間的交互作用或相關性。雖然也可以用比較複雜的統計方法如羅吉斯迴歸（logistic regression）或對數線性模式（log-linear models）來做數個類別變數間的相關性，但交叉表使用起來比較簡單、也比較容易了解。

　　雖然，我們也可以製作多個類別變數間的交叉表分析表，但超過三、四個變數時，這種分析的結果反而不容易呈現變數間的交互作用或相關性。因為交叉表中的儲存格數目若變多，將有其他多種的限制需要考量，例如：交叉表中的空白儲存格會變多，使我們所能進行的統計分析方法，就會很容易受到限制。所以在此，將只示範二個類別變數的交叉表製作過程。

範例 35-1

　　請參考附錄 2，論文《品牌形象、知覺價值與品牌忠誠度關係之研究》的原始問卷。原始問卷中，第四部分基本資料的第 7 題「您認為 85 度 C 的哪些特色很吸引您？」為複選題。請開啟「正式資料.sav」，試探討不同性別的受訪者對 85 度 C 之特色的看法？

　　請讀者注意，資料輸入完成後，要對複選題進行分析前，必須要先進行「定義變數集」的工作。定義變數集的主要用意，就是要將代表複選題各「選項變數」合併成為一個單一的集合變數，這樣才能進行後續的分析工作。

　　依本題題意，欲分析「不同性別的受訪者對 85 度 C 之特色的看法」，這牽涉到兩個變數間的關連性，即「性別」與「特色」。由於「性別」與「特色」都屬於名義尺度，探討名義變數間的關連性時，交叉表分析是最常使用的方法了。所以，本範例將以「特色」為橫列、「性別」為直行，製作交叉表，以探索不同性別的受訪者對 85 度 C 之特色的看法。詳細的操作過程，讀者可直接至五南出版社的線上學院（https://www.wunan.com.tw/tch_home），購買與本書同名的線上課程，就可以觀看實作「範例 35-1」的教學影音檔了。

35-1 報表解說

表 35-1 「特色 × 性別」的交叉表

			性別		
			1	2	總數
$ca[a]	咖啡	個數	58	94	152
		$ca 中的 %	38.2%	61.8%	
		性別中的 %	66.7%	58.4%	
		總數的 %	23.4%	37.9%	61.3%
	糕點	個數	43	94	137
		$ca 中的 %	31.4%	68.6%	
		性別中的 %	(49.4%)	(58.4%)	
		總數的 %	17.3%	37.9%	55.2%
	服務	個數	64	114	178
		$ca 中的 %	36.0%	64.0%	
		性別中的 %	73.6%	70.8%	
		總數的 %	25.8%	46.0%	71.8%
	氣氛	個數	82	142	224
		$ca 中的 %	36.6%	63.4%	
		性別中的 %	(94.3%)	(88.2%)	
		總數的 %	33.1%	57.3%	90.3%
總數		個數	87	161	248
		總數的 %	35.1%	64.9%	100.0%

　　經複選題的交叉表分析後，所製作出來的交叉表如表 35-1。表 35-1 為不同性別的受訪者在「特色」四個選項應答狀況的交叉分析表。由於「特色」（列）有四個選項、性別（直欄）有兩個水準（女、男），因此可構成一個 4×2 的交叉表，其內共有 8 個儲存格。由於先前在【選項】對話框內，我們核取了【格百分比】框中的所有選項，因此，每個儲存格中會有四列數值：

　　第一列為「個數」：代表某一特色選項被不同類別之受訪者所勾選到的次數。以「咖啡」列為例，女性勾選此選項者有 58 人、男性有 94 人，總勾選人數有 152 人（從交叉表最後一列可得知，原始受訪者中有 248 個個案，其中女性 87 人、男性 161 人）。

　　第二列為「$ca 中的 %」：此項即為所謂的橫列百分比，代表有勾選某特定選項的受訪者中（鎖定某一橫列），各種不同類別的受訪者所占的百分比。以「咖啡」列為例，女性為 38.2%（58 / 152）、男性為 61.8%（94 / 152）。

　　第三列為「性別中的 %」：此項即為所謂的直欄百分比，代表某特定類別的受訪者中（鎖定某一直欄），各「特色」選項被勾選的百分比。以「女性」這個直

欄為例，「咖啡」為 66.7%（58 / 87）、「糕點」為 49.4%（43 / 87）、「服務」為 79.6%（64 / 87）、「氣氛」為 94.3%（82 / 87）。

第四列為「總數的 %」：儲存格中的個數占個案總數的百分比。以「咖啡」列為例，女性為 23.4%（58 / 248）、男性為 37.9%（94 / 248）。

35-2 分析結果的撰寫

由表 35-1 的交叉分析表，依題意我們將要來探討不同性別的受訪者對 85 度 C 之特色的看法，因此，我們只要看「直欄百分比」（性別中的 %）就可進行分析了。

表 35-1 各特色選項的「性別中的 %」可看出：女性消費者中，認為 85 度 C 的「氣氛」很吸引人的占 94.3%，比例最高；而「糕點」（49.4%）最低。可見對於女性而言，消費氛圍的營造是相當重要的，此外，女性消費者較不重視「糕點」的特色，大概是怕攝取太多糖分，影響身材所致。此外，對於男性消費者而言，可發現對於 85 度 C 的「特色」認知與女性消費者的特色認知略同，也是以「氣氛」占 88.2%，比例最高；而「糕點」（58.4%）最低。

上述的統計結果只是數字表面上的差異而已，各特色之實際差異情形仍須運用較具科學性的檢定技術加以檢驗，這樣結論的內涵比較具有說服力。

卡方檢定──適合度檢定

一般而言，只要透過次數分配表便能夠初步的掌握單個變數的資料分配狀況。然而，在實際的分析中，研究者不僅要了解單變數的分配特徵，而且還要去分析多個變數、在不同取值之情況下的分配狀況，藉此盼能掌握多個變數的聯合分配特徵，進而可分析變數之間的相互影響關係。

例如：要探討消費者對某公司品牌形象的認知時，透過次數分配，基本上即能夠了解消費者的基本情況以及他們對所調查問題的整體性看法。如果研究者想進一步了解不同特徵的消費者（如年齡層、職業別、教育程度等）對品牌形象認知之差異，並希望分析消費者特性與品牌形象認知之間是否具有一定的關聯性時，由於這些問題都將涉及兩個或兩個以上的「類別變數」。因此，次數分配就顯得力不從心了。對此，研究者通常就會利用交叉分組下的次數分配表來完成，這種交叉分組下的次數分配表一般即稱爲是交叉表（crosstabs）。使用交叉表（crosstabs）就可以簡單的以表格的方式，來呈現數個「類別變數」間的交互作用或相關性。此外，若須更科學性的驗證交叉表中行變數與列變數間的交互作用或相關性時，就需要利用到卡方檢定（Chi-square test）了。

36-1 卡方檢定的基本概念

當資料變數的屬性爲類別資料（名義尺度）時，我們常須利用卡方檢定來做分析。爲什麼呢？因爲卡方檢定的本質在於檢測某特定觀測值所占的「比例」，或「相對次數」。也就是，在資料的各組別中，某事件發生的比例是否相同。例如：不同學校中，學生之性別比例是否有顯著差異、抽菸行爲與支氣管炎之關聯性、教育程度與起薪之關聯性等。此外，由於類別資料通常會以交叉表來呈現其資料的分布狀況（比例或相對次數）。因此，有關交叉表資料之比例或相對次數等分布狀況的檢定，通常也會使用卡方檢定。

對於交叉表中，行、列資料的差異性或相關性進行檢定時，一般會使用卡方檢定。由於研究目的不同，卡方檢定大致上可用來進行三種不同內涵的檢定，分別爲：適合度檢定、獨立性檢定與同質性檢定。在本單元中，我們將先來進行卡方適合度檢定。

36-2 卡方適合度檢定

　　卡方適合度檢定（Chi-square test for goodness of fit）的目的在於檢驗，某個類別變數的實際觀察次數之分配狀況是否與某個理論分配或母體分配相符合。若檢定（卡方值）未達顯著，則表示該變數的分布與某個理論分配或母體分配相同。反之，則與某個理論分配或母體分配顯著不同，在這種情形下，就比較不適合由樣本資料對母體進行推論。因此，在適合度檢定中，其虛無假設爲：觀察資料的次數分配與理論分配相配適。

36-3 卡方適合度檢定的範例

範例 36-1

　　請參考附錄 2，論文《品牌形象、知覺價值與品牌忠誠度關係之研究》的原始問卷。原始問卷中，第四部分基本資料的第 7 題「您認爲 85 度 C 的哪些特色很吸引您？」爲複選題。請開啓「正式資料.sav」，試根據「您認爲 85 度 C 的哪些特色很吸引您？」這個題項的填答結果，探討消費者對 85 度 C 的各特色認知，是否有所差異？

　　論文《品牌形象、知覺價值與品牌忠誠度關係之研究》的原始問卷中，第四部分基本資料的第 7 題：「您認爲 85 度 C 的哪些特色很吸引您？」爲複選題，該複選題共包含四種特色選項，分別爲「咖啡」、「糕點」、「服務」與「氣氛」。

　　依題意，我們將探討「消費者對 85 度 C 的各特色認知，是否有所差異？」。當然這些差異指的是四種特色被勾選到的比例上的差異。試想如果「特色認知」沒有差異的話，那麼就四個「特色認知」選項被勾選的次數比例應該會是「1：1：1：1」，這個比例就是所謂的理論次數。所以，我們就是要去觀察目前所蒐集到的 248 個個案中，他們所勾選的各「特色認知」選項的比例是否爲「1：1：1：1」。由於「咖啡」（ca1）、「糕點」（ca2）、「服務」（ca3）與「氣氛」（ca4）這四個選項變數都是屬於「類別變數」，因此，可使用卡方檢定中的適合度檢定來完成任務。檢定時的虛無假設如下：

　　H_0：消費者對 85 度 C 的特色認知並無不同。

或

H_0：消費者對85度C的四個「特色認知」選項的比例皆相等（即1：1：1：1」）。

要完成卡方適合度檢定，理應我們必須先製作出交叉表，然因我們研究的目標變數只有一個，就是「特色」（ca）這個集合變數，所以，不用製作交叉表（須兩個以上的分類變數），製作「ca」這個集合變數的次數分配表就可以了。由於當「咖啡」（ca1）、「糕點」（ca2）、「服務」（ca3）與「氣氛」（ca4）這四個選項變數集結成集合變數時，將轉換角色變為集合變數的四個水準，因此，集合變數「ca」將有四個水準。在本範例中，我們就是要來統計這四個水準分別被勾選的次數比例，並比較這些次數比例間是否有顯著的差異。故首先將針對「ca」的四個水準，來製作次數分配表。製作好次數分配表後，還必須以這個次數分配表的內容建立 SPSS 資料檔，然後才可以執行卡方檢定。詳細的操作過程，讀者可直接至五南出版社的線上學院（https://www.wunan.com.tw/tch_home），購買與本書同名的線上課程，就可以觀看實作「範例 36-1」的教學影音檔了。

36-4 分析結果的撰寫

經執行卡方檢定之程序後，卡方檢定之結果，如表 36-1。表 36-1 顯示，卡方值為 25.255，自由度為 3（水準數 −1），顯著性為 0.000（小於 0.05），由此可知，檢定結果為顯著，應該不接受虛無假設，表示消費者對 85 度 C 的四種特色認知，在比例上是有顯著差異的。且從表 36-2 的次數分配表可知，消費者認為 85 度 C 最具有的特色為氣氛（水準代號：4），其次為服務（水準代號：3），接著為咖啡（水準代號：1），糕點（水準代號：2）則最不具特色。

表 36-1　卡方檢定之結果

	特色選項
卡方	25.255[a]
自由度	3
漸近顯著性	.000

表 36-2　「特色認知」各選項的次數分配表

	觀察個數	期望個數	殘差
1	152	172.8	-20.8
2	137	172.8	-35.8
3	178	172.8	5.3
4	224	172.8	51.3
總和	691		

單元 **37**

卡方檢定──獨立性檢定

　　卡方獨立性檢定（Chi-squared test of independence）的目的在於檢驗，「同一個樣本中的某兩個類別變數」的實際觀察值，是否具有顯著的關聯性。如果檢定（卡方值）未達顯著，表示兩個變數相互獨立；反之，如果檢定（卡方值）達到顯著，表示兩個變數不獨立，具有關聯性。因此，在獨立性檢定中，其虛無假設為：兩個變數獨立。若將資料以交叉表的方式呈現時，那麼進行卡方檢定時的虛無假設也可設定為列變數與欄變數獨立。

37-1 卡方獨立性檢定的範例

範例 37-1

　　　請參考附錄 2，論文《品牌形象、知覺價值與品牌忠誠度關係之研究》的原始問卷。原始問卷中，第四部分基本資料的第 7 題「您認為 85 度 C 的哪些特色很吸引您？」為複選題。請開啟「正式資料.sav」，試根據這個複選題的填答結果，探討消費者對 85 度 C 的特色認知是否與性別有關？

　　論文《品牌形象、知覺價值與品牌忠誠度關係之研究》的原始問卷中，第四部分基本資料的第 7 題：「您認為 85 度 C 的哪些特色很吸引您？」為複選題，該複選題共包含四種特色選項，分別為「咖啡」、「糕點」、「服務」與「氣氛」。

　　依題意，本範例將檢定「特色」與「性別」這兩個變數的關連性，且由於這兩變數都是屬於類別變數，因此適合使用卡方檢定中的獨立性檢定。檢定時的虛無假設如下：

H_0：消費者對 85 度 C 的特色認知與其性別無關（特色認知與性別相互獨立）。

　　要完成卡方獨立性檢定，我們必須先將「特色」與「性別」這兩個變數的關係，以交叉表的形式來呈現。製作好交叉表後，還必須以這個交叉表的內容建立 SPSS 資料檔，然後再執行卡方檢定，就可完成任務。詳細的檢定過程，讀者可直接至五南出版社的線上學院（https://www.wunan.com.tw/tch_home），購買與本書同名的線上課程，就可以觀看實作「範例 37-1」的教學影音檔了。

37-2 分析結果的撰寫

經執行卡方檢定之程序後，卡方檢定之結果，如表 37-1 與表 37-2。

表 37-1　性別 × 特色認知交叉表

			特色認知				總和
			咖啡	糕點	服務	氣氛	
性別	女性	個數	58	43	64	82	247
		期望個數	54.3	49.0	63.6	80.1	247.0
	男性	個數	94	94	114	142	444
		期望個數	97.7	88.0	114.4	143.9	444.0
總和		個數	152	137	178	224	691
		期望個數	152.0	137.0	178.0	224.0	691.0

表 37-2　卡方檢定之結果

	數值	自由度	漸近顯著性（雙尾）
Pearson卡方	1.594[a]	3	.661
概似比	1.613	3	.656
線性對線性的關邊	.002	1	.969
有效觀察值的個數	691		

　　從表 37-1 的性別 × 特色認知交叉表中可以看出，男、女性皆認為「氣氛」特色最吸引消費者的比例最高、「糕點」最低。然而，男性中認為 85 度 C 的「氣氛」特色最吸引人的比例達 94 人，但比期望值的 97.7 小；女性亦以認為「氣氛」特色最吸引人的比例達 58 人，比期望值 54.3 大。故從數字上較難斷定在特色認知的比例上，與性別的關係。若能經科學性的驗證，相信即能有效的釐清其間關係。

　　接著，觀察卡方檢定表，從表 37-2 中可看出，Pearson 卡方值為 1.594，顯著值為 0.661 ＞ 0.05，故須接受虛無假設，即認為消費者對 85 度 C 的特色認知與其性別無關（特色認知與性別相互獨立）。也就是說性別並不會影響消費者對 85 度 C 之各特色認知的比例（即在各特色認知的比例上，男、女性並無差異）。

卡方檢定——同質性檢定

　　卡方同質性檢定（Chi-squared test of homogeneity）的目的在於檢驗，兩個樣本在同一變數的分布情況是否一致。例如：公私立大學學生的性別分布是否一致；問卷回收過程，前、後期的受訪者之答題狀況是否一致等。如果檢定（卡方值）未達顯著，表示兩個樣本是同質的（具一致性的）；反之，如果檢定（卡方值）達到顯著，表示兩個樣本不同質。因此，在同質性檢定中，其虛無假設為：兩個樣本在同一變數的分布情況一致（即，兩樣本同質之意）。

　　卡方同質性檢定在論文中常被用來檢測抽樣過程中是否產生了無反應偏差（non-response bias）的現象。過往研究顯示，研究人員在進行抽樣調查的過程中，常無法完全避免無反應偏差（non-response bias）的現象產生，尤其是採用郵寄問卷調查時，因為缺乏調查人員與受訪者面對面互動，更增加了無反應偏差產生的機會。

　　所謂無反應偏差是指因抽樣設計或實際執行調查時，遭遇到某些問題，這些問題如：問卷無法於預定期間內回應（回收）、雖有回應但答覆欠完整與樣本結構太過於集中在某一個群體或階層等，導致研究人員無法從所抽樣的樣本中獲得所需足夠的資訊，或調查問卷中缺少某些類型的代表樣本，影響樣本結構的完整性，因而產生偏誤。這種偏誤是非抽樣誤差的一個主要來源，乃抽樣調查中最常發生的一種誤差。在本單元中，我們將利用卡方同質性檢定來偵測現存樣本中，是否存在無反應偏差現象？

38-1 卡方同質性檢定的範例

範例 38-1

　　請參考附錄 2，論文《品牌形象、知覺價值與品牌忠誠度關係之研究》的原始問卷。請開啟「正式資料 _ 前後期.sav」，由於問卷經一次寄發與一次跟催後，才完成調查，共計回收有效問卷 248 份。為維持論文之嚴謹性，試檢驗該問卷之樣本資料是否存在無反應偏差的現象。

　　本範例中，問卷經一次寄發與一次跟催後，共計回收有效問卷 248 份。由於，問卷無法於原本的預定期間內全部回收，經分兩次回收才完成，為確認兩次回收樣本之結構、本質有無明顯差異，以確保回收樣本的資料分析結果能推論到母體，這

時就須檢驗現存樣本中，是否存在無反應偏差現象了？

由於 Armstrong & Overton（1977）曾認為「較晚回應者」的特性，基本上會非常近似於「未回應者」。因此這些「較晚回應者」的樣本恐容易引發偏誤（由類似未回應者的填答心態、狀況所引起的）。由於本範例問卷經一次寄發與一次跟催後，才回收完成。在此情形下，Armstrong & Overton（1977）建議應檢驗現存樣本中，無反應偏差是否存在的問題。檢驗時可利用卡方檢定，以檢驗兩次回收樣本在基本資料之各題項的選項間，其答題比例是否具有顯著差異。

在本範例中，對無反應偏差的處理方式是將樣本以回收時間的先、後而分批，將正常預定回收時間內的回應者列為第一批樣本（前期樣本）；而將原本無回應，但經催收後已回應者列為第二批樣本（後期樣本），因此正式資料檔中會多出一個類別變數「回收期」，其值為 1 時，代表前期樣本；為 2 時，則代表後期樣本。檢定無反應偏差時，將遵循 Armstrong & Overton（1977）的建議，利用卡方檢定來檢驗兩次回收的樣本資料，在基本資料題項（性別、婚姻狀況、年齡、職業、教育程度與平均月收入）的回應上，於比例上是否具有一致性。如果檢定結果顯示這些題項的得分狀況具有一致性的話，那麼即可推論：無反應偏差的問題不存在，且將不致影響研究結果，因此以目前所回收之樣本資料的研究結果可以推論到母體。

很明顯的，在此我們將進行卡方檢定中的同質性檢定，以檢驗問卷回收過程中，前、後期的受訪者對於基本資料題項的答題狀況是否一致。檢定時的虛無假設如下：

H_0：前、後期的受訪者對於基本資料之各題項的答題狀況（比例）具有一致性。

在範例 36-1 和範例 37-1 的卡方檢定中，我們都是先針對原始資料製作次數表或交叉表，並依次數表或交叉表的內容，新建 SPSS 資料檔，然後對計數變數作加權後，最後再進行卡方檢定。這是因為範例 36-1 和範例 37-1 中，我們所檢定的變數屬問卷中複選題，因而計次上比較複雜，須先用複選題分析的方式製作出次數表或交叉表，然後再進行卡方檢定。

此外，進行卡方檢定時，若資料的格式屬次數表或交叉表的話，那麼 SPSS 將無法分辨哪個變數屬計數資料，因此須先進行【加權觀察值】的功能。但是，若原始資料的格式不屬次數表或交叉表，而屬於列舉式格式時，那麼就可針對原始資料直接作卡方檢定，而不用再作加權動作。例如：「正式資料_前後期.sav」中的「回收期」變數，就是屬於一種列舉式的資料。詳細的檢定過程，讀者可直接至五南出版

社的線上學院（https://www.wunan.com.tw/tch_home），購買與本書同名的線上課程，就可以觀看實作「範例 38-1」的教學影音檔了。

38-2 分析結果的撰寫

執行交叉表卡方檢定後，將會於報表中顯示出「回收期」變數對「性別」、「婚姻狀況」、「年齡」、「職業」、「教育程度」與「平均月收入」等變的卡方檢定結果（共六個表），可這些將檢定結果彙整於一個表中，如表 38-1 所示。

表 38-1　無反應偏差──卡方檢定

衡量項目	Pearson 卡方值	自由度	P 值
性別	0.156	1	0.693
婚姻狀況	1.362	1	0.243
年齡	4.614	5	0.465
職業	6.003	7	0.539
教育程度	5.766	5	0.330
平均月收入	6.059	7	0.533

由表 38-1 的檢定結果可知，所有卡方檢定的機率 p 值皆大於 0.05。因此，將接受虛無假設，即認為問卷回收前、後期，受訪者於各基本資料的回應上並無顯著差異（即具同質性）。因此，本研究中的無反應偏差現象並不顯著。故回收樣本的分析結果應可以推論到母體。

單元 **39**

成對（相依）樣本 t 檢定

　　從本書的第 39 單元至第 44 單元的課程內容中，所介紹的統計方法其分析資料大致上都不再屬於問卷式的資料，而是來自於實驗結果所獲得的資料。所以這些統計方法的運用領域大致偏向於運動科學、生物科技、醫學、農業等需要進行實驗設計的研究領域。當然，第 38 單元之前所介紹的統計方法，也有些是適用於這些須實驗設計之研究領域的。不過這些統計方法的取用上，讀者必須特別小心，如：常態性的前提條件、變數間的獨立性等。實驗性的資料，通常資料量少，所以具有常態性之前提條件的統計方法，幾乎都不能使用。在此情形下，我們將會更關注於變數間的獨立性。第 38 單元之前所介紹的統計方法中，變數間的關係幾乎都是獨立性的。然而，從本單元開始，我們將開始介紹變數間的關係是屬於相依性的統計方法。這其中「重複測量」（repeated measurement）的觀念就相當重要了。

　　重複測量實驗是指受試者（subject）重複參與了某一因子（factor）內每一個層次（或稱水準，level）的實驗。在此情形下，重複測量實驗的數據違反了一般 t 檢定或變異數分析中，對觀測值（依變數的值）之獨立性的要求，所以需要一些新的統計檢定方法，才能解決觀測值非獨立性的問題，這些新的統計檢定方法包含：成對（相依）樣本 t 檢定與重複測量變異數分析（repeated measure ANOVA）。

　　重複測量變異數分析的優點是需要的受試者人數較少，可更有效率的完成數據蒐集期程。且能降低殘差的變異數，使得 F 檢定值較大，所以統計檢力較大。但是須特別注意的是重複測量變異數分析不適合有練習效應（practice effect）或持續效應（carryover effect）的情況。

39-1 成對（相依）樣本 t 檢定的基本概念

　　成對（相依）樣本 t 檢定是種較為簡單的重複測量。不少休閒運動科系的研究生都用這個統計方法，來當成是論文或專題的主要統計方法。甚至在某些學校的碩士專班，碩論用成對樣本 t 檢定來完成的比例高達 80% 以上，相當驚人，個中緣由實不足道。總之，這個統計方法很簡單就是了。雖然，統計方法本來就應該簡單易用，但要運用性質屬重複測量的統計方法時，重點應不在於統計結果顯不顯著，而是在實驗設計的過程嚴不嚴謹，這點很重要，希望讀者能謹記在心。當然，也有人認為嚴不嚴謹是論文口試教授所評估的，所以只要「安大」（setup）好這些口試教授，什麼可以飛天鑽地的論文都可以做得出來、都可以畢業。當然，有這種想法的學生或教授其實也不在少數。

　　成對（相依）樣本 t 檢定的主要目的在於，檢定兩成對（相依）樣本的平均值是否存在顯著差異。成對樣本 t 檢定與獨立樣本 t 檢定的主要差異，在於樣本必須成對的或相依的。這裡所謂成對（相依）樣本的意義在於兩組樣本資料間具有關連性或會互相影響。在這樣的概念下，這兩組樣本資料通常是同一組受試者在「前」、「後」兩個時間點下，某觀測變數的兩種狀態。一般而言，成對（相依）樣本最大的特徵是對同一群受試者進行了「實驗前」、「實驗後」兩次的重複測量。

　　例如：研究者想研究某種減肥藥是否具有顯著的減肥效果，那麼則需要對特定肥胖人群的吃藥前與吃藥後的體重進行分析。如果我們資料收集時是採用獨立抽樣方式的話，由於這種抽樣方式並沒有將肥胖者本身或其環境等其他影響因素排除掉，所以分析的結果很有可能是不準確的。因此，通常要採用「成對」的抽樣方式，即首先從肥胖人群中隨機抽取部分志願者（實際受試者）並記錄下他們吃藥前的體重。吃藥一段時間以後，重新測量同一群受試者吃藥後的體重。這樣獲得的兩組樣本就是成對（相依）樣本了。

　　從以上的例子讀者應可理解，成對樣本通常具有兩個主要特徵：第一，兩組樣本的構造（受試者、樣本數）相同；第二，兩組樣本觀測值的先後順序相互對應，不能隨意更改。例如在上述的減肥藥研究中，吃藥前與吃藥後的樣本是成對抽取的。也就是說收集到的兩組資料都是針對同一批肥胖人群的，吃藥前、後兩樣本的樣本數相同。而且每對個案資料都是惟一對應一個肥胖者，不能隨意改變其先後次序。

39-2 成對（相依）樣本 t 檢定的範例

範例 39-1

　　爲加強國中生的團隊凝聚力，某校長引進一套體驗教育課程。爲了了解體驗教育課程的效果，乃從國一、國二與國三學生中各抽取 9 名學生參與體驗教育課程，於參與課程前與課程結束後，所有樣本（27 名學生）均須填寫「團隊凝聚力」量表。得分越高表示學生的團隊凝聚力越強。所得數據如表 39-1。試「分別」檢驗各年級學生於參與體驗教育課程後，團隊凝聚力是否有所提升？

表 39-1 「團隊凝聚力」的實驗數據

因子		學生年級（B）								
		國一			國二			國三		
體驗教育課程（A）	參與體驗教育課程前	22	31	35	35	37	51	46	53	51
		26	31	29	42	44	33	50	51	55
		33	24	29	42	40	46	49	57	48
	參與體驗教育課程後	33	40	48	40	53	52	46	56	55
		40	46	37	48	46	44	51	53	53
		40	35	35	44	48	51	52	55	54

由於各年級的 9 位學生，皆於參與體驗教育課程前與後都進行了「團隊凝聚力」的評估，因此，體驗教育課程的兩個水準，同一年級的 9 位學生都經歷過，故體驗教育課程是個相依因子（或稱爲受試者內因子，within-subject factor）。故要檢驗各年級學生於參與體驗教育課程後，團隊凝聚力是否有所提升時，應使用成對樣本 t 檢定（因只有前、後兩組相依樣本資料）。其假設（對立假設）爲：

H_1：國一學生於參與體驗教育課程後，團隊凝聚力會顯著提升。

H_2：國二學生於參與體驗教育課程後，團隊凝聚力會顯著提升。

H_3：國三學生於參與體驗教育課程後，團隊凝聚力會顯著提升。

實驗性資料的資料量通常較少，所以自行動手輸入的話，負荷應該也不重。成對樣本 t 檢定的資料輸入方式和獨立樣本 t 檢定相異甚多。基本上，進行獨立樣本 t 檢定時，資料檔至少須包含兩個變數，即檢定變數與分組變數。然而在成對樣本 t 檢定中，資料檔雖然也至少必須包含兩個變數，然這兩變數應爲「實驗前」與「實驗後」或「狀態前」與「狀態後」或「層次 A」與「層次 B」的實驗性資料等。以本範例的國一學生而言，此兩變數可設爲「國一課程介入前」與「國一課程介入後」，而此兩變數的觀測值即爲學生填答「團隊凝聚力」量表的得分（即表 39-1 中間部分的那些數字）。

資料建檔完成後，詳細的檢定過程，讀者可直接至五南出版社的線上學院（https://www.wunan.com.tw/tch_home），購買與本書同名的線上課程，就可以觀看實作「範例 39-1」的教學影音檔了。

39-3 報表解說

執行成對樣本 t 檢定後，可得到如表 39-2 的結果報表，這個報表可由三個地方觀察檢定是否顯著，第一個是 t 值，t 值的絕對值若大於 1.96，則顯著，也就是假設成立。第二個是最後一欄的顯著性，顯著性小於 0.05 的話，也是顯著。第三個則是觀察「差異的 95% 信賴區間」，此區間若不包含 0，那麼也是顯著。讀者要注意，顯著的話，代表前、後有差異，所以尚須進行事後檢定，以比較前、後的差異性。

表 39-2　成對樣本 t 檢定表

		成對變數差異							
		平均數	標準差	平均數的標準誤	差異的 95% 信賴區間		t	自由度	顯著性（雙尾）
					下界	上界			
成對 1	國一課程介入前 - 國一課程介入後	-10.444	3.167	1.056	-12.879	-8.010	-9.895	8	.000
成對 2	國二課程介入前 - 國二課程介入後	-6.222	4.842	1.614	-9.944	-2.500	-3.855	8	.005
成對 3	國三課程介入前 - 國三課程介入後	-1.667	2.693	.898	-3.736	.403	-1.857	8	.100

觀察表 39-2，對於國一學生而言，體驗教育課程介入後，班級的團隊凝聚力確實與介入前有顯著差異（t = -9898，顯著），且「差異的 95% 信賴區間」之上、下界皆為負，代表「前－後」之結果是負值的機率相當高，也就是「前＜後」的機率相當高，由此可推論「課程介入」後國一學生的班級團隊凝聚力提高了（H_1 成立）。其次，國二學生體驗教育課程介入前、後，t 值為 -3.855 顯著，且「差異的 95% 信賴區間」介於 -9.944 至 -2.500 之間，故對國二學生而言，體驗教育課程介入後，班級團隊凝聚力也提高了（H_2 成立）。然對於國三學生而言，體驗教育課程介入前、後，其班級團隊凝聚力的差異並不明顯（t 值為 -1.857，不顯著），H_3 未獲支持。

39-4 分析結果的撰寫

經成對樣本 t 檢定後，可發現體驗教育課程介入後，國一、國二學生的班級團隊凝聚力顯著提升了（H_1、H_2 獲得支持）；但國三學生的班級團隊凝聚力，相較於體驗教育課程介入前，並無顯著差異。這或許是因為國三學生對於同班同學已有三年的相處時光，一般而言，團隊凝聚力就已具有相當的水準，導致再經體驗教育課程介入後，團隊凝聚力的提升並不明顯。

單因子相依樣本變異數分析

相依樣本變異數分析又稱為重複量數變異數分析（repeated measurements ANO-VA）。重複測量試驗大致上可分為兩類，一類是指針對同一批受試者於相同的觀測變數，在不同時間點上進行多次的測量。另一類則為受試者重複的參與了某一因子（factor）內每一水準（level）的試驗。對於前者，由於這些在不同時間點上的觀測資料都是取自於同一批受試者，彼此間自然就缺乏獨立性。因此，如何分析我們所關注的變數在時間過程中的變化，以及這些變化與其他影響因素之間的相關性是分析的重點。而對於後者，由於重複測量試驗後所得到的樣本資料，已違反了一般變異數分析中，對於個案資料的獨立性要求。所以，需要一些新的統計檢定方法，才能解決這種個案資料非獨立的問題，因此重複量數變異數分析技術乃孕育而生，且被廣泛運用。

40-1 單因子相依樣本變異數分析的基本概念

雖然，對於重複測量的問題也可以使用其他的統計方法來檢測各水準間的差異性。但是，若能使用重複量數變異數分析，將具有所需的受試者人數較少、且由於殘差的變異數降低，使得 F 檢定值較大，所以統計檢定力會較大等優點。但其過程中，仍須注意重複量數變異數分析不適合有練習效應（practice effect）或持續效應（carryover effect）的情況。運用重複量數變異數分析時，相關的基本概念讀者必須先理解，這些有關單因子相依樣本變異數分析的基本概念，本單元已將之列為「範例 40-1」的先修課程，並已連結至「範例 40-1」的教學影音檔中了。其次，對於下列的注意事項，讀者也須多留意。

(一) 資料的排列方式

進行重複量數變異數分析前，須先將資料輸入至 SPSS 中。為便於分析，輸入資料時，資料必須依照特定的格式排列。若同一受訪者重複參與一因子內每一水準的測量時，那麼此因子便稱為受試者內因子（within factor），受試者內因子（相依因子）通常是研究者可操控的因子，如時間。而受訪者若沒有參與因子內每一水準之衡量的話，則此因子就稱為是受試者間因子（between factor）。受訪者間因子（獨立因子）通常是研究者不可操控的因子，如受試者的性別、年齡。

若 A 為受試者內因子，有 4 個水準。若有 n 個受試者，同一受試者會在 A1、A2、A3 與 A4 等四個水準上重複測量 Y（依變數）。則資料的排列方式，將如表

40-1。即一個水準值須占用一個欄位，中間的細格（cell）則爲各水準處理下，Y 的觀測值。

表 40-1　資料排列方式

受試者	A1	A2	A3	A4
1				
2				
3				
－				
n				

(二) 變異數須符合球形假設

在探討重複測量問題時，若欲探討所蒐集到的某因子各水準之平均數是否有顯著差異時，適當的統計分析方法除了採單因子重複測量變異數分析外，也可採用多變量方法。而採用重複量數變異數分析時，必須注意其前提假設是否能被滿足。重複量數變異數分析的前提假設爲相同受試者內因子之不同水準間，其差異的變異數必須相等，此前提假設又稱爲球形假設（assumption of sphericity）。例如：受試者內因子 A 有 4 個層次的話，分別爲 A1、A2、A3、A4，那麼球形假設是指 A1-A2、A1-A3、A1-A4、A2-A3、A2-A4、A3-A4 的變異數皆相等之意。

在重複量數變異數分析中，欲檢定資料是否符合球形假設時，可採用 Mauchly 球形檢定法。如果符合球形檢定，則 F 檢定值就不需要作校正。如果不符合，則 F 檢定值需先進行校正動作。當球形假設不符合時，主要將以 epsilon 參數值（Greenhouse-Geisser 及 Huynh-Feldt 值）來校正 F 檢定值。一般建議採用 Huynh-Feldt 值來校正 F 檢定值，效果最好。此外，由於使用多變量方法並不要求資料須符合球形假設。因此，當欲進行重複量數變異數分析，但資料卻違反球形假設時，我們的因應策略除了採用上述的 F 校正值外，也可以逕行採用多變量方法來替代。

(三) F 檢定值的計算

進行單因子相依樣本（重複量數）變異數分析時，對於 F 檢定值的計算方式與單因子變異數分析時，所採用的演算法則非常類似。首先，將總平方和（sum of square of total, SST）拆解爲組間平方和（sum of square of between, SSB）及組內平方和（sum of square of within, SSW）。然後將組間及組內平方和分別除以其各自所對應的自由度，便可得到組間及組內的均方和（mean square, MS）。要注意的是執行重複量數變異數分析時，將使用殘差均方和（mean square of error, MSE）來當作爲 F 檢定值的分母，以檢測特定的虛無假設。單因子相依樣本變異數分析的虛無假設，可設定爲：

H0：因子各水準的平均數無顯著差異

當 F 檢定值達統計顯著時，還可以接著採用各式的多重比較方法，以找出到底是哪些水準的平均數間具有顯著的差異性。

40-2 單因子相依樣本變異數分析的範例

範例 40-1

　　研究者想了解消費者對某種含糖飲料的喜愛程度，該含糖飲料中依糖分比例不同，而分爲四種類（無糖、微糖、半糖、全糖）。於是研究者透過一批受測者（50人）進行試喝實驗。實驗過程中，受測者每試喝完一種飲料後，隨即填寫喜愛程度量表（7點量表，得分越高，喜愛程度越高），然後漱口、休息 10 分鐘，再試喝另一種飲料。依此程序，直至每位受測者皆試喝完四種飲料爲止。實驗完畢後，研究者獲得四筆消費者對各類含糖飲料之喜愛程度的資料，其資料檔如 ex40-1.sav。試檢定消費者對四種含糖飲料的喜愛程度是否具有顯著差異？

　　由題意顯見，依變數爲消費者對含糖飲料的「喜愛程度」，自變數只有一個，即「糖分比例」（有 4 個水準）。由於所有受測者皆參與了四種不同「糖分比例」之飲料的試喝。因此，「糖分比例」應屬相依因子，且自變數只有一個，故本範例檢定時，檢定方法應屬單因子相依樣本變異數分析。

　　研判出問題的型態後，接下來，即可開始進入分析的程序，首先進行假設的設定，在此將設定假設（對立）如下：

H_1：消費者對四種含糖飲料的喜愛程度，具有顯著差異。

一般線性模型（general linear model, GLM）具有非常強大的統計分析能力，它包含了單因子、多因子變異數分析（ANOVA）、多變量變異數分析（multivariate analysis of variance, MANOVA）、共變數分析（analysis of covariance, ANCOVA）、重複測量變異數分析（repeated measure, ANOVA）、迴歸分析（regression analysis）、相關分析等統計分析技術。

而在 SPSS 中的「一般線性模式」功能中，則包含了四個子功能，分別為：【單變量】、【多變量】、【重複量數】與【變異成分】。這些功能中，以【單變量】功能最為常用。【單變量】功能可以對「一個」依變數進行迴歸分析與變異數分析，並檢定單一依變數受其他一個或多個因子、一個或多個變數的影響，且可探討因子間的交互作用及個別因子的主效用，故功能齊全且強大。但是，當模型中的因子存在相依因子時，通常我們就會使用「重複量數」功能來達成檢定的任務。

範例 40-1 中，只有一個自變數「糖分比例」（包含 4 個水準），且其為受試者內因子（相依因子），因此，本範例屬單因子相依樣本的變異數分析，在執行單因子相依樣本變異數分析時，就需用到 SPSS 之「一般線性模型」中的「重複量數」功能。詳細的檢定過程與檢定前讀者所必須具備的基本概念，讀者可直接至五南出版社的線上學院（https://www.wunan.com.tw/tch_home），購買與本書同名的線上課程，就可以觀看實作「範例 40-1」與先修課程的教學影音檔了。

40-3 報表解說

執行單因子重複量數（相依樣本）變異數分析後，SPSS 當可跑出相關的輸出報表。在此，將分段予以說明：

(一) 描述性統計資料表及剖面圖

描述性統計資料表與剖面圖，分別如表 40-3 與圖 40-1 所示。

表 40-2　描述性統計資料表

	平均數	標準離差	個數
無糖	3.66	.917	50
微糖	3.12	1.118	50
半糖	2.92	.966	50
全糖	3.20	1.107	50

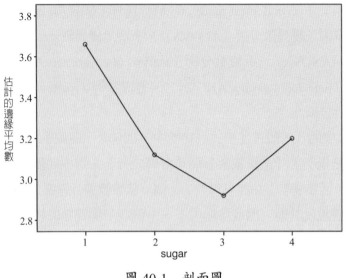

圖 40-1　剖面圖

　　由描述性統計資料表（表 40-2）與剖面圖（圖 40-1）可以粗略研判，消費者對無糖飲料（1）的喜愛程度最高，全糖飲料（4）次之，微糖飲料（2）再次之，而以對半糖飲料（3）的喜愛程度最低，但其間差異是否顯著，仍須視未來變異數分析中 F 檢定之結果才能加以確定。

(二) 球形檢定

　　球形檢定的虛無假設是：相同受試者內因子之不同水準間，其差異的變異數無顯著差異。或者，也可以直接假設成：樣本資料未違反變異數分析之球形假設。Mauchly 球形檢定表，如表 40-3 所示。球形檢定將檢定三個活動型態的喜愛程度中，兩兩成對相減而得到之差異值的變異數是否相等。在表 40-3 的右邊會出現三個 epsilon 值（Greenhouse-Geisser、Huynh-Feldt 與下限），epsilon 是模型遠離（違反）球形假設之程度的指標。如果它等於 1 就代表是完美的球形；如果小於 1 代表可能違反球形假設了，值越小越遠離球形假設。一般而言，可使用「0.75」作爲判斷是否違反球形假設的門檻值。epsilon 值若大於 0.75 則可視爲不違反球形假設。

　　當然我們所分析的資料是屬於樣本資料，因此是否違反球形假設，仍然需要進行顯著性檢定會比較嚴謹，而檢定時，就須看表 40-3 前面的 Mauchly's W 值及大約卡方值（即近似卡方值）所對應的顯著性來判斷。當 Mauchly's W 的近似卡方值之顯著性大於 0.05（不顯著）時，即表示資料符合球形假設。雖然有 epsilon 值與 Mauchly's W 的近似卡方值兩種判斷方式，但是由於卡方值很容易受到樣本數的影響，樣本

數若很大時卡方值亦隨之增大,球形假設的檢定會失眞。因此,也有學者建議只要看 epsilon 值就可以了(郭易之,2011)。

由表 40-3 的 Mauchly 球形檢定結果不難發現,Greenhouse-Geisser 值(0.892)大於 0.75、Huynh-Feldt 值(0.949)也大於 0.75,故可視爲不違反球形假設。此外,從檢定的角度來看,Mauchly's W 值爲 0.831,其近似卡方值爲 8.845,在自由度爲 2 時,顯著性爲 0.115 大於 0.05,未達顯著水準,故表示應接受虛無假設,即應接受樣本資料未違反變異數分析之球形假設。因此,可明確認定「樣本資料未違反球形假設」,故未來進行差異性檢定時,並不需要去對原始 F 統計量值作修正。

表 40-3　Mauchly 球形檢定表

受試者內效應項	Mauchly's W	近似卡方分配	df	顯著性	Epsilon[b]		
					Greenhouse-Geisser	Huynh-Feldt	下限
sugar	.831	8.845	5	.115	.892	.949	.333

(三) 受試者內效應項的檢定表

單因子重複量數變異數分析中,總變異量將被拆解成「受試者間變異量」與「受試者內變異量」兩大部分,而「受試者內變異量」又會被拆解成「受試者內水準間變異量」與「受試者內誤差變異量」。在此,由於本範例中,我們將檢定消費者對四種不同「糖分比例」(相依因子)之飲料的喜愛程度差異(即受試者內各水準間的差異),因此 F 統計量值的算法,應該是受試者內水準間變異量(受試者內均方和)除以受試者內誤差變異量(誤差均方和)。

表 40-4　受試者內效應項的檢定表

來源		型III平方和	df	平均平方和	F	顯著性	淨相關 Eta 平方	Noncent. 參數	觀察的檢定能力[a]
sugar	假設爲球形	14.695	3	4.898	9.530	.000	.163	28.591	.997
	Greenhouse-Geisser	14.695	2.677	5.489	9.530	.000	.163	25.515	.994
	Huynh-Feldt	14.695	2.847	5.162	9.530	.000	.163	27.129	.996
	下限	14.695	1.000	14.695	9.530	.003	.163	9.530	.857
誤差(sugar)	假設爲球形	75.555	147	.514					
	Greenhouse-Geisser	75.555	131.186	.576					
	Huynh-Feldt	75.555	139.484	.542					
	下限	75.555	49.000	1.542					

在表 40-4 中，如果在違反變異數分析之球形假設的情形下時，因為須對 F 統計量值作校正，因此就須看 Greenhouse-Geisser、Huynh-Feldt 值或下限等列的相關資料，其中下限是最嚴苛的，非到必要時不採用。但由於先前球形檢定的結果，說明了並未違反球形假定，所以可以直接看「假設的球形」之橫列資料。由於 F 統計量值為受試者內均方和（4.898）除以誤差均方和（0.514）的結果，所以 F 統計量值等於 9.530，且顯著性為 0.000 小於 0.05，故顯著，因此，假設 H_1 成立。也就是說，消費者確實會因飲料的「糖分比例」不同，而對各飲料的喜愛程度產生了顯著性的差異。即，消費者對四種含糖飲料的喜愛程度，確實具有顯著差異。

(四) 實務顯著性

在上述的變異數分析中，我們使用 F 統計量，從機率理論的觀點來進行檢定，以說明因子（自變數）的統計顯著性（statistical significance）。然而，在這嚴謹的分析過程中，縱使因子效果具有顯著的統計意義。但是我們仍不免會質疑，在真實的世界中，這些因子效果在實務上是否仍具意義與價值。而這就屬於所謂實務顯著性（practical significance）的問題了。對於實務顯著性，文獻上常使用 η^2（eta squared）、檢定力（power）等指標加以評估。

1. η^2 統計量

η^2 統計量是一種常用來表示因子變數對依變數之解釋能力的統計量。η^2 值計算公式為為組間離差平方和／總離差平方和。所以從計算公式來看，η^2 就是迴歸分析中的確定係數 R^2。根據 Cohen（1988）對「淨 η^2」值的判斷準則（如表 40-5），即可評估因子變數與依變數間的關聯強度。

表 40-5　關聯性判斷準則

η^2 值	關聯性
$0.01 \leqq \eta^2 < 0.059$	低度關聯性
$0.059 \leqq \eta^2 < 0.138$	中度關聯性
$0.138 \leqq \eta^2$	高度關聯性

由表 40-4 的第七欄「淨相關 Eta 平方」中，得知活動型態的淨 η2 為 0.163（大於 0.138），表示「糖分比例」解釋了依變量（喜愛程度）16.3% 的變異量。依據 Cohen（1988）的判斷標準（如表 40-5）得知，「糖分比例」與喜愛程度的關聯強度

相當高，意味著「糖分比例」對喜愛程度的解釋效果非常具有實務性的顯著意義。

2. 檢定力

簡單來說，檢定力是指當因子變數（自變數）確實有顯著效果的時候，檢定過程中能確實偵測到這個效果的機率。換言之，檢定力的意義是指當事實上是要拒絕虛無假設的，而檢定後真的拒絕虛無假設的機率。再換個方式說，檢定力是代表能正確拒絕「錯誤的虛無假設」之能力。因此，檢定力通常可用來評估統計檢定的敏銳度，太低的檢定力表示研究的數據之參考價值性就較低（邱皓政，2005）。

由表 40-4 的第九欄「觀察的檢定能力」中得知，檢定力達 0.997，顯示錯誤接受虛無假設的機率（犯型 II 誤差的機率）只有 0.3%，決策正確的機率達 99.7%。亦即，本範例中的單因子相依樣本變異數分析具有相當強的檢定力。

(五) 受試者間效應項的檢定表

受試者間效應項的檢定表，如表 40-6 所示。這是對獨立因子之效果（即受試者間效果）的檢定報表（tests of between-subjects effects）。即樣本中，受訪者間的差異，包括的誤差型三平方和 =132.625、自由度 =49、均方和 =2.707。由於此部分是受訪者間的差異所造成，在單因子相依樣本的分析中並不是重點，因此在此僅了解其基本意義就夠了。但這些資料將來製作彙整表時會使用到。

表 40-6　受試者間效應項的檢定表

來源	型III平方和	df	平均平方和	F	顯著性	淨相關 Eta 平方	Noncent. 參數	觀察的檢定能力[a]
截距	2080.125	1	2080.125	768.529	.000	.940	768.529	1.000
誤差	132.625	49	2.707					

(六) 事後比較

在「消費者對四種含糖飲料的喜愛程度，確實具有顯著差異」的情形下，我們可以再繼續進行事後比較，以確認消費者對這四種糖分比例不同之飲料的喜愛程度高低。要進行事後比較須使用到如表 40-7 的成對比較表了。

表 40-7　成對比較表

| (I) sugar | (J) sugar | 平均差異(I-J) | 標準誤差 | 顯著性[b] | 差異的95%信賴區間[b] | |
					下界	上界
1	2	.540*	.162	.002	.214	.866
	3	.740*	.142	.000	.454	1.026
	4	.460*	.154	.004	.150	.770
2	1	-.540*	.162	.002	-.866	-.214
	3	.200	.140	.159	-.081	.481
	4	-.080	.114	.485	-.309	.149
3	1	-.740*	.142	.000	-1.026	-.454
	2	-.200	.140	.159	-.481	.081
	4	-.280	.143	.056	-.567	.007
4	1	-.460*	.154	.004	-.770	-.150
	2	.080	.114	.485	-.149	.309
	3	.280	.143	.056	-.007	.567

　　表 40-7 中「平均差異（I–J）」欄位，即代表著事後比較（即對各飲料之喜愛程度比較大小）之結果。表 40-7 中之「平均差異」欄位內的值（平均差異值），若達到顯著水準，則會在差異值右邊加上星號（＊），代表 I 與 J 確實存在顯著差異。所以，表 40-7 中，「平均差異」欄位內的值如果沒有星號（＊）的話，代表 I 與 J 的差異不顯著，即 I 與 J 相等之意。因此，對於這些沒有星號（＊）的平均差異值，可跳過不理。此外，重複的部分也可不用看，如「type1–type2」和「type2–type1」結果是一樣的，只是正、負號相反而以。表 40-7 中，「平均差異」欄位內的值，具顯著差異的狀況，彙整如下：

　　「1–2」平均差異值屬正且顯著，因此可推論「1＞2」；

　　「1–3」平均差異值屬正且顯著，因此可推論「1＞3」；

　　「1–4」平均差異值屬正且顯著，因此可推論「1＞4」；

　　故綜合上述的比較結果可知，消費者對飲料之喜愛程度大小為：無糖飲料（1）＞微糖飲料（2）＝半糖飲料（3）＝全糖飲料（4）。也就是說，消費者最喜愛無糖飲料，而對微糖、半糖、全糖飲料的喜愛程度則無差異。

40-4 分析結果的撰寫

　　經由上述分析後，可以彙整各項資料製作成如表 40-8 的變異數分析摘要表，以方便研究者對分析內容做總結。

表 40-8　變異數分析摘要表

水準	平均數		標準差		個數
無糖	3.660		0.917		50
微糖	3.120		1.118		50
半糖	2.920		0.966		50
全糖	3.200		1.107		50
變異來源	離差平方和 (SS)	自由度 (DF)	均方和(MS)	F 值	事後比較
受試者間					
水準間	—	—	—		
誤差	132.625	49	2.707		無糖飲料 (1) > 微糖飲料 (2) = 半糖飲料 (3) = 全糖飲料 (4)
受試者內				9.530*	
水準間	14.695	3	4.898		
誤差	75.555	147	0.514		
全體	222.875				

　　從表 40-8 的變異數分析摘要表得知，F 值為 9.530，顯著性為 0.000 小於 0.05，達到顯著水準。因此假設 H_1 獲得支持，即「消費者對四種含糖飲料的喜愛程度，確實具有顯著差異」。再從事後比較亦可發現，消費者最喜愛無糖飲料，而對微糖、半糖、全糖飲料的喜愛程度則無差異。

　　另外，檢定過程除具有統計之顯著性外，η^2 值（0.163）與檢定力值（0.997）都相當高，接已超越一般學術界所要求之水準，意味著飲料之「糖分比例」對喜愛程度的解釋效果也具有實務性的顯著意義，且檢定過程中確實也能偵測到「糖分比例」因子對飲料之喜愛程度所產生的效果。

二因子完全獨立變異數分析──有交互作用

在現實世界中，單個變數就能夠完全解釋某一現象的例子極少。例如：探討如何才能增加番茄的產量時，我們可能就需要考慮到植物的基因構造、土壤條件、光、溫度等多因素的組合作用。這些作用是複雜的，有時是因各獨立因素所引起，有時卻是因各因素之間的交互作用所引起的，但無論如何，這些作用都將引起番茄產量的變化。在這種需要考慮多個因素的作用中，所涉及的平均數差異檢定，就稱為多因子變異數分析。以上例而言，植物的基因構造、土壤條件、光、溫度等因素常稱之為自變數，而番茄的產量就稱為是依變數。

在多因子變異數分析中，當所關注的議題只包含兩個自變數時，稱為二因子變異數分析（two-way analysis of variance），包含三個自變數時，則稱為三因子變異數分析（three-way analysis of variance）。不難想像，當因子越多，平均數之變異來源越複雜，解析時也就越困難。因此，在一般專題、碩博論、期刊論文等學術研究中，三因子以上的變異數分析，使用的頻率並不高，而以二因子變異數分析的使用率最高。

41-1 二因子變異數分析的簡介

在此，先說明一下，有關二因子變異數分析的基本概念，在本書中已列為「範例41-1」的先修課程，因此提供了有關於以下所介紹的這些基本概念的教學影音檔，以增進讀者們的學習效率，後續只要讀者開啟「範例41-1」的教學影音檔，就可以觀看這些先修課程了。

在進行二因子變異數分析的過程中，依實驗的方式可分為無重複測量與重複測量（repeated measure）兩種。所謂重複測量實驗是指受試者（subject）重複經歷、參與了某一因子（factor）內每一水準（level）的實驗處理。在此情形下，重複測量實驗的數據違反了一般變異數分析的個案數值獨立的要求，所以需要一些新的統計檢定方法，才能解決個案數值非獨立的問題——重複測量變異數分析。

想當然，二因子變異數分析的問題是相當複雜的，但若能於分析前釐清問題的類型，再運用適當的分析方法，那麼當可迎刃而解，不用太過於擔心。根據前述，「重複」意涵的兩個層次，二因子變異數分析大致上，可分為以下的類型：

一、二因子完全獨立變異數分析：兩因子的各水準中所進行的實驗處理，其受試者皆不同（兩因子皆獨立因子）。

二、二因子完全相依變異數分析：兩因子的各水準中所進行的實驗處理，其受試者皆相同（兩因子皆為相依因子）。

三、二因子混合設計變異數分析：同一批受試者只在某一因子的每一水準中接受實驗處理（相依），另一因子則無（獨立）（一個獨立因子、一個相依因子）。

41-2 二因子變異數分析的檢定流程

在二因子變異數分析中最重要的分析內容就是交互作用效果的分析了。一旦交互作用效果顯著，就不須對主要效果（各因子對依變數的直接影響力）進行解析。因為顯著的交互作用效果就代表著某一因子的主要效果，會因另一因子的不同水準而有所不同。所以在此情境下，單獨的再去各別討論因子的主要效果，實在是沒有什麼意義。但是，既然交互作用效果顯著了，就代表各種實驗處理之下，所得到的依變數之值的平均數間會有顯著性的差異，在這種情形之下，就須更進一步的進行單純主要效果檢定，以確認各種實驗處理之下，平均數間之差異狀況。在此，所謂單純主要效果檢定就是在檢定「控制某一因子的各個水準之下，觀察另一因子各實驗處理之平均數間，是否具有顯著的差異」。

基於前述說明，進行二因子變異數分析時，各種假設檢定之流程，如圖41-1所示。

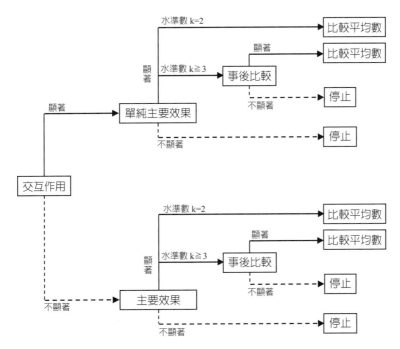

圖 41-1　二因子變異數分析的檢定流程

41-3 二因子完全獨立變異數分析（交互作用顯著）的範例

範例 41-1

　　為加強國中生的團隊凝聚力，某校長引進一套體驗教育課程。為了了解體驗教育課程的效果，乃從國一、國二與國三學生中各抽取 18 名學生，每個年級 18 名學生中，參與與不參與體驗教育課程的學生各 9 名，於課程結束後，所有樣本（54 名學生）均須填寫「團隊凝聚力」量表。得分越高表示學生的團隊凝聚力越強。所得數據如表 41-1。試問：「體驗教育課程」與「學生年級」是否在學生的「團隊凝聚力」上有顯著的交互作用？

表 41-1　「團隊凝聚力」的數據

因子		學生年級 (B)								
		國一			國二			國三		
體驗教育課程 (A)	不參與體驗教育課程	22	31	35	35	37	51	46	53	51
		26	31	29	42	44	33	44	51	55
		33	24	29	42	40	46	46	57	48
	參與體驗教育課程	33	40	48	40	53	42	46	42	44
		40	46	37	48	46	44	51	53	53
		40	35	35	44	48	51	48	55	44

　　首先，判斷本範例之變異數分析的類型。由題意與表 41-1 顯見，依變數為「團隊凝聚力」，自變數有兩個，分別為「體驗教育課程」（有 2 個水準）與「學生年級」（有 3 個水準）。由於各年級的學生被分成兩組（各 9 人），分別不參與及參與體驗教育課程的實驗，故表 41-1 之細格中，每個細格將有 9 個觀察值，且各細格中的受試者皆不同。因此，「體驗教育課程」與「學生年級」本質皆屬獨立因子，故本範例的檢定類型，應屬 2×3 二因子完全獨立變異數分析。

　　實驗性資料的資料量通常較少，所以自行動手輸入的話，負荷應該也不重。二因子完全獨立變異數分析於 SPSS 中建立資料檔時，須將二個獨立因子（體驗教育課程、學生年級）、依變數（團隊凝聚力）各建一個欄位，所以共須三個欄位，然後再參照表 41-1 之細格中的數據，由左至右、由上而下，依序輸入資料，輸入完成後，其格式如圖 41-2。輸入完成的檔案請存檔為「ex41-1.sav」。

	名稱	類型	寬度	小數	標記	值	遺漏	欄	對齊	測量
1	體驗教育課程	數字的	8	0		{1, 不參與}...	無	11	靠右	名義(N)
2	學生年級	數字的	8	0		{1, 圖一}...	無	8	靠右	名義(N)
3	團隊凝聚力	數字的	8	0		無	無	8	靠右	尺度(S)

	體驗教育課程	學生年級	團隊凝聚力
1	1	1	22
2	1	1	26
3	1	1	33
4	1	1	31
5	1	1	31
6	1	1	24
7	1	1	35
8	1	1	29
9	1	1	29
10	1	2	35
11	1	2	42
12	1	2	42

圖 41-2　二因子完全獨立變異數分析的資料格式

　　建檔完成後，就可開始進行二因子完全獨立變異數分析了。首先，讀者必先具備的認知是必須依照圖 41-1 的流程圖來完成整個分析過程。因此，完整的二因子變異數分析過程將分為兩個階段介紹，第一階段為整體檢定，第二階段為主要效果檢定之事後比較或單純主要效果檢定。第一階段的整體檢定中，將進行單變量變異數分析，主要在檢定交互作用效果與兩個主要效果是否顯著。如果交互作用效果顯著，則須再進行第二階段的單純主要效果檢定（本單元的內容）；而如果交互作用效果不顯著（下一單元介紹），則必須針對兩個主要效果的檢定結果（顯著否），判斷是否進行第二階段的事後比較。

　　首先，我們先來進行第一階段的整體檢定，檢定前須先設定假設。在整體檢定的過程中將設定交互作用項的效果、兩因子的主要效用等三個假設（使用對立假設），分別描述如下：

　　H_{AB}：在體驗教育課程與學生年級的交互處理下，三個年級學生的團隊凝聚力會具有顯著的差異。

　　H_A：體驗教育課程的參與否，會顯著影響學生的團隊凝聚力。

　　H_B：不同年級的學生，其團隊凝聚力會具有顯著的差異。

　　具備上述的認知後，就可開始在 SPSS 中設定、執行二因子完全獨立變異數分析了。過往在 SPSS 中執行統計分析時，我們大致上都是使用傳統的「拖、拉、點、選」等方式來進行，但本書建議使用語法會比較簡便，也不容易出錯。如前所述，完整的二因子變異數分析過程將分為兩個階段，因此執行二因子完全獨立變異數分析的語法，也分成兩個檔案，第一個語法檔案將執行第一階段的整體檢定，如圖

41-3，該語法的檔案名稱為「完全獨立_整體_語法.sps」。第二個語法檔案將執行第二階段的單純主要效果檢定，如圖41-4，該語法的檔案名稱為「完全獨立_單純_語法.sps」。這兩個語法檔案，讀者皆可在本書的範例資料夾中找到。

　　圖41-3與圖41-4中，中文的部分，都是讀者未來自己執行自己的二因子完全獨立變異數分析時，需要去修改的部分。基本上，這些修改的動作主要是依變數及自變數中列、行因子名稱上的置換而已，讀者可根據自己論文中的依變數、列、行因子的名稱去做置換修改。甚至在使用語法編輯視窗中也可以使用「取代」功能來執行各變數名稱上的置換，既迅速又不會出錯。至於各列語法的意義，讀者可以參考五南出版社所出版的《論文統計分析實務：SPSS與AMOS的運用》（陳寬裕、王正華著）這本書。詳細的檢定過程與檢定前讀者所必須具備的基本概念，讀者可直接至五南出版社的線上學院（https://www.wunan.com.tw/tch_home），購買與本書同名的線上課程，就可以觀看實作「範例41-1」與先修課程的教學影音檔了。

```
1  DATASET ACTIVATE 資料集1.
2  UNIANOVA 團隊凝聚力 BY 體驗教育課程 學生年級
3   /METHOD=SSTYPE(3)
4   /INTERCEPT=INCLUDE
5   /POSTHOC=體驗教育課程 學生年級(TUKEY)
6   /PLOT=PROFILE(體驗教育課程*學生年級 學生年級*體驗教育課程)
7   /EMMEANS=TABLES(OVERALL)
8   /EMMEANS=TABLES(體驗教育課程) COMPARE ADJ(LSD)
9   /EMMEANS=TABLES(學生年級) COMPARE ADJ(LSD)
10  /EMMEANS=TABLES(體驗教育課程*學生年級)
11  /PRINT=OPOWER ETASQ HOMOGENEITY DESCRIPTIVE
12  /CRITERIA=ALPHA(.05)
13  /DESIGN=體驗教育課程 學生年級 體驗教育課程*學生年級.
14
```

圖 41-3　執行整體檢定的語法

```
1  DATASET ACTIVATE 資料集1.
2  UNIANOVA 團隊凝聚力 BY 體驗教育課程 學生年級
3   /EMMEANS=TABLES(體驗教育課程*學生年級) COMPARE(學生年級)
4   /EMMEANS=TABLES(學生年級*體驗教育課程) COMPARE(體驗教育課程)
5
```

圖 41-4　執行單純主要效果檢定的語法

41-4 報表解說──整體檢定

執行「完全獨立_整體_語法.sps」後，SPSS 當可跑出有關整體檢定的輸出報表。報表相當的長，因此我們將分段予以說明。

(一) 各處理（細格）的描述性統計資料

首先，觀察輸出報表的「描述性統計資料」，如表 41-2。表 41-2 的「描述性統計資料」表中，列出了各細格的處理方式與觀察值的邊緣平均數、標準差與個數等資料。

表 41-2　描述性統計資料表

體驗教育課程	學生年級	平均數	標準離差	個數
不參與	國一	28.89	4.226	9
	國二	41.11	5.622	9
	國三	50.11	4.428	9
	總數	40.04	9.990	27
參與	國一	39.33	5.050	9
	國二	46.22	4.206	9
	國三	48.44	4.720	9
	總數	44.67	5.981	27
總數	國一	34.11	7.020	18
	國二	43.67	5.488	18
	國三	49.28	4.522	18
	總數	42.35	8.483	54

(二) 變異數同質檢定

進行二因子變異數分析的前提條件之一為：各實驗處理（細格）之變異數必須相等，也就是變異數須具同質性。這個前提要件的檢定一般都是由 Levene 檢定來執行，其虛無假設為「各實驗處理（細格）之變異數相等」。由表 41-3 的「誤差變異量的 Levene 檢定等式」表中可發現，Levene 檢定的 F 值為 0.231，顯著性為 0.947，大於 0.05，故須接受變異數同質的虛無假設，顯示各實驗處理之變異數是相等的，故符合執行二因子變異數分析之前提條件的要求。

表 41-3　誤差變異量的 Levene 檢定等式

F	df1	df2	顯著性
.231	5	48	.947

(三) 受試者間效應項的檢定

二因子變異數分析的報表相當長，因此讀者檢閱報表時應有目標性。在此我們的目標就是要彙整報表資料，以完成表 41-4 的填製工作。在「表 41-4 二因子變異數分析摘要表」中，灰色網底的部分將填入「受試者間效應項的檢定」中的數據。根據表 41-4 就可檢定先前所設定的三個假設（交互作用項的效果與兩個主要效果），也就是進行整體檢定了。

要如何彙整並填製表 41-4 呢？這有點複雜，但本書已提供了「完全獨立二因子變異數分析摘要表.xlsx」這個 Excel 檔案，來輔助讀者迅速完成表 41-4 的製作。只要讀者在 SPSS 報表中找到「受試者間效應項的檢定」表，再將該表複製到 Excel 檔案中，就可輕鬆的製作出表 41-4。操作過程讀者可參看範例 41-1 的教學影音檔。

表 41-4　二因子變異數分析摘要表

變異來源	型 III SS	自由度	均方和 (MS)	F 值	顯著性	事後比較	淨 η^2
體驗教育課程（A 列）	289.352	1	289.352	12.903	0.001*		0.212
學生年級（B 行）	2116.926	2	1058.463	47.198	0.000*		0.663
體驗教育課程 × 學生年級（A×B）	331.593	2	165.796	7.393	0.002*		0.235
誤差	1076.444	48	22.426				
校正後的總數	3814.315	53					

由表 41-4 的檢定結果可發現，兩個主效果的顯著性分別為 0.001、0.000，皆小於顯著水準 005，故均達顯著。而交互作用項的顯著性為 0.002，小於顯著水準 005，亦達顯著。

(四) 事後比較

這裡的事後比較是指主要效果的事後比較，主要效果有兩個即「體驗教育課程」與「學生年級」，且從表 41-4 的檢定結果得知，兩個主效果均達顯著，因此 SPSS 會顯示出「多重比較」表，然而由於「體驗教育課程」的水準數不到三個，雖有設定執行事後檢定，但實際上 SPSS 並不執行其事後檢定，故只會針對「學生年級」執行事後檢定（成對比較），如表 41-5。然而，由表 41-4 中得知交互作用項達顯著，故主要效果的解析並無其意義。基本上，表 41-5 在此無須解釋，待將來單純主要效

果檢定階段,再來探討各年級學生之團隊凝聚力的差異性較有意義。

表 41-5 成對比較表

(I) 學生年級	(J) 學生年級	平均差異(I-J)	標準錯誤	顯著性	95% 信賴區間	
					下限	上限
國一	國二	-9.56*	1.579	.000	-13.54	-5.57
	國三	-15.17*	1.579	.000	-19.15	-11.18
國二	國一	9.56*	1.579	.000	5.57	13.54
	國三	-5.61*	1.579	.004	-9.60	-1.62
國三	國一	15.17*	1.579	.000	11.18	19.15
	國二	5.61*	1.579	.004	1.62	9.60

(五) 檢視平均數圖

「體驗教育課程」與「學生年級」之團隊凝聚力的邊緣平均數圖,分別如圖 41-5 與圖 41-6 所示。圖 41-5 顯示在各年級中,參與和不參與體驗教育課程之學生的團隊凝聚力平均數,可發現兩線有交點,代表交互作用現象可能存在。而圖 41-6 則顯示在不參與和參與體驗教育課程的情況下,各年級學生的團隊凝聚力平均數。圖 41-6 雖沒交點,但線與線間並不平行,再度顯示交互作用現象亦可能存在的事實。

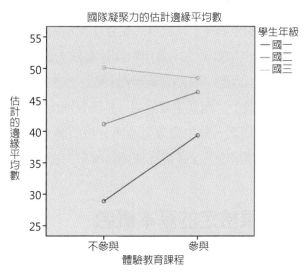

圖 41-5 體驗教育課程之團隊凝聚力平均數圖

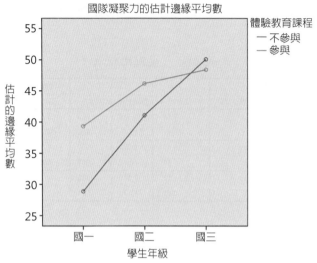

圖 41-6　學生年級之團隊凝聚力平均數圖

(六) 整體檢定的小結

　　為方便進行三項假設的檢定，將本範例經二因子變異數分析後的結果，整理成表 41-4。由表 13-11 得知，交互作用效果（F 值 7.393、顯著性 0.002）達顯著。因此，假設 H_{AB} 獲得支持，即認為「體驗教育課程與學生年級的交互作用處理下，學生的團隊凝聚力確實具有顯著的差異。」。此外，交互作用項的淨 η^2 為 0.235，表示排除「體驗教育課程」與「學生年級」之主效用對團隊凝聚力個別的影響後，交互作用項「體驗教育課程 × 學生年級」可以解釋團隊凝聚力 23.5% 的變異量。雖然，「體驗教育課程」與「學生年級」等兩個主要效果（F 值分別為 13.903、47.198）亦達顯著，但由於交互作用效果顯著，故主要效果並無分析價值。因而後續將進行單純主要效果檢定，以確認在何種情況下，才能促使團隊凝聚力提高或降低。

41-5 單純主要效果檢定的基本概念

　　由於「體驗教育課程」與「學生年級」之交互作用項的效果顯著，表示學生參不參與體驗教育課程會因其年級的不同而有不同的團隊凝聚力，或不同年級的學生會因參不參與體驗教育課程而有不同的團隊凝聚力。為明確的釐清到底是在何種情況下，才能促使團隊凝聚力提高或降低，故後續將進行單純主要效果檢定。在此，所謂單純主要效果檢定就是在檢定「控制某一因子的各個水準之下，觀察另一因子

各實驗處理之平均數間，是否具有顯著的差異」的意思。因此，單純主要效果檢定的假設如下：

(一) 體驗教育課程 (A) 因子的單純主要效果檢定

　　這個檢定將在固定學生年級的各個水準下，來針對不參與及參與體驗教育課程等兩種處理情況下的團隊凝聚力進行差異性比較，故假設如下：

1. 限定「學生年級」為「國一」時：比較學生參不參與體驗教育課程後的團隊凝聚力。

H_{A1}：國一學生參不參與體驗教育課程，其團隊凝聚力的平均值會產生顯著差異。

2. 限定「學生年級」為「國二」時：比較學生參不參與體驗教育課程後的團隊凝聚力。

H_{A2}：國二學生參不參與體驗教育課程，其團隊凝聚力的平均值會產生顯著差異。

3. 限定「學生年級」為「國三」時：比較學生參不參與體驗教育課程後的團隊凝聚力。

H_{A3}：國三學生參不參與體驗教育課程，其團隊凝聚力的平均值會產生顯著差異。

(二) 學生年級因子 (B) 的單純主要效果檢定

　　這個檢定將在固定體驗教育課程的各個水準下，來針對各年級學生的團隊凝聚力進行差異性比較，故假設如下：

1. 限定「不參與體驗教育課程」時：比較不同年級之學生的團隊凝聚力。

H_{B1}：當不參與體驗教育課程時，不同年級學生的團隊凝聚力平均值會產生顯著差異。

2. 限定「參與體驗教育課程」時：比較不同年級學生的團隊凝聚力。

H_{B2}：當不參與體驗教育課程時，不同年級學生的團隊凝聚力平均值會產生顯著差異。

41-6 報表解說 —— 單純主要效果檢定

　　由前階段整體檢定的結果得知，「體驗教育課程」與「學生年級」之交互作用效果顯著，因此，後續將進行單純主要效果檢定，以確認在何種情況下，才能促使團隊凝聚力提高或降低。執行「完全獨立_單純_語法.sps」後，SPSS 就可跑出有關單純主要效果檢定的輸出報表。報表也是相當的長，因此我們亦將分段予以說明。

　　單純主要效果檢定之報表的解說過程，亦將分兩個階段來進行，第一階段為單純主要效果檢定，第二階段為事後比較。此外，由於單純主要效果檢定之報表亦相當長，為便於解析，將會把報表彙整成如表41-6的單純主要效果檢定摘要表。

表41-6　單純主要效果檢定摘要表

變異來源	型 III SS	自由度	均方和 (MS)	F 值	顯著性	事後比較
體驗教育課程（A列）						
國一	490.889	1	490.889	21.889	0.000*	參與＞不參與
國二	117.556	1	117.556	5.242	0.026	
國三	12.500	1	12.500	0.557	0.459	
學生年級（B行）						
不參與	2042.296	2	1021.148	45.534	0.000*	國三＞國二＞國一
參與	406.222	2	203.111	9.057	0.000*	國三、國二＞國一
誤差	1076.444	48	22.426			

顯著水準：0.01

　　如何製作出表41-6呢？這點讀者也不用太過於擔心，本書已提供了「完全獨立二因子變異數分析摘要表.xlsx」這個 Excel 檔案，來輔助讀者迅速完成表41-6的製作。只要讀者在 SPSS 報表中找到「體驗教育課程 × 學生年級」的單變量檢定表和「學生年級 × 體驗教育課程」的單變量檢定表，再將這些表格複製到 Excel 檔案中，就可輕鬆的製作出表41-6。操作過程讀者可參看範例41-1的影音檔。

　　「體驗教育課程 × 學生年級」的單變量檢定表中，檢定內容是什麼呢？請讀者注意看，在「×」之前是體驗教育課程，「×」之後是學生年級，代表這個檢定將先固定「體驗教育課程」的各水準（× 之前的因子會被固定），然後做各年級的比較。也就是說，在「體驗教育課程」的各水準下，進行各年級學生的團隊凝聚力比較。因此就是檢定 H_{B1}、H_{B2} 之意。所以，「體驗教育課程 × 學生年級」的單變量檢定表，指的就是「學生年級」的單純主要效果檢定（看 × 之後的因子就對了）。又如，「學生年級 × 體驗教育課程」的單變量檢定表，就是先固定學生年級，然後進行「不參與」和「參與」間的比較。也就是檢定 H_{A1}、H_{A2}、H_{A1} 之意。所以，「學生年級 × 體驗教育課程」的單變量檢定表，指的就是「體驗教育課程」的單純主要

效果檢定。

製作出表 41-6 後，我們就可以來進行檢定了，檢定前要特別注意，由於將連續進行五次的單純主要效果檢定（H_{A1}、H_{A2}、H_{A3}、H_{B1}、H_{B2}），為避免型 I 錯誤率（α 值）膨脹，因此最好採用族系錯誤率，故須將各檢定的顯著水準 α 值設定為 0.05／5 ＝ 0.01，以使整體的型 I 錯誤率控制在 0.05 的水準。

(一) 體驗教育課程的單純主要效果檢定

進行「體驗教育課程」的單純主要效果檢定之基本概念是：必須先控制「學生年級」的各水準，然後再來比較「不參與」及「參與」體驗教育課程的學生間，其團隊凝聚力平均值有無顯著差異？也就是檢驗 H_{A1}、H_{A2}、H_{A3}。因此，就因子的層次而言，明顯的「學生年級」應屬第一層（先控制）、「體驗教育課程」為第二層。故在 SPSS 的原始報表中，應查閱的檢定報表為「學生年級 × 體驗教育課程」段落中的單變量檢定表，但我們已直接將該報表貼到 Excel 檔案了，所以我們可直接看彙整表（表 41-6）的上半部，就可進行「體驗教育課程」的單純主要效果檢定。

由表 41-6 的數據可發現，就國一而言，「不參與」及「參與」體驗教育課程的學生間，其團隊凝聚力具有顯著的差異（$F_{(1,48)}$ = 21.889，顯著性為 0.000<0.01，顯著，故 H_{A1} 獲得支持）。而對國二、國三的學生而言，「不參與」及「參與」體驗教育課程的學生間，其團隊凝聚力並無顯著差異（採用族系錯誤率時，顯著性分別為 0.026 與 0.459，皆大於 0.01，皆不顯著，故 H_{A2}、H_{A3} 未獲支持）。由於只有 H_{A1} 顯著，未來有必要進行事後檢定，以了解國一學生參不參與體驗教育課程後之團隊凝聚力的變化情形。

接著再進行「體驗教育課程」的事後檢定，此時，報表該採用「學生年級 × 體驗教育課程」段落中的成對比較表，如表 41-7。由於只有 H_{A1} 顯著，故在此只要針對「國一」學生進行事後比較即可。由表 41-7 可見，「不參與 – 參與」的結果為負數，且顯著。因此，對國一學生而言，「參與」體驗教育課程之團隊凝聚力較「不參與」大，且顯著。其結果可記為「參與 > 不參與」或「2>1」，並填入表 41-6 之第 7 行第 3 列的「事後比較」欄位內。

表 41-7 「體驗教育課程」的事後檢定表

學生年級	(I)體驗教育課程	(J)體驗教育課程	平均差異 (I-J)	標準誤差	顯著性[b]	差異的 95% 信賴區間[b]	
						下界	上界
國一	不參與	參與	-10.444[*]	2.232	.000	-14.933	-5.956
	參與	不參與	10.444[*]	2.232	.000	5.956	14.933
國二	不參與	參與	-5.111[*]	2.232	.026	-9.600	-.623
	參與	不參與	5.111[*]	2.232	.026	.623	9.600
國三	不參與	參與	1.667	2.232	.459	-2.822	6.155
	參與	不參與	-1.667	2.232	.459	-6.155	2.822

(二) 學生年級的單純主要效果檢定

進行「學生年級」的單純主要效果檢定之基本概念是：必須先控制「體驗教育課程」的各水準，然後再來比較各年級學生間的團隊凝聚力平均值有無顯著差異？也就是檢驗 H_{B1}、H_{B2}。因此，就因子的層次而言，明顯的「體驗教育課程」應屬第一層（先控制）、「學生年級」為第二層。故在 SPSS 的原始報表中，應查閱的檢定報表為「體驗教育課程 × 學生年級」段落中的單變量檢定表，但我們已直接將該報表貼到 Excel 檔案了，所以我們可直接看彙整表（表 41-6）的下半部，就可進行「體驗教育課程」的單純主要效果檢定。

由表 41-6 的數據可發現，不同年級的學生，在不參與體驗教育課程的情況下，檢定之 $F_{(2,48)} = 45.534$，顯著性為 0.000<0.01，故 H_{B1} 獲得支持，故可得結論：在不參與體驗教育課程的情況下，不同年級的學生，其團隊凝聚力具有顯著的差異。而在參與體驗教育課程的情況下，不同年級的學生，其團隊凝聚力亦具有顯著的差異（$F_{(2,48)} = 9.057$，顯著性為 0.000 < 0.01，故 H_{B2} 亦獲得支持）。未來有必要進行事後檢定，以了解在「不參與」及「參與」體驗教育課程的情況下，各年級學生之團隊凝聚力的大小關係。

所以接著再進行「學生年級」的事後檢定時，此時，報表該採用「體驗教育課程 × 學生年級」段落中的成對比較表，如表 41-8。由表 41-8，在「不參與」體驗教育課程的情形下，以國三學生的團隊凝聚力最大，國二學生次之，國一學生則最小，且其差異皆顯著。其結果可記為「國三＞國二＞國一」或「3>2>1」，並填入表41-6 之第 7 行第 7 列的「事後比較」欄位內。

其次，在「參與」體驗教育課程的情形下，國二、國三學生的團隊凝聚力之差異並不顯著，但以國一學生的團隊凝聚力最小。其結果可記為「國三、國二＞國一」

或「3、2>1」，並填入表41-6之第7行第8列的「事後比較」欄位內，填製完成後，如表41-9。

表 41-8 「學生年級」的事後檢定表

體驗教育課程	(I) 學生年級	(J) 學生年級	平均差異 (I-J)	標準誤差	顯著性[b]	差異的 95% 信賴區間[b]	
						下界	上界
不參與	國一	國二	-12.222*	2.232	.000	-16.711	-7.734
		國三	-21.222*	2.232	.000	-25.711	-16.734
	國二	國一	12.222*	2.232	.000	7.734	16.711
		國三	-9.000*	2.232	.000	-13.489	-4.511
	國三	國一	21.222*	2.232	.000	16.734	25.711
		國二	9.000*	2.232	.000	4.511	13.489
參與	國一	國二	-6.889*	2.232	.003	-11.377	-2.400
		國三	-9.111*	2.232	.000	-13.600	-4.623
	國二	國一	6.889*	2.232	.003	2.400	11.377
		國三	-2.222	2.232	.325	-6.711	2.266
	國三	國一	9.111*	2.232	.000	4.623	13.600
		國二	2.222	2.232	.325	-2.266	6.711

表 41-9 單純主要效果檢定摘要表

變異來源	型 III SS	自由度	均方和 (MS)	F 值	顯著性	事後比較
體驗教育課程（A列）						
國一	490.889	1	490.889	21.889	0.000*	參與 > 不參與
國二	117.556	1	117.556	5.242	0.026	
國三	12.500	1	12.500	0.557	0.459	
學生年級（B行）						
不參與	2042.296	2	1021.148	45.534	0.000*	國三 > 國二 > 國一
參與	406.222	2	203.111	9.057	0.000*	國三、國二 > 國一
誤差	1076.444	48	22.426			

顯著水準：0.01

(三) 單純主要效果檢定的小結

單純主要效果檢定之最終彙整表，如表41-9所示。由單純主要效果檢定的結果（表41-9）得知：

1. 不同年級的學生，在不參與體驗教育課程的情況下，其團隊凝聚力具有顯著

的差異，且學生的團隊凝聚力以國三最大、國二次之、國一則最小。

2. 不同年級的學生，在參與體驗教育課程的情況下，其團隊凝聚力亦具有顯著的差異，且團隊凝聚力以國一最小、國二與國三則無差異。

3. 就國一學生而言，「不參與」及「參與」體驗教育課程的學生間，其團隊凝聚力具有顯著的差異，且參與後的團隊凝聚力較高。

41-7 分析結果的撰寫

經二因子變異數分析後，由表 41-4 得知，交互作用效果（F 值 7.393、顯著性 0.002）顯著。故可認為「不同體驗教育課程與學生年級的交互處理下，學生的團隊凝聚力具有顯著的差異。」。此外，交互作用項的淨 η^2 為 0.235，表示排除「體驗教育課程」與「學生年級」對團隊凝聚力個別的影響後，交互作用項「體驗教育課程 × 學生年級」可以解釋團隊凝聚力的變異量達 23.5%。依據 Cohen（1988）的判斷標準，以該交互作用項來解釋團隊凝聚力的變化，已具有相當高的實務顯著性。

其次，由表 41-9 的「體驗教育課程」段落中顯見，就國一學生而言，「不參與」及「參與」體驗教育課程的學生間，其團隊凝聚力具有顯著的差異，且以參與後的團隊凝聚力較高。此結果似與該校校長擬以導入體驗教育課程而提升團隊凝聚力的想法吻合。但研究中也發現，對國二與國三學生而言，體驗教育課程的介入，效果似乎不大。或許對國二與國三學生而言，同班同學的相處至少有一年以上的時間了，在這樣的情況下，班上同學的團隊凝聚力本應以具備相當的水準，也因此導致新課程的介入，但卻無法再提升團隊凝聚力。

再由表 41-9 的「學生年級」段落得知，不同年級的學生，在不參與體驗教育課程的情況下，其團隊凝聚力具有顯著的差異，且學生的團隊凝聚力以國三最大、國二次之、國一則最小。這結果也驗證了，先前本研究的推測，即越高年級的學生，其班上的團隊凝聚力，本來就會具有較高的水準。而不同年級的學生，在參與體驗教育課程的情況下，其團隊凝聚力亦具有顯著的差異，且團隊凝聚力以國一最小、國二與國三則無差異。這結果或許是暗示著，對於提升團隊凝聚力而言，於時間流當中，同班同學間的生活點滴所凝聚成的情感，比以課程的介入方式來提升團隊凝聚力更有效吧！

單元 **42**

二因子完全獨立變異數分析——無交互作用

　　研究中都已經運用到二因子變異數分析了，結果交互作用不顯著，感覺上還蠻心酸的。但無論如何，本書是教導統計分析方法用書，所以縱使交互作用不顯著，也需教導讀者後續該如何處理會比較妥善。

　　原則上，處理方法會根據圖 41-1 來進行。也就是說，當交互作用不顯著時，那麼我們就必須針對各因子來進行主要效果檢定。所謂主要效果檢定就是各因子根據本身獨立與否的特質與水準數來進行適當的檢定，例如：是獨立因子的話，水準數在 3（含）以上，那就進行單因子變異數分析，否則就進行獨立樣本 t 檢定。而如果是相依因子的話，水準數在 3（含）以上，就進行單因子相依樣本變異數分析，否則就進行成對樣本 t 檢定。

42-1 二因子完全獨立變異數分析（無交互作用）的範例

範例 42-1

　　屏科連鎖咖啡店欲測試新產品——麝香貓咖啡的市場接受度，乃規劃每杯麝香貓咖啡以 200、350 和 500 毫升的容量水準與 30、40、50 和 60 元等四種價格水準（共有 12 種銷售條件，即 12 種處理），進行銷售實驗。於是隨機性的指派其 36 家分店試賣 1 個月，36 家分店將分成 12 個組別，每個組別將隨機性的被分配到不同的「處理」（細格）中，然後蒐集各家分店的銷售杯數（如表 42-1），以評估此麝香貓咖啡在市場上的接受程度。試問：「容量」與「售價」是否在「市場接受度」上有顯著的交互作用？

　　首先，判斷本範例之變異數分析的類型。由題意與表 42-1 顯見，依變數爲「市場接受度」（銷售杯數），自變數有兩個，分別爲「容量」（有 3 個水準）與「售價」（有 4 個水準）。由於 36 家分店被分成 12 組（各組 3 分店），各組將被隨機分配至 12 種處理中（3 個容量水準與 4 個售價水準之組合處理），故表 42-1 之細格中，每個細格將有 3 個觀察值（3 分店的銷售杯數），且各細格中的受試者皆不同。因此，本範例應屬 3×4 二因子完全獨立變異數分析。

　　實驗性資料的資料量通常較少，所以自行動手輸入的話，負荷應該也不重。二因子完全獨立變異數分析於 SPSS 中建立資料檔時，須將二個獨立因子（容量、售價）、依變數（團隊凝聚力）各建一個欄位（變數），所以共須建立三個變數，然

表 42-1 「市場接受度」（銷售杯數）的數據

因子		售價 (B)			
		30 元	40 元	50 元	60 元
容量 (A)	200 毫升	1,194	1,136	1,048	768
		1,282	1,200	1,202	674
		1,302	1,088	957	528
	350 毫升	1,328	1,202	1,122	848
		1,398	1,224	1,171	778
		1,320	1,200	1,208	726
	500 毫升	1,456	1,304	1,258	904
		1,437	1,411	1,206	1,003
		1,400	1,226	1,258	920

後再參照表 42-1 之細格中的數據，依序輸入資料，輸入時由左至右、再由上而下或由上而下、再由左至右都可以，只要各細格資料的輸入方向一致就好，輸入完成後，其格式如圖 42-1。輸入完成的檔案請存檔為「ex42-1.sav」。

	名稱	類型	寬度	小數	標記	值	遺漏	欄	對齊	測量
1	容量	數字的	8	0		{1, 200毫升}...	無	8	靠右	尺度(S)
2	售價	數字的	8	0		{1, 30元}...	無	8	靠右	尺度(S)
3	市場接受度	數字的	8	0		無	無	8	靠右	尺度(S)

	容量	售價	市場接受度
1	1	1	1,194
2	1	1	1,282
3	1	1	1,302
4	1	2	1,136
5	1	2	1,200
6	1	2	1,088
7	1	3	1,048
8	1	3	1,202
9	1	3	957
10	1	4	768
11	1	4	674
12	1	4	528
13	2	1	1,328
14	2	1	1,398
15	2	1	1,320
16	2	2	1,202

圖 42-1 二因子完全獨立變異數分析的資料格式

　　建檔完成後，就可開始進行二因子完全獨立變異數分析了。首先，讀者必先具備的認知是必須依照上一單元中圖 41-1 的流程圖來完成整個分析過程。因此，完整的二因子變異數分析過程將分爲兩個階段，第一階段爲整體檢定，第二階段爲主要效果檢定之事後比較或單純主要效果檢定。第一階段的整體檢定中，將進行單變量變異數分析，主要在檢定交互作用效果與兩個主要效果是否顯著。如果交互作用效果顯著，則須再進行第二階段的單純主要效果檢定（前一單元介紹）；而如果交互作用效果不顯著（本單元介紹），則必須針對兩個主要效果的檢定結果（顯著否），判斷是否進行第二階段的事後比較。

　　首先，我們先來進行第一階段的整體檢定，檢定前須先設定假設。在整體檢定的過程中將設定交互作用項的效果、兩因子的主要效用等三個假設（使用對立假設），分別描述如下：

H_{AB}：容量與售價的交互處理下，麝香貓咖啡的市場接受度具有顯著的差異。

H_A：不同容量的麝香貓咖啡，其市場接受度具有顯著的差異。

H_B：不同售價的麝香貓咖啡，其市場接受度具有顯著的差異。

　　具備上述的認知後，就可開始在 SPSS 中設定、執行二因子完全獨立變異數分析了。但在此我們將使用語法來執行檢定。如前所述，完整的二因子變異數分析過程將分爲兩個階段，因此執行二因子完全獨立變異數分析的語法，也將分成兩個檔案，第一個語法檔案將執行第一階段的整體檢定（如第 41 單元的圖 41-3），該語法的檔案名稱爲「完全獨立 _ 整體 _ 語法.sps」。第二個語法檔案將執行第二階段的單純主要效果檢定（如第 41 單元的圖 41-4），該語法的檔案名稱爲「完全獨立 _ 單純 _ 語法.sps」。這兩個語法檔案，讀者皆可在本書的範例資料夾中找到。

　　本範例詳細的檢定過程，讀者可直接至五南出版社的線上學院（https://www.wu-nan.com.tw/tch_home），購買與本書同名的線上課程，就可以觀看實作「範例 42-1」與先修課程的教學影音檔了。

42-2 報表解說 —— 整體檢定

　　執行「完全獨立 _ 整體 _ 語法.sps」後，SPSS 當可跑出有關整體檢定的輸出報表。報表相當的長，因此我們將分段予以說明。

(一) 各處理（細格）的描述性統計資料

首先，觀察輸出報表的「描述性統計資料」，如表 42-2。表 42-2 的「描述性統計資料」表中，列出了各細格的處理方式與觀察值的平均數、標準差與個數等資料。

表 42-2　描述性統計資料表

容量	售價	平均數	標準離差	個數
200毫升	30元	1,259.33	57.457	3
	40元	1,141.33	56.190	3
	50元	1,069.00	123.843	3
	60元	656.67	120.935	3
	總數	1,031.58	250.540	12
350毫升	30元	1,348.67	42.911	3
	40元	1,208.67	13.317	3
	50元	1,167.00	43.139	3
	60元	784.00	61.221	3
	總數	1,127.08	221.651	12
500毫升	30元	1,431.00	28.478	3
	40元	1,313.67	92.878	3
	50元	1,240.67	30.022	3
	60元	942.33	53.144	3
	總數	1,231.92	194.722	12
總數	30元	1,346.33	83.768	9
	40元	1,221.22	92.992	9
	50元	1,158.89	100.436	9
	60元	794.33	143.738	9
	總數	1,130.19	232.315	36

(二) 變異數同質檢定

進行二因子完全獨立變異數分析的前提條件之一為：各實驗處理（細格）之變異數必須相等，也就是變異數須具同質性。這個前提要件的檢定一般都是由 Levene 檢定來執行的，其虛無假設為「各實驗處理（細格）之變異數相等」。由表 42-3 的「誤差變異量的 Levene 檢定等式」表中可發現，Levene 檢定的 F 值為 1.653，顯著性為 0.146，大於 0.05，故須接受變異數同質的虛無假設，顯示各實驗處理之變異數是相等的，故符合執行二因子變異數分析之前提條件的要求。

表 42-3　誤差變異量的 Levene 檢定等式

F	df1	df2	顯著性
1.653	11	24	.146

(三) 受試者間效應項的檢定

　　「受試者間」的意思是指只針對「獨立因子」進行分析之意。二因子完全獨立變異數分析的報表相當長，因此讀者檢閱報表時應有目標性。在此我們的目標就是要彙整報表資料，以完成表 42-4 的填製工作。在「表 42-4 二因子變異數分析摘要表」中，灰色網底的部分將填入「受試者間效應項的檢定」中的數據。根據表 42-4 就可檢定先前所設定的三個假設（交互作用項的效果與兩個主要效果），也就是進行整體檢定了。

　　本書已提供了「完全獨立二因子變異數分析摘要表.xlsx」這個 Excel 檔案，可以用來輔助讀者迅速完成表 42-4 的製作。只要讀者在 SPSS 報表中找到「受試者間效應項的檢定」表，再將該表複製到 Excel 檔案中，就可輕鬆的製作出表 42-4。操作過程讀者可參看範例 42-1 的影音檔。

表 42-4　二因子變異數分析摘要表

變異來源	型 III SS	自由度	均方和 (MS)	F 值	顯著性	事後比較	淨 η^2
容量（A 列）	240974.889	2	120487.444	25.272	0.000*		0.678
售價（B 行）	1517653.194	3	505884.398	106.108	0.000*		0.930
容量×售價（A×B）	15900.222	6	2650.037	0.556	0.761		0.122
誤差	114423.333	24	4767.639				
校正後的總數	1888951.639	35					

　　由表 42-4 的檢定結果可發現，兩個主效果均達顯著，F 值分別為 25.272、106.108；然而，交互作用項的 F 值為 0.556、顯著性為 0.761>0.05，顯見交互作用不顯著。故將來不必再進行單純主要效果檢定，而只須再針對主要效果顯著的獨立因子進行事後比較就可以了。

(四) 事後比較

　　由於交互作用項的效果不顯著，故將直接針對顯著的主要效果進行事後比較。

本範例中，主要效果有兩個即「容量」與「售價」，且都顯著，故必須再針對顯著的主要效果，進行事後比較。

首先進行「容量」的事後比較，比較的報表應該採用 SPSS 原始報表中「容量」段落中的成對比較表，如表 42-5。從表 42-5 針對「容量」因子的成對比較（事後比較）結果得知，「500 毫升」的麝香貓咖啡，其市場接受度最高、「350 毫升」次之、「200 毫升」最低，且其差亦皆顯著（平均差異欄有打＊號）。其結果可記為「500毫升 >350 毫升 >200 毫升」或「3>2>1」，並填入表 42-4 之第 2 列的「事後比較」欄位內，填製完成後，如表 42-5。

表 42-5 「容量」的成對比較表

| (I) 容量 | (J) 容量 | 平均差異 (I-J) | 標準誤差 | 顯著性[b] | 差異的 95% 信賴區間[b] | |
					下界	上界
200毫升	350毫升	-95.500*	28.189	.002	-153.679	-37.321
	500毫升	-200.333*	28.189	.000	-258.512	-142.155
350毫升	200毫升	95.500*	28.189	.002	37.321	153.679
	500毫升	-104.833*	28.189	.001	-163.012	-46.655
500毫升	200毫升	200.333*	28.189	.000	142.155	258.512
	350毫升	104.833*	28.189	.001	46.655	163.012

此外，進行「售價」的事後比較時，檢定報表則該採用 SPSS 原始報表中「售價」段落中的成對比較表，如表 42-6。從表 42-6 針對「售價」因子的事後檢定結果得知，「30 元」的麝香貓咖啡，其市場接受度最高、「40 元」與「50 元」次之，且兩者的市場接受度不具顯著差異，最低為「60 元」的麝香貓咖啡。其結果可記為「30元 >40 元、50 元 >60 元」或「1>2, 3>4」，並填入表 42-4 之第 3 列的「事後比較」欄位內，填製完成後，如表 42-7。

表 42-6 「售價」因子成對比較表

(I) 售價	(J) 售價	平均差異 (I-J)	標準錯誤	顯著性	95% 信賴區間 下限	95% 信賴區間 上限
30元	40元	125.11*	32.550	.008	27.32	222.90
	50元	187.44*	32.550	.000	89.65	285.24
	60元	552.00*	32.550	.000	454.21	649.79
40元	30元	-125.11*	32.550	.008	-222.90	-27.32
	50元	62.33	32.550	.323	-35.46	160.12
	60元	426.89*	32.550	.000	329.10	524.68
50元	30元	-187.44*	32.550	.000	-285.24	-89.65
	40元	-62.33	32.550	.323	-160.12	35.46
	60元	364.56*	32.550	.000	266.76	462.35
60元	30元	-552.00*	32.550	.000	-649.79	-454.21
	40元	-426.89*	32.550	.000	-524.68	-329.10
	50元	-364.56*	32.550	.000	-462.35	-266.76

表 42-7 二因子變異數分析摘要表

變異來源	型 III SS	自由度	均方和 (MS)	F 值	顯著性	事後比較	淨 η^2
容量（A 列）	240974.889	2	120487.444	25.272	0.000*	500 毫升 >350 毫升 >200 毫升	0.678
售價（B 行）	1517653.194	3	505884.398	106.108	0.000*	30 元 >40 元、50 元 >60 元	0.930
容量×售價（A×B）	15900.222	6	2650.037	0.556	0.761		0.122
誤差	114423.333	24	4767.639				
校正後的總數	1888951.639	35					

(五) 檢視平均數圖

　　「容量」與「售價」之市場接受度的邊緣平均數圖，分別如圖 42-2 與圖 42-3 所示。圖 42-2 顯示在各種容量水準中，不同售價的麝香貓咖啡，其市場接受度的平均數。而圖 42-3 則顯示在各種售價水準中，不同容量的麝香貓咖啡，其市場接受度的平均數。觀察圖 42-2 與圖 42-3，兩圖均不存在交點且平均數線圖呈現幾乎平行的狀態，顯示交互作用現象存在的可能性不高。事實上表 42-5 的檢定結果，已證明了交互作用項的效果確實不顯著。

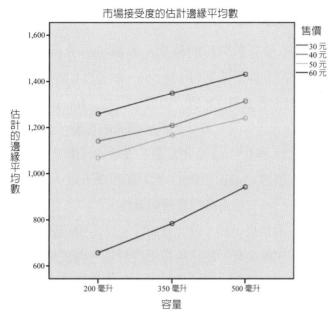

圖 42-2　容量之市場接受度平均數圖

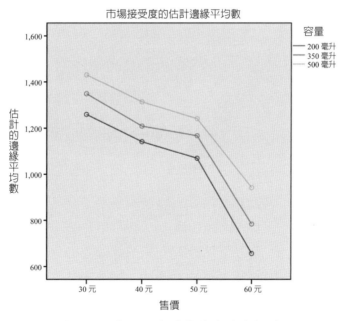

圖 42-3　售價之市場接受度平均數圖

42-3 分析結果的撰寫

　　為方便進行二因子變異數分析的檢定，本範例將分析後的結果，整理成表42-5。由表42-5得知，交互作用效果（F值0.556、顯著性0.761）不顯著。然而，「容量」與「售價」等兩個主要效果（F值分別為25.272、106.108）皆顯著，代表麝香貓咖啡的市場接受度會受「容量」或「售價」顯著的影響，且「容量」或「售價」因子的淨 $\eta 2$ 分別為 0.678 與 0.930，皆相當高，表示「容量」或「售價」因子對市場接受度的解釋能力佳。依據 Cohen（1988）的判斷標準，以「容量」或「售價」來解釋市場接受度的變化，已具有相當高的實務顯著性。

　　最後，由事後檢定的結果得知，就容量而言，以「500毫升」的麝香貓咖啡之市場接受度最高，而以「300毫升」的市場接受度最低。而就售價而言，以「30元」的麝香貓咖啡之市場接受度最高，而以「60元」的市場接受度最低。

二因子混合設計變異數分析

在二因子變異數分析中，如果同一批受試者只在某一因子的每一水準中接受實驗處理（相依），而在另一因子的各水準中，受試者皆不同（獨立），這種一個為獨立因子而另一個為相依因子的二因子變異數分析，就稱為二因子混合設計變異數分析（Two-way mixed design ANOVA）。二因子混合設計變異數分析也是屬於重複量數的一種統計方法。相依因子又稱為受試者內因子（within-subject factor）；而獨立因子則稱為受試者間因子（between-subject factor）。

基本上，進行二因子混合設計變異數分析時，也必須遵照圖 41-1 的流程圖循序漸進。因此，完整的二因子混合設計變異數分析過程，也將分成兩個階段來進行，第一階段為整體檢定，第二階段為主要效果檢定之事後比較或單純主要效果檢定。在第一階段的整體檢定中，主要在檢定兩因子的交互作用效果與兩個個別因子的主要效果是否顯著。如果交互作用效果顯著的話，則須再進行第二階段的單純主要效果檢定；而如果交互作用效果不顯著，那麼就必須針對兩個主要效果的檢定結果，判斷是否進行後續第二階段的主要效果檢定之事後比較。

43-1 二因子混合設計變異數分析的範例

範例 43-1

過往文獻顯示，參與體驗教育課程，有助於團隊凝聚力的提升。因而某國中校長在本學期中，乃將體驗教育課程推廣至學校各年級學生。課程結束後，各年級學生將評估自己對「溝通活動」、「問題解決活動」與「低空設施活動」等三種體驗教育課程之活動型態的喜愛程度。評估時，將以填寫問卷的方式來進行，喜愛程度得分從 1 至 10 分，分數越高表示學生對某活動的喜愛程度越高。最後，校長將於各年級隨機抽出 8 名學生，並彙整學生對各種活動型態之喜愛程度資料，所得數據如表 43-1。試問：學生對各種活動型態的喜愛程度是否會因學生年級而有所差異？

表 43-1 「喜愛程度」的數據

因子		活動型態 (B)					
		溝通活動		問題解決活動		低空設施活動	
學生年級 (A)	國一	8	7	4	3	2	3
		10	8	3	4	8	5
		9	10	5	2	3	6
		10	9	5	3	4	4
	國二	7	4	10	9	7	10
		6	9	9	10	8	9
		8	5	8	9	7	9
		8	8	8	8	8	7
	國三	8	9	6	6	5	5
		9	5	7	6	8	8
		7	9	6	6	5	7
		7	7	5	5	4	4

　　首先，判斷本範例之變異數分析的類型。由題意與表 43-1 顯見，依變數為「喜愛程度」，自變數有兩個，分別為「學生年級」（有 3 個水準）與活動型態（有 3 個水準）。由於各年級學生皆接受過三種活動型態的訓練，且各年級學生被隨機抽出 8 名，以檢視其對各活動型態的喜愛程度。顯見，表 43-1 之細格中，每個細格（實驗處理）將有 8 個觀察值，且同一年級的細格中，各細格之受試者皆相同。因此，「學生年級」屬獨立因子；而「活動型態」則屬相依因子，故本範例應屬 3×3 二因子混合設計變異數分析。此外，在表 43-1 中，一般習慣上，會將獨立因子放在「列」，而相依因子放在「行」。

　　為二因子混合設計變異數分析的相關數據建立資料檔時，須特別注意的是，相依因子與獨立因子其欄位設定的方式並不同，獨立因子設定成一個變數即可，且其水準最好能設定於「值標記」內；而相依因子則其每一水準就須設定成一個變數。輸入各細格中的觀測值時，輸入順序各細格必須一致，通常由左至右、由上而下（或由上而下、由左至右亦可），依序輸入資料，輸入完成後，其格式如圖 43-1。輸入完成的檔案請存檔為「ex43-1.sav」。

	名稱	類型	寬度	小數	標記	值	遺漏	欄	對齊	測量
1	學生年級	數字的	8	0		{1, 圖一}...	無	8	靠右	名義(N)
2	溝通活動	數字的	8	0		無	無	8	靠右	尺度(S)
3	問題解決活動	數字的	8	0		無	無	8	靠右	尺度(S)
4	低空設施活動	數字的	8	0		無	無	8	靠右	尺度(S)

	學生年級	溝通活動	問題解決活動	低空設施活動
1	1	8	4	2
2	1	10	3	8
3	1	9	5	3
4	1	10	5	4
5	1	7	3	3
6	1	8	4	5
7	1	10	2	6
8	1	9	3	4
9	2	7	10	7
10	2	6	9	8
11	2	8	8	7
12	2	8	8	8

圖 43-1　二因子混合設計變異數分析的資料格式

　　建檔完成後，就可開始進行二因子混合設計變異數分析了。首先，我們先來進行第一階段的整體檢定，檢定前須先設定假設。在整體檢定的過程中將設定交互作用項的效果、兩因子的主要效用等三個假設（使用對立假設），分別描述如下：

H_AB：學生年級與活動型態的交互處理下，學生對活動的喜愛程度具有顯著的差異。

H_A：不同年級的學生，對活動的喜愛程度具有顯著的差異。

H_B：學生對於不同的活動型態，其喜愛程度具有顯著的差異。

　　接著，就可開始在 SPSS 中設定、執行二因子混合設計變異數分析了。如前所述，完整的二因子變異數分析過程將分為兩個階段，因此執行二因子混合設計變異數分析的語法，也分成兩個檔案，第一個語法檔案將執行第一階段的整體檢定，如圖 43-2，該語法的檔案名稱為「混合設計 _ 整體 _ 語法.sps」。第二個語法檔案將執行第二階段的單純主要效果檢定，如圖 43-3，該語法的檔案名稱為「混合設計 _ 單純 _ 語法.sps」。這兩個語法檔案，讀者皆可在本書的範例資料夾中找到。

```
1  ▸  DATASET ACTIVATE 資料集1.
2     GLM 溝通活動 問題解決活動 低空設施活動 BY 學生年級
3       /WSFACTOR=活動型態 3 Polynomial
4       /MEASURE=活動型態
5       /METHOD=SSTYPE(3)
6       /PLOT=PROFILE(學生年級*活動型態 活動型態*學生年級)
7       /EMMEANS=TABLES(學生年級) COMPARE ADJ(LSD)
8       /EMMEANS=TABLES(活動型態) COMPARE ADJ(LSD)
9       /PRINT=DESCRIPTIVE ETASQ HOMOGENEITY
10      /CRITERIA=ALPHA(.05)
11      /WSDESIGN=活動型態
12      /DESIGN=學生年級.
13
```

圖 43-2　執行整體檢定的語法

```
1  ▸  GLM 溝通活動 問題解決活動 低空設施活動 BY 學生年級
2       /WSFACTOR=活動型態 3 Polynomial
3       /MEASURE=活動型態
4       /EMMEANS=TABLES(活動型態*學生年級) COMPARE(學生年級) ADJ(LSD)
5       /DESIGN=學生年級.
6
7     SORT CASES BY 學生年級.
8     SPLIT FILE SEPARATE BY 學生年級.
9
10    GLM 溝通活動 問題解決活動 低空設施活動
11      /WSFACTOR=活動型態 3 Polynomial
12      /MEASURE=活動型態
13      /EMMEANS=TABLES(活動型態) COMPARE ADJ(LSD)
14      /WSDESIGN=活動型態.
```

圖 43-3　執行單純主要效果檢定的語法

　　圖 43-2 與圖 43-3 中，中文的部分，都是讀者未來執行自己的二因子混合設計
變異數分析時，需要去修改的部分。基本上，這些修改的動作主要是依變數及自變
數中列、行因子之名稱上的置換而已，讀者可根據自己論文中的依變數、列、行因
子的名稱去做置換修改。甚至在使用語法編輯視窗中也可以使用「取代」功能來執
行各變數名稱上的置換，既迅速又不會出錯。至於各列語法的意義，讀者可以參考
五南出版社所出版的《論文統計分析實務：SPSS 與 AMOS 的運用》（陳寬裕、王
正華著）這本書。詳細的檢定過程，讀者可直接至五南出版社的線上學院（https://
www.wunan.com.tw/tch_home），購買與本書同名的線上課程，就可以觀看實作「範
例 43-1」的教學影音檔了。

43-2 報表解說──整體檢定

如前所述，完整的二因子混合設計變異數分析過程將分為兩個階段來進行，第一階段為整體檢定，第二階段為主要效果檢定之事後比較或單純主要效果檢定。在本小節中將先針對整體檢定的部分進行報表解說。

執行「混合設計_整體_語法.sps」後，SPSS當可跑出有關整體檢定的輸出報表。報表相當的長，因此我們將分段予以說明。

(一) 各處理（細格）的描述性統計資料

首先，觀察輸出報表的「描述性統計資料」，如表 43-2。表 43-2 的「描述性統計資料」表中，列出了各細格的處理方式與各細格的平均數、標準差與個數等資料。

表 43-2　描述性統計資料表

	學生年級	平均數	標準離差	個數
溝通活動	國一	8.88	1.126	8
	國二	6.88	1.727	8
	國三	7.63	1.408	8
	總數	7.79	1.615	24
問題解決活動	國一	3.63	1.061	8
	國二	8.88	.835	8
	國三	5.88	.641	8
	總數	6.13	2.346	24
低空設施活動	國一	4.38	1.923	8
	國二	8.13	1.126	8
	國三	5.75	1.669	8
	總數	6.08	2.205	24

(二) 前提假設的檢驗

二因子混合設計變異數分析的前提假設共有兩種，分別為變異數同質檢定與球形檢定。其中，進行變異數同質檢定時，又可分為多變量檢定與單變量檢定兩種，分別說明如下：

1. 變異數同質檢定

進行具有相依因子的變異數分析的前提條件之一為各細格（實驗處理）之變異數必須相等。在混合設計中，變異數同質檢定時可分為多變量檢定與單變量檢定兩種。多變量的變異數同質檢定將運用「共變量矩陣等式的 Box 檢定」（如表 43-3）；而單變量的變異數同質檢定則利用「誤差變異量的 Levene 檢定等式」（如表 43-4）。

表 43-3　共變量矩陣等式的 Box 檢定

Box's M	24.561
F	1.613
df1	12
df2	2,137.154
顯著性	.081

　　表 43-3 為共變量矩陣等式的 Box 檢定，所代表的意義是不同年級的學生，在三種活動型態之喜愛程度（依變數之觀察值）的多變量同質性檢定結果。也就是說，Box's 檢定在檢驗「學生年級」在三個重複測量（活動型態）之共變數矩陣是否同質。檢定時所採用的統計值為「Box's M」值，表 43-3 中「Box's M」值為 24.561，經轉為 F 值後，F 值為 1.613，顯著性 0.081>0.05，未達顯著水準，表示「不同年級的學生，在三種活動型態之喜愛程度的共變異數具有同質性」。

表 43-4　誤差變異量的 Levene 檢定等式

	F	df1	df2	顯著性
溝通活動	.950	2	21	.403
問題解決活動	1.777	2	21	.194
低空設施活動	1.209	2	21	.319

　　表 43-4 所代表的意義是不同年級的學生，在三種活動型態之喜愛程度的單變量同質性檢定結果。由「誤差變異量的 Levene 檢定等式」表中可發現，三種活動型態之喜愛程度的 Levene 檢定之 F 值分別為 0.950、1.777、1.209，顯著性分別為 0.403、0.194、0.319，皆大於 0.05，未達顯著水準，顯示各細格觀察值的變異數是相等的，並未違反變異數同質性之要求，且此結果與 Box's 檢定之結果一致。

2. 球形檢定

　　一般而言，只要是屬於重複量測的變異數分析（有相依因子存在），它的前提要件都必須符合球形假設（assumption of sphericity）。而欲檢定資料是否符合球形假設時，可採用 Mauchly 球形檢定法。如果符合球形檢定，則 F 檢定值就不需要校正。如果不符合，則 F 檢定值需先進行校正動作。當球形假設不符合時，主要將以 epsilon 參數值（Greenhouse-Geisser 及 Huynh-Feldt 值）來校正 F 檢定值。

　　球形檢定的虛無假設是：受試者內因子（相依因子）之不同水準間，其差異的變異數無顯著差異。活動型態的 Mauchly 球形檢定表，如表 43-5 所示。在表 43-5 的

右邊會出現三個 epsilon 值（Greenhouse-Geisser、Huynh-Feldt 與下限），epsilon 是違反球形假設程度的指標。如果它等於 1 就代表是完美的球形；如果小於 1 代表可能違反球形假設，值越小越嚴重。一般而言，可使用 0.75 為判斷是否違反球形假設的門檻值。epsilon 值若大於 0.75 則可視為不違反球形假設。

　　當然我們所分析的資料是屬於樣本資料，因此是否違反球形假設，仍然須要進行顯著性檢驗會比較嚴謹，而檢定時，就須看表 43-5 前面的 Mauchly's W 值及大約卡方值（即近似卡方值）所對應的顯著性來判斷。當 Mauchly's W 的近似卡方值之顯著性大於 0.05 時（即不顯著時），即表示資料符合球形假設。

　　由表 43-5 的 Mauchly 球形檢定結果不難發現，Greenhouse-Geisser 值為 0.916 大於 0.75、Huynh-Feldt 值為 1.000，顯示完美球形，且 Mauchly's W 值為 0.908，其近似卡方值為 1.936，在自由度為 2 時，顯著性為 0.380 大於 0.05，未達顯著水準，表示應接受虛無假設，即受試者內因子（活動型態）之不同水準間，其喜愛程度之差異的變異數並無顯著差異。亦即未違反變異數分析之球形假設之意。無論從 epsilon 值或 Mauchly's W 值的檢定結果，皆可確認，相依因子並無違反球形假設。因此，不需要對 F 統計量值作修正。

表 43-5　活動型態的 Mauchly 球形檢定

受試者內效應項	Mauchly's W	近似卡方分配	df	顯著性	Epsilon[b]		
					Greenhouse-Geisser	Huynh-Feldt	下限
活動型態	.908	1.936	2	.380	.916	1.000	.500

(三) 受試者間效應項的檢定與受試者內效應項的檢定

　　二因子變異數分析的報表相當長，因此讀者檢閱報表時應有目標性。在此我們的目標就是要彙整報表資料，以完成表 43-6 的填製工作。在「表 43-6 二因子混合設計變異數分析摘要表」中，灰色網底的部分將填入「受試者間效應項的檢定」或「受試者內效應項的檢定」中的數據。根據表 43-6 就可檢定整體檢定中所設定的三個假設（交互作用項的效果與兩個主要效果）。

　　要如何彙整並填製表 43-6 呢？這有點複雜，但本書已提供了「混合設計二因子變異數分析摘要表.xlsx」這個 Excel 檔案，來輔助讀者迅速完成表 43-6 的製作。只要讀者依照 Excel 檔案中所提示的表格名稱，然後在 SPSS 原始報表中找到後複製回 Excel 檔案，這樣就可輕鬆的製作出表 43-6。操作過程讀者可參看「範例 43-1」的教學影音檔。

表 43-6　二因子混合設計變異數分析摘要表

變異來源	型 III SS	自由度	均方和(MS)	F 值	顯著性	事後比較	淨 η^2
受試者內							
活動型態	45.583	2.000	22.792	13.098	0.000*		0.384
學生年級 × 活動型態	117.333	4.000	29.333	16.857	0.000*		0.616
殘差	73.083	42.000	1.740				
受試者間							
學生年級	67.583	2.000	33.792	17.558	0.000*		0.626
殘差	40.417	21.000	1.925				
全體	344.000	71.000					

　　由表 43-6 的檢定結果可發現，兩個主效果的顯著性分別為 0.000、0.000，皆小於顯著水準 0.05，故均達顯著。而交互作用項的顯著性為 0.000，小於顯著水準 005，亦達顯著。

(四) 事後比較

　　在整體檢定裡的事後比較（成對比較）是指主要效果的事後比較，這是當交互作用不顯著時，而去進行主要效果檢定，才會用到的表格。在本範例交互作用顯著的情形下，事後檢定（成對比較）是無意義的。待將來於單純主要效果檢定階段，再來探討各年級學生對各項活動之喜愛程度的差異性比較有意義。

(五) 檢視平均數圖

　　「體驗教育課程」與「學生年級」之團隊凝聚力的邊緣平均數圖，分別如圖 43-4 與圖 43-5 所示。圖 43-4 顯示在各年級中，學生對各種活動之喜愛程度的平均數，可發現活動型態的三條個別線有交點，代表交互作用現象可能存在。而圖 43-5 則顯示在各活動形態下，各年級學生的喜愛程度平均數。可發現學生年級的三條個別線亦有交點，代表交互作用現象亦可能存在。而實際的檢定結果（表 43-6），已明確說明了「學生年級」與「活動形態」的交互作用確實是存在的。

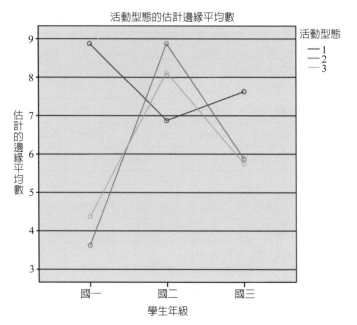

圖 43-4　體驗教育課程之團隊凝聚力平均數圖

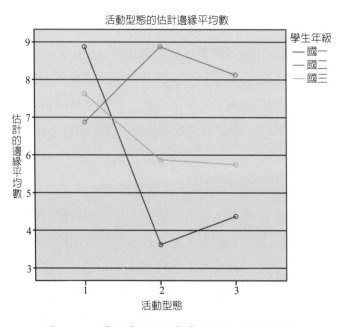

圖 43-5　學生年級之團隊凝聚力平均數圖

(六) 整體檢定的小結

　　爲方便進行整體檢定中的三項假設之檢定工作，我們須將冗長的報表整理成如表43-6的格式。由表43-6得知，交互作用效果（F值16.857、顯著性0.000）達顯著。因此，假設 H_{AB} 獲得支持，即認爲「學生年級與活動型態的交互處理下，學生對活動的喜愛程度具有顯著的差異」。此外，交互作用項的淨 η^2 爲0.616，表示排除「學生年級」與「活動型態」對喜愛程度之個別的影響後，交互作用項「學生年級 × 活動型態」可以解釋喜愛程度61.6%的變異量，依據 Cohen（1988）的判斷標準，以該交互作用項來解釋喜愛程度的變化，已具有相當高的實務顯著性。雖然，「學生年級」與「活動型態」等兩個主要效果（F值分別爲17.558、13.098）亦達顯著，但由於交互作用效果顯著，故主要效果並無分析價值。因而後續將進行單純主要效果檢定，以確認在何種情況下，才能促使喜愛程度提高或降低。

43-3 單純主要效果檢定的假設

　　由於「學生年級」與「活動型態」之交互作用項的效果顯著，表示參與不同活動型態的學生，會因其年級而有不同的喜愛程度，或不同年級的學生會因體驗教育活動型態的不同而有不同的喜愛程度。爲明確的釐清到底在何種情況下，才能促使喜愛程度提高或降低，故後續將進行單純主要效果檢定。首先設定單純主要效果檢定的假設。

(一) 獨立因子（學生年級）的單純主要效果檢定

　　1. 限定「活動型態」爲「溝通活動」時：比較不同年級之學生的喜愛程度。

　　H_{A1}：當學生參與溝通活動時，不同年級之學生的喜愛程度平均值具顯著差異。

　　2. 限定「活動型態」爲「問題解決活動」時：比較不同年級之學生的喜愛程度。

　　H_{A2}：當學生參與問題解決活動時，不同年級之學生的喜愛程度平均值具顯著差異。

　　3.限定「活動型態」爲「低空設施活動」時：比較不同年級之學生的喜愛程度。

　　H_{A3}：當學生參與低空設施活動時，不同年級之學生的喜愛程度平均值具顯著差異。

(二) 相依因子（活動型態）的單純主要效果檢定

　　1. 限定學生爲「國一」時：比較學生對三種活動型態的喜愛程度。

H_{B1}：國一學生對各種活動型態之喜愛程度的平均值具顯著差異。

2. 限定學生為「國二」時：比較學生對三種活動型態的喜愛程度。

H_{B2}：國二學生對各種活動型態之喜愛程度的平均值具顯著差異。

3. 限定學生為「國三」時：比較學生對三種活動型態的喜愛程度。

H_{B3}：國三學生對各種活動型態之喜愛程度的平均值具顯著差異。

釐清上述的假設之意義後，只要依檢定內容所需，適當的對原始檔案進行切割，就可進行各種情況下的單純主要效果檢定了。但是其過程實在是相當繁雜，故在此，亦將使用語法來完成任務。

43-4 單純主要效果檢定的基本概念

單純主要效果檢定之報表的解說過程，將分兩個階段來進行，第一階段為單純主要效果檢定，第二階段為事後比較。執行「混合設計 _ 單純 _ 語法.sps」後，產生的報表亦相當長，為便於解析，可把報表彙整成如表 43-7 的單純主要效果檢定摘要表。

表 43-7　單純主要效果檢定摘要表

變異來源	型 III SS	自由度	均方和 (MS)	F 值	顯著性	事後比較
學生年級（受試者間）						
溝通活動	16.333	2	8.167	4.533	0.014	
問題解決活動	111.000	2	55.500	30.806	0.000*	
低空設施活動	57.583	2	28.792	15.981	0.000*	
誤差（殘差）	113.500	63	1.802			
活動型態（受試者內）						
國一	129.000	2	64.500	37.067	0.000*	
國二	16.333	2	8.167	4.693	0.013	
國三	17.583	2	8.792	5.052	0.009	
誤差（殘差）	73.083	42	1.740			

顯著水準：0.0083 (0.05/6)

如何製作出表 43-7 呢？這點讀者也不用太過於擔心，本書已提供了「混合設計二因子變異數分析摘要表.xlsx」這個 Excel 檔案，來輔助讀者迅速完成表 43-7 的製

作。只要讀者依照 Excel 檔案中所提示的表格名稱，然後在 SPSS 原始報表中找到後複製回 Excel 檔案，就可輕鬆的製作出表 43-7。詳細操作過程，讀者可直接至五南出版社的線上學院（https://www.wunan.com.tw/tch_home），購買與本書同名的線上課程，就可以在「範例 43-1」中觀看製作表 43-7 的過程了。

雖然，本書已簡化了製作表 43-7 的過程，但是蘊含在語法與 Excel 檔案中的眉眉角角還是很多，茲說明如下：

(一) 語法的檢定方式與檔案的切割

進行「學生年級」的單純主要效果檢定之基本概念是：必須先固定「活動型態」於某一水準下，然後再來比較各年級學生對該活動型態的喜愛程度之平均值有無顯著差異？簡單講，就是在檢定：各年級學生間對某特定活動型態的喜愛程度之平均值有無顯著差異？由於「學生年級」是獨立因子，所以這個檢定就類似於單因子變異數分析，而且只要資料檔包含有「學生年級」、「溝通活動」等這兩個欄位時，就可檢定。幸運的，執行時所需的欄位結構正好與「ex43-1.sav」的欄位結構相同，故「ex43-1.sav」不用再切割，只需輪流替換不同的活動型態即可直接進行 H_{A1}、H_{A2}、H_{A3} 等三個假設的檢定。

此外，進行「活動型態」的單純主要效果檢定之基本概念則是：必須先固定「學生年級」於某一水準下，然後再來比較各活動型態間的喜愛程度之平均值有無顯著差異？簡單講，就是在檢定：某特定年級學生對各種活動型態之喜愛程度的平均值有無顯著差異？不難理解，若固定「學生年級」的因素後，由於比較的對象只是「活動型態」一個，且它是個相依因子，所以這個檢定就類似於單因子相依樣本變異數分析。且進行檢定時，其資料檔的結構必須為「活動型態」的每一個水準值建立一個欄位（變數）。

但是比較麻煩的是，資料檔「ex43-1.sav」中，雖然已為「活動型態」的每一個水準值皆建立一個欄位（變數）。但是，各年級學生對各活動型態之喜愛程度的數據全部打在同一個變數中了。例如：「溝通活動」這個變數中的數據，就包含了國一、國二、國三學生對「溝通活動」的喜愛程度數據。在此情形下，如果能對原始檔案「ex43-1.sav」，依國一、國二、國三的分類加以分割，就能達到固定「學生年級」的效果，且可直接對分割後的檔案進行單因子相依樣本變異數分析，而檢定出 H_{B1}、H_{B2}、H_{B3} 了。

(二) 6 個檢定的 F 值必須重新計算

在表 43-7 中，6 個檢定的 F 值都已經是重新計算過的，它的計算方式是每個檢定的均方和除以受試者間總誤差或受試者內總誤差。也就是說，6 個檢定之 SPSS 原始報表中的 F 值是不能直接採用的，因為這些 F 值是使用了每個檢定之個別誤差所計算出來的。正確的 F 值算法應該分成受試者間與受試者間內兩部分來計算。例如：以學生年級（受試者間）的三個檢定（H_{A1}、H_{A2}、H_{A3}）而言，每個檢定的正確 F 值應該是每個檢定個別的均方和除以受試者間的總誤差，而不是每個檢定的個別誤差。而活動型態（受試者內）的三個檢定（H_{B1}、H_{B2}、H_{B3}），每個檢定的正確 F 值則應該是每個檢定個別的均方和除以受試者內的總誤差。有關於 6 個檢定之 F 值的重新計算方式，在「混合設計二因子變異數分析摘要表.xlsx」這個 Excel 檔案中已經都設定好，讀者也可以不用太過擔心。

(三) 顯著水準必須依檢定的次數而進行修正

製作出表 43-7 後，我們就可以來進行檢定了，檢定前要特別注意，由於將連續進行 6 次的單純主要效果檢定（H_{A1}、H_{A2}、H_{A3}、H_{B1}、H_{B2}、H_{B3}），為避免型 I 錯誤率（α 值）膨脹，因此最好採用族系錯誤率，故須將各檢定的顯著水準 α 值設定為 0.05／6 = 0.0083，以使整體的型 I 錯誤率控制在 0.05 的水準。修正顯著水準的工作，在「混合設計二因子變異數分析摘要表.xlsx」中也已經都設定完成，讀者也可以不用太過擔心。

43-5 報表解說 ── 單純主要效果檢定

(一) 學生年級（獨立因子）的單純主要效果檢定

由表 43-7 顯見，H_{A1}、H_{A2}、H_{A3} 等三個假設的顯著性分別為 0.014、0.000、0.000，在顯著水準為 0.05 時皆顯著。然採用族系錯誤率時，顯著水準將變更為 0.0083，此時，則只有 H_{A2}、H_{A3} 的顯著性小於 0.0083，達顯著；而 H_{A1} 則變為不顯著（顯著性 >0.0083）。由於 H_{A2}、H_{A3} 顯著，未來有必要進行事後檢定，以了解各種活動型態下，學生之喜愛程度的高低狀況。

接著進行學生年級的事後比較。根據表 43-7，只有 H_{A2}、H_{A3} 顯著，故研究者進行事後比較的目標就是要去找出「哪一年級的學生最喜愛問題解決活動」或「哪一年級的學生最喜愛低空設施活動」。

由於就因子的層次而言，由於是固定「活動型態」，因此「活動型態」應屬第一層；而「學生年級」則為第二層，故欲進行學生年級的事後比較，就必須去找尋 SPSS 原始報表中「活動型態 × 學生年級」段落的成對比較表。「學生年級」的事後比較概況如表 43-8。由於 H_{A2}、H_{A3} 顯著，故對於表 43-7，只要關注「問題解決活動」（活動型態 =2）與「低空設施活動」（活動型態 =3）的部分即可。

可發現，對於「問題解決活動」（活動型態 =2）而言，國二學生的喜愛程度最高、國三學生次之、國一學生最低，因此，可將 H_{A2} 事後比較的結果，記為「國二 > 國三 > 國一」或「2>3>1」，並填入表 43-7 之第 7 行第 4 列的「事後比較」欄位內。

而對於「低空設施活動」（活動型態 =3）而言，國二學生的喜愛程度最高，而對國一學生與國三學生則無顯著差異。因此最後，可將 H_{A3} 事後比較的結果，記為「國二 > 國一，國三」或「2>1,3」，並填入表 43-7 之第 7 行第 5 列的「事後比較」欄位內，完成後如表 43-10。

表 43-8 「學生年級」的事後檢定表

活動型態	(I) 學生年級	(J) 學生年級	平均差異 (I-J)	標準誤差	顯著性[b]	差異的95%信賴區間[b]	
						下界	上界
1	國一	國二	2.000*	.721	.011	.501	3.499
		國三	1.250	.721	.097	-.249	2.749
	國二	國一	-2.000*	.721	.011	-3.499	-.501
		國三	-.750	.721	.310	-2.249	.749
	國三	國一	-1.250	.721	.097	-2.749	.249
		國二	.750	.721	.310	-.749	2.249
2	國一	國二	-5.250*	.431	.000	-6.147	-4.353
		國三	-2.250*	.431	.000	-3.147	-1.353
	國二	國一	5.250*	.431	.000	4.353	6.147
		國三	3.000*	.431	.000	2.103	3.897
	國三	國一	2.250*	.431	.000	1.353	3.147
		國二	-3.000*	.431	.000	-3.897	-2.103
3	國一	國二	-3.750*	.804	.000	-5.421	-2.079
		國三	-1.375	.804	.102	-3.046	.296
	國二	國一	3.750*	.804	.000	2.079	5.421
		國三	2.375*	.804	.008	.704	4.046
	國三	國一	1.375	.804	.102	-.296	3.046
		國二	-2.375*	.804	.008	-4.046	-.704

(二) 活動型態（相依因子）的單純主要效果檢定

由表 43-7 顯見，H_{B1}、H_{B2}、H_{B3} 等三個假設的顯著性分別為 0.000、0.013、

0.009，在顯著水準爲 0.05 時皆顯著。然若研究者爲控制型 I 錯誤率膨脹，而採用族系錯誤率時，顯著水準應變更爲 0.0083，此時，則只有 H_{B1} 的顯著性小於 <0.0083，達顯著；而 H_{B2}、H_{B3} 則爲不顯著（顯著性 >0.0083）。由於 H_{B1} 顯著，未來有必要進行事後檢定，以了解國一學生對三種活動型態之喜愛程度的高低狀況。

接著來進行活動型態的事後比較。活動型態的事後比較是在固定「學生年級」後進行的。根據表 43-7，只有 H_{B1} 顯著，亦即「國一學生對各種活動型態之喜愛程度具有顯著差異」，故研究者進行事後比較的目標就是要去找出「國一學生對哪種活動型態之喜愛程度最高、哪種最低」。

由於只有 H_{B1} 顯著，因此，SPSS 原始報表找尋時，即尋找「國一學生」段落的成對比表就可以了，如表 43-9。觀察表 43-9，就「國一」而言，可發現國一學生對「溝通活動」的喜愛程度最高，而「國二」與「國三」則無顯著差異。最後可將此結果記爲「溝通活動 > 問題解決活動，低空設施活動」或「1>2,3」，並填入表 43-7 之第 7 行第 8 列的「事後比較」欄位內，完成後如表 43-10。

表 43-9　「活動型態」的事後檢定表（國一學生）

(I) 活動型態	(J) 活動型態	平均差異 (I-J)	標準誤差	顯著性[c]	差異的 95% 信賴區間[c]	
					下界	上界
1	2	5.250[*]	.559	.000	3.928	6.572
	3	4.500[*]	.535	.000	3.236	5.764
2	1	-5.250[*]	.559	.000	-6.572	-3.928
	3	-.750	.921	.442	-2.928	1.428
3	1	-4.500[*]	.535	.000	-5.764	-3.236
	2	.750	.921	.442	-1.428	2.928

(三) 小結

爲方便進行單純主要檢定的六項假設（H_{A1}、H_{A2}、H_{A3}、H_{B1}、H_{B2}、H_{B3}）的檢定，將本範例經執行單純主要檢定分析後的結果，整理成表 43-10。

由表 43-10 中，相依因子「活動型態」的單純主要檢定部分，可發現 H_{B1}、H_{B2}、H_{B3} 等三個假設的顯著性分別爲 0.000、0.013、0.009，在顯著水準爲 0.0083 時，只有 H_{B1} 的顯著性 0.000<0.0083，達顯著；而 H_{B2}、H_{B3} 則不顯著（顯著性 >0.0083）。接著，再觀察獨立因子「學生年級」的單純主要檢定，由表 43-10，可發現 H_{A1}、H_{A2}、H_{A3} 等三個假設的顯著性分別爲 0.014、0.000、0.000，在顯著水準爲 0.0083 時，H_{A1}

表 43-10　單純主要效果檢定摘要表

變異來源	型 III SS	自由度	均方和 (MS)	F 值	顯著性	事後比較
學生年級（受試者間）						
溝通活動	16.333	2	8.167	4.533	0.014	
問題解決活動	111.000	2	55.500	30.806	0.000*	國二 > 國三 > 國一
低空設施活動	57.583	2	28.792	15.981	0.000*	國二 > 國一、國三
誤差（殘差）	113.500	63	1.802			
活動型態（受試者內）						
國一	129.000	2	64.500	37.067	0.000*	溝通活動 > 問題解決活動，低空設施活動
國二	16.333	2	8.167	4.693	0.013	
國三	17.583	2	8.792	5.052	0.009	
誤差（殘差）	73.083	42	1.740			

顯著水準：0.0083 (0.05/6)

不顯著（顯著性 >0.0083），H_{A2}、H_{A3} 則顯著（顯著性 <0.0083）。

　　最後，再對 H_{A2}、H_{A3} 與 H_{B1} 進行事後檢定，由表 43-10 可知，對於「問題解決活動」而言，國二學生的喜愛程度最高、國三學生次之、國一學生最低。而對於「低空設施活動」而言，國二學生的喜愛程度最高，而對國一學生與國三學生則無顯著差異。此外，也可發現國一學生對「溝通活動」的喜愛程度最高，而「國二」與「國三」則無顯著差異。

43-6 分析結果的撰寫

　　經過冗長的分析過程後，二因子混合設計變異數分析的結果，將彙整在表 43-6（整體檢定）和表 43-10（單純主要效果檢定）中。由表 43-6 得知，「學生年級」與「活動型態」的交互作用效果顯著（F 值 16.857、顯著性 0.000）。故可認為「學生年級與體驗教育活動型態的交互處理下，學生的喜愛程度具有顯著的差異」。此外，交互作用項的淨 η^2 為 0.616，表示排除「學生年級」與「活動型態」對喜愛程度

個別的影響後，交互作用項「學生年級 × 活動型態」可以解釋喜愛程度 61.6% 的變異量。依據 Cohen（1988）的判斷標準，以該交互作用項來解釋團隊凝聚力的變化，已具有相當高的實務顯著性。

後續再由單純主要效果檢定的結果（表 43-10）得到以下結論：

1. 國一學生對各種活動型態之喜愛程度具有顯著差異，且國一學生對「溝通活動」的喜愛程度最高，而對「問題解決活動」與「低空設施活動」則無差異。

2. 當學生參與問題解決活動時，不同年級之學生的喜愛程度具有顯著差異，且對於問題解決活動而言，國二學生的喜愛程度最高、國三學生次之、國一學生最低。

3. 當學生參與低空設施活動時，不同年級之學生的喜愛程度具有顯著差異，且對於低空設施活動而言，國二學生的喜愛程度最高，而對國一學生與國三學生則無差異。

二因子完全相依變異數分析

在二因子變異數分析中，如果同一批受試者在兩個因子的每一水準中都接受實驗處理（相依），那麼這種變異數分析就稱為二因子完全相依變異數分析，又稱為二因子重複測量變異數分析（Two-Way Repeated Measures ANOVA）。顧名思義，二因子完全相依變異數分析也是屬於重複測量的一種統計方法。

基本上，進行二因子完全相依變異數分析時，也必須遵照圖 41-1 的流程圖循序漸進。因此，完整的二因子完全相依變異數分析過程將分為兩個階段來進行，第一階段為整體檢定，第二階段為主要效果檢定之事後比較或單純主要效果檢定。在第一階段的整體檢定中，主要在檢定兩因子的交互作用效果與兩個個別因子的主要效果是否顯著。如果交互作用效果顯著的話，則須再進行第二階段的單純主要效果檢定；而如果交互作用效果不顯著，那麼就必須針對兩個主要效果的檢定結果，判斷是否進行後續第二階段的主要效果檢定之事後比較。

44-1 二因子完全相依變異數分析的範例

範例 44-1

　　過往文獻顯示，參與體驗教育課程，有助於團隊凝聚力的提升。因而某國中校長乃欲將體驗教育課程推廣至全校學生，推廣前，校長想探究不同上課情境（室內、戶外）與體驗教育活動型態（溝通活動、問題解決活動、低空設施活動）組合的 6 種課程中，哪種課程最為學生所喜愛。於是在某班的課程中，加入了這 6 種體驗教育課程，學期結束後，學生針對這 6 種體驗教育課程的喜愛程度填寫問卷，喜愛程度得分從 1 至 10 分，分數越高表示學生對該課程的喜愛程度越高。最後，校長將於該班隨機抽出 20 名學生，並彙整學生對課程之喜愛程度資料，所得數據如表 44-1。試問：學生對體驗教育活動型態的喜愛程度是否會因上課情境而有所差異？

表 44-1　課程「喜愛程度」的數據

因子		活動型態（B）										
		溝通活動（b1）				問題解決活動（b2）				低空設施活動（b3）			
上課情境（A）	室內（a1）	3	5	6	6	9	8	9	6	2	5	8	5
		4	6	4	7	8	9	8	7	2	8	9	6
		7	4	7	6	9	8	7	8	8	2	1	7
		4	5	5	5	9	9	9	5	4	4	9	8
		2	6	5	4	9	7	8	7	8	7	7	4
	戶外（a2）	6	6	8	4	7	3	2	6	3	4	3	6
		5	5	5	5	4	4	4	2	4	6	6	5
		6	7	7	6	3	8	6	3	6	6	4	7
		6	6	6	5	2	4	7	1	7	3	1	4
		6	5	5	4	6	9	7	6	3	4	5	4

　　完整的二因子完全相依變異數分析過程，將分為兩個階段介紹，第一階段為整體檢定，第二階段為主要效果檢定之事後比較或單純主要效果檢定。在第一階段的整體檢定中，主要在檢定交互作用效果與兩個主要效果是否顯著。如果交互作用效果顯著，則須再進行第二階段的單純主要效果檢定與其事後比較；而如果交互作用效果不顯著，則必須針對兩個主要效果再進行第二階段的事後比較。

　　首先，判斷本範例之變異數分析的類型。本範例共有兩個因子，分別為上課情境（A）與體驗教育活動型態（B）。上課情境有室內（a1）、戶外（a2）等兩個水準；而體驗教育活動型態則有溝通活動（b1）、問題解決活動（b2）、低空設施活動（b3）等三個水準。這兩個因子共可組合成 6 種課程，如：室內溝通活動（a1b1）、室內問題解決活動（a1b2）、室內低空設施活動（a1b3）、戶外溝通活動（a2b1）、戶外問題解決活動（a2b2）、戶外低空設施活動（a2b3）。由題意顯見，隨機抽出的 20 名學生皆參與了這 6 種課程，即兩個因子所構成的細格之觀察值皆來自同一組受試者，故上課情境與體驗教育活動型態皆屬相依因子。這種設計方式就是所謂的二因子完全相依變異數分析。表 44-1 中的數據即是一個 2×3 二因子完全相依變異數分析的範例。

　　接下來，開始進入分析的程序，首先進行假設的設定，在此將設定交互作用項、兩因子的主要效用等三個假設，分別描述如下：

　　H_{AB}：上課情境與活動型態的交互處理下，學生對課程的喜愛程度具有顯著的差異。

H_A：在不同的上課情境中，學生對課程的喜愛程度具有顯著的差異。

H_B：在不同的活動型態下，學生對課程的喜愛程度具有顯著的差異。

二因子完全相依變異數分析建檔時，必須為兩相依因子所構成的每一種處理，各建一個欄位（變數）。基於此，從表 44-1 中可看出，兩相依因子共可構成 6 種處理，這 6 種處理分別為室內溝通活動（a1b1）、室內問題解決活動（a1b2）、室內低空設施活動（a1b3）、戶外溝通活動（a2b1）、戶外問題解決活動（a2b2）、戶外低空設施活動（a2b3）。因此建檔時，總共須設立 6 個變數以代表每一種處理。至於依變數（喜愛程度）則直接輸入於 6 個變數的資料值中即可。輸入各細格（處理）中的觀測值時，輸入順序各細格必須一致，通常由左至右、由上而下（或由上而下、由左至右亦可），依序輸入資料，輸入完成後，其格式如圖 44-1。完成資料檔的建立過程後，請存檔為「ex44-1.sav」。

圖 44-1　二因子完全相依變異數分析的資料格式

	名稱	類型	寬度	小數	標記	值	遺漏	欄	對齊	測量
1	a1b1	數字的	3	0	室內溝通活動	無	無	6	置中	尺度(S)
2	a1b2	數字的	3	0	室內問題解決活…	無	無	6	置中	尺度(S)
3	a1b3	數字的	3	0	室內低空設施活…	無	無	6	置中	尺度(S)
4	a2b1	數字的	3	0	戶外溝通活動	無	無	6	置中	尺度(S)
5	a2b2	數字的	3	0	戶外問題解決活…	無	無	6	置中	尺度(S)
6	a2b3	數字的	3	0	戶外低空設施活…	無	無	6	置中	尺度(S)

	a1b1	a1b2	a1b3	a2b1	a2b2	a2b3
1	3	9	2	6	7	3
2	4	8	2	5	4	4
3	7	9	8	6	3	3
4	4	9	4	6	2	7
5	2	9	8	6	6	3
6	5	8	5	6	4	3
7	6	9	8	5	4	6
8	4	8	2	7	8	6
9	5	9	4	6	4	3
10	6	7	7	5	9	4
11	6	9	8	8	2	4
12	4	8	5	5	4	6
13	7	7	1	7	6	4
14	5	9	9	6	7	1
15	5	8	7	5	7	5
16	6	6	5	4	6	6
17	7	7	4	5	2	5
18	6	8	7	6	8	7
19	5	5	8	5	1	4
20	4	7	4	4	6	4

建檔完成後，接著，就可開始在 SPSS 中設定、執行二因子完全相依變異數分析了。如前所述，完整的二因子變異數分析過程將分為兩個階段，因此執行二因子完全相依變異數分析的語法，也分成兩個檔案，第一個語法檔案將執行第一階段的整

體檢定，如圖 44-2，該語法的檔案名稱爲「完全相依＿整體＿語法.sps」。第二個語法檔案將執行第二階段的單純主要效果檢定，如圖 44-3，該語法的檔案名稱爲「完全相依＿單純＿語法.sps」。這兩個語法檔案，讀者皆可在本書的範例資料夾中找到。

```
1    GLM a1b1 a1b2 a1b3 a2b1 a2b2 a2b3
2      /WSFACTOR=上課情境 2 活動型態 3
3      /METHOD=SSTYPE(3)
4      /PLOT=PROFILE(上課情境*活動型態 活動型態*上課情境)
5      /EMMEANS=TABLES(OVERALL)
6      /EMMEANS=TABLES(上課情境) COMPARE ADJ(LSD)
7      /EMMEANS=TABLES(活動型態) COMPARE ADJ(LSD)
8      /EMMEANS=TABLES(上課情境*活動型態)
9      /PRINT=DESCRIPTIVE ETASQ
10     /CRITERIA=ALPHA(.05)
11     /WSDESIGN=上課情境 活動型態 上課情境*活動型態.
12
```

圖 44-2　執行整體檢定的語法

```
1    GLM a1b1 a2b1
2      /WSFACTOR=上課情境 2
3      /MEASURE=溝通活動
4      /EMMEANS=TABLES(上課情境) COMPARE ADJ(LSD)
5      /WSDESIGN=上課情境.
6
7    GLM a1b2 a2b2
8      /WSFACTOR=上課情境 2
9      /MEASURE=問題解決活動
10     /EMMEANS=TABLES(上課情境) COMPARE ADJ(LSD)
11     /WSDESIGN=上課情境.
12
13   GLM a1b3 a2b3
14     /WSFACTOR=上課情境 2
15     /MEASURE=低空設施活動
16     /EMMEANS=TABLES(上課情境) COMPARE ADJ(LSD)
17     /WSDESIGN=上課情境.
18
19   GLM a1b1 a1b2 a1b3
20     /WSFACTOR=活動型態 3
21     /MEASURE=室內
22     /EMMEANS=TABLES(活動型態) COMPARE ADJ(LSD)
23     /WSDESIGN=活動型態.
24
25   GLM a2b1 a2b2 a2b3
26     /WSFACTOR=活動型態 3
27     /MEASURE=戶外
28     /EMMEANS=TABLES(活動型態) COMPARE ADJ(LSD)
29     /WSDESIGN=活動型態.
```

圖 44-3　執行單純主要效果檢定的語法

　　圖44-2與圖44-3中，中文的部分，都是讀者未來執行自己的二因子完全相依變異數分析時，需要去修改的部分。基本上，這些修改的動作主要是依變數及自變數中列、行因子之名稱上的置換而已，讀者可根據自己論文中的依變數、列、行因子的名稱去做置換修改。甚至在使用語法編輯視窗中也可以使用「取代」功能來執行各變數名稱上的置換，既迅速又不會出錯。至於各列語法的意義，讀者可以參考五南出版社所出版的《論文統計分析實務：SPSS 與 AMOS 的運用》（陳寬裕、王正華著）這本書。詳細的檢定過程，讀者可直接至五南出版社的線上學院（https://www.wunan.com.tw/tch_home），購買與本書同名的線上課程，就可以觀看實作「範例44-1」的教學影音檔了。

44-2 報表解說 —— 整體檢定

　　如前所述，完整的二因子完全相依變異數分析過程將分為兩個階段來進行，第一階段為整體檢定，第二階段為主要效果檢定之事後比較或單純主要效果檢定。在本小節中將先針對整體檢定的部分進行報表解說。

　　執行「完全相依 _ 整體 _ 語法.sps」後，SPSS 當可跑出有關整體檢定的輸出報表。報表相當的長，因此我們將分段予以說明。

(一) 各處理（細格）的描述性統計資料

　　首先，觀察輸出報表的「描述性統計資料」，如表44-2。表44-2的「描述性統計資料」表中，列出了各細格的處理方式與觀察值的平均數、標準差與個數等資料。

表 44-2　描述性統計資料表

	平均數	標準離差	個數
室內溝通活動	5.05	1.356	20
室內問題解決活動	7.95	1.146	20
室內低空設施活動	5.70	2.577	20
戶外溝通活動	5.65	.988	20
戶外問題解決活動	4.95	2.350	20
戶外低空設施活動	4.40	1.569	20

(二) 前提條件檢定

　　由於二因子完全相依變異數分析中，所有的因子都是相依因子，因此，其前提

假設就只有須符合球形假設而已。球形檢定的虛無假設是：受試者內因子（相依因子）之不同水準間，其差異的變異數無顯著差異。受試者內因子的 Mauchly 球形檢定表，如表 44-3 所示。由表 44-3 可知，上課情境只有兩個水準（自由度 0），故無法算出其顯著性。活動型態的 Mauchly's W 係數為 0.881，近似卡方值之顯著性為 0.320，大於 0.05，未達顯著水準，即表示資料符合球形假設。交互作用項的 Mauchly's W 係數為 0.984，近似卡方值之顯著性為 0.862，大於 0.05，亦未達顯著水準，即亦表示未違反球形之假設。可見所有的受試者內因子皆符合球形假設，因此，將來進行檢定時，並不需要對 F 統計量值作修正。

表 44-3　受試者內因子的 Mauchly 球形檢定

受試者內效應項	Mauchly's W	近似卡方分配	df	顯著性	Epsilon[b]		
					Greenhouse-Geisser	Huynh-Feldt	下限
上課情境	1.000	.000	0	.	1.000	1.000	1.000
活動型態	.881	2.277	2	.320	.894	.980	.500
上課情境 × 活動型態	.984	.298	2	.862	.984	1.000	.500

(三) 受試者間效應項的檢定與受試者內效應項的檢定

　　二因子變異數分析的報表相當長，為將來能更容易地進行檢定，在此我們將彙整 SPSS 的原始報表而製作出表 44-4。在「表 44-4 二因子完全相依變異數分析摘要表」中，灰色網底的部分將填入「受試者間效應項的檢定」或「受試者內效應項的檢定」中的數據。根據表 44-4 就可檢定整體檢定中所設定的三個假設（交互作用項的效果與兩個主要效果）。

　　要如何彙整並填製表 44-4 呢？這有點複雜，但本書已提供了「完全相依二因子變異數分析摘要表.xlsx」這個 Excel 檔案，可用來輔助讀者迅速地完成表 44-4 的製作。只要讀者依照 Excel 檔案中所提示的表格名稱，然後在 SPSS 原始報表中找到後複製回 Excel 檔案，這樣就可輕鬆的製作出表 44-4 了。操作過程讀者可參看「範例44-1」的影音檔。

表 44-4　二因子完全相依變異數分析摘要表

變異來源	型 III SS	自由度	均方和 (MS)	F 值	顯著性	事後比較	淨 η^2
受試者間							
殘差	49.033	19	2.581				
受試者內							
上課情境（A）	45.633	1	45.633	12.560	0.002		0.398
活動型態（B）	43.467	2	21.733	6.510	0.004		0.255
上課情境×活動型態（A×B）	64.867	2	32.433	11.057	0.000		0.368
殘差（A）	69.033	19	3.633				
殘差（B）	126.867	38	3.339				
殘差（AB）	111.467	38	2.933				
全體	510.367	119	4.289				

顯著水準：0.05

　　由表 44-4 的檢定結果可發現，兩個主效果的顯著性分別為 0.002、0.004，皆小於顯著水準 0.05，故均達顯著。而交互作用項的顯著性為 0.000，小於顯著水準 005，亦達顯著。

(四) 事後比較

　　在整體檢定裡的事後比較（成對比較）是指主要效果的事後比較，這是當交互作用不顯著時，而去進行主要效果檢定，才會用到的表格。在本範例交互作用顯著的情形下，事後檢定（成對比較）是無意義的。待將來於單純主要效果檢定階段，再來探討在各上課情境與各活動型態下，學生喜愛程度的差異性，比較有意義。

(五) 檢視平均數圖

　　「上課情境」與「活動型態」之喜愛程度的邊緣平均數圖，分別如圖 44-4 與圖 44-5 所示。圖 44-4 顯示各種上課情境下，學生對三種活動型態之喜愛程度的平均數，可發現三線有交點，代表交互作用現象可能存在。而圖 44-5 則顯示在學生參與的三項活動型態中，學生對兩種上課情境之喜愛程度的平均數。亦可發現兩線有交點，再次證明交互作用現象可能存在。而實際的檢定結果（表 44-4），已明確說明了「上課情境」與「活動型態」的交互作用確實是存在的。

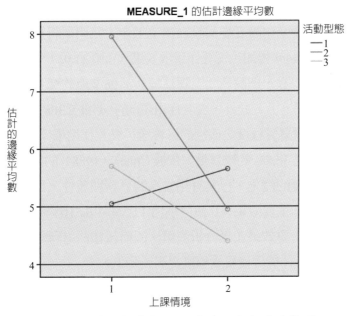

圖 44-4　體驗教育課程之團隊凝聚力平均數圖

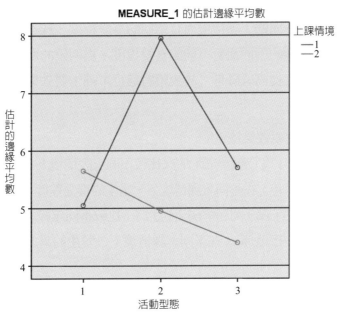

圖 44-5　學生年級之團隊凝聚力平均數圖

(六) 整體檢定的小結

為方便進行整體檢定中的三項假設之檢定工作，我們須將冗長的報表整理成如表 44-4 的格式。由表 44-4 得知，交互作用項效果（F 值 11.057、顯著性 0.000）達顯著。因此，假設 H_{AB} 成立，即認為「上課情境與活動型態的交互處理下，學生的喜愛程度具有顯著的差異。」。此外，交互作用項的淨 η^2 為 0.368，表示排除「上課情境」與「活動型態」對喜愛程度之個別的影響後，交互作用項「上課情境 × 活動型態」可以解釋喜愛程度 36.8% 的變異量，依據 Cohen（1988）的判斷標準，以該交互作用項來解釋喜愛程度的變化，已具有相當高的實務顯著性。雖然，「上課情境」與「活動型態」等兩個主要效果（F 值分別為 12.560、6.510）亦達顯著，但由於交互作用效果顯著，故主要效果並無分析價值。因而後續將進行單純主要效果檢定，以確認在何種情況下，才能促使喜愛程度提高或降低。

44-3 單純主要效果檢定的假設

由於「上課情境」與「活動型態」之交互作用項的效果顯著，表示參與不同活動型態的學生，會因不同的上課情境而有不同的喜愛程度，或不同上課情境的學生會因體驗教育活動型態的不同而有不同的喜愛程度。為明確的釐清到底在何種情況下，才能促使喜愛程度提高或降低，故後續將進行單純主要效果檢定。首先設定單純主要效果檢定的假設。

(一) 上課情境的單純主要效果檢定

1. 限定「活動型態」為「溝通活動」時：比較不同上課情境下，學生的喜愛程度。

H_{A1}：參與溝通活動時，在不同上課情境下，學生的喜愛程度平均值具顯著差異。

2. 限定「活動型態」為「問題解決活動」時：比較不同年級之學生的喜愛程度。

H_{A2}：參與問題解決活動時，在不同上課情境下，學生的喜愛程度平均值具顯著差異。

3. 限定「活動型態」為「低空設施活動」時：比較不同年級之學生的喜愛程度。

H_{A3}：參與低空設施活動時，在不同上課情境下，學生的喜愛程度平均值具顯著差異。

(二) 活動型態的單純主要效果檢定

1. 限定上課情境為「室內」時：比較學生對三種活動型態的喜愛程度。

H$_{B1}$：室內上課時，學生對三種活動型態課程之喜愛程度的平均值具顯著差異。

2. 限定學生為「戶外」時：比較學生對三種活動型態的喜愛程度。

H$_{B2}$：戶外上課時，學生對三種活動型態課程之喜愛程度的平均值具顯著差異。

釐清上述的假設之意義後，只要依檢定內容所需，適當的運用原始檔案，就可進行各種情況下的單純主要效果檢定了。但是其過程實在是相當繁雜，故在此，亦將使用語法來完成任務。

44-4 單純主要效果檢定的基本概念

單純主要效果檢定之報表的解說過程，將分兩個階段來進行，第一階段為單純主要效果檢定，第二階段為事後比較。執行「完全相依_單純_語法.sps」後，產生的報表亦相當長，為便於解析，可把報表彙整成如表 44-5 的單純主要效果檢定摘要表。

表 44-5　單純主要效果檢定摘要表

變異來源	型 III SS	自由度	均方和 (MS)	F 值	顯著性	事後比較
上課情境（A）						
溝通活動	3.600	1	3.600	1.152	0.285	
問題解決活動	90.000	1	90.000	28.788	0.000*	
低空設施活動	16.900	1	16.900	5.406	0.022	
活動型態（B）						
室內	92.633	2	46.317	14.815	0.000*	
戶外	15.700	2	7.850	2.511	0.086	
總誤差	356.400	114	3.126			

顯著水準：0.01

如何製作出表 44-5 呢？這點讀者也不用太過於擔心，本書已提供了「完全相依二因子變異數分析摘要表.xlsx」，它可來輔助讀者迅速完成表 44-5 的製作。只要讀者依照 Excel 檔案中所提示的表格名稱，然後在 SPSS 原始報表中找到後複製回 Excel 檔案，就可輕鬆的製作出表 44-5。操作過程讀者可參看「範例 44-1」的教學影音檔。

雖然，本書已簡化了製作表 44-5 的過程，但是蘊含在語法與 Excel 檔案中的眉

眉角角還是很多，茲說明如下：

(一) 語法的檢定方式與檔案的切割

　　進行「上課情境」的單純主要效果檢定之基本概念是：必須先固定「活動型態」於某一水準下，然後再來比較學生對該活動在「室內」與「戶外」上課之喜愛程度的平均值有無顯著差異？因此，「上課情境」的單純主要效果檢定，就是前述的 H_{A1}、H_{A2}、H_{A3} 等三個假設的檢定。此外原始資料檔的 6 個變數分別為：a1b1（室內溝通活動）、a1b2（室內問題解決活動）、a1b3（室內低空設施活動）、a2b1（戶外溝通活動）、a2b2（戶外問題解決活動）、a2b3（戶外低空設施活動）。明顯的，H_{A1} 就是在比較 a1b1、a2b1，因為這就是，固定「b1」的情形下，檢定「a1」、「a2」的喜愛程度差異。同理，HA2 就是在比較 a1b2、a2b2，HA3 就是在比較 a1b3、a2b3。這三個差異性檢定都屬於單因子相依樣本變異數分析，故其語法如圖 44-3 中的第 1 到第 17 列。

　　進行檢定時，幸運的是，不用針對原始資料檔「ex44-1.sav」進行分割處理。因為資料檔「ex44-1.sav」中，學生對 6 種課程之喜愛程度的資料，已分別呈現於相對應的 6 個變數中了，這 6 個變數分別為 a1b1、a1b2、a1b3、a 2b1、a2b2、a2b3。在這種變數設計的情形將大大的增進分析時的方便性，例如：欲檢定 H_{A1}，即固定「活動型態」為「溝通活動」（b1）時，比較「室內」（a1）與「戶外」（a2）之喜愛程度的差異性，在此情形下，只需從「ex44-1.sav」中直接挑選出 a1b1、a 2b1 這兩個變數，來進行單因子相依樣本變異數分析即可，而不用對原始檔案進行任何分割處理。

　　此外，進行「活動型態」的單純主要效果檢定之基本概念則是：必須先固定「上課情境」於某一水準下，然後再來比較學生對各活動型態之喜愛程度之平均值有無顯著差異？因此，「活動型態」的單純主要效果檢定，就是前述的 H_{B1}、H_{B2} 等兩個假設的檢定。H_{B1} 就是在比較 a1b1、a1b2、a1b3；而 H_{B2} 就是在比較 a2b1、a2b2、a2b3。這兩個差異性檢定也都屬於單因子相依樣本變異數分析，故其語法如圖 44-3 中的第 19 到第 29 列。

　　進行檢定時，也不用針對原始資料檔「ex44-1.sav」進行分割處理。例如：欲檢定 H_{B1} 時，即固定「上課情境」為「室內」（a1）時，而比較「溝通活動」（b1）、「問題解決活動」（b2）與「低空設施活動」（b3）之喜愛程度的差異性。在此情形下，只需從「ex44-1.sav」中直接挑選出 a1b1、a1b2、a1b3 這三個變數，來進行單因子相依樣本變異數分析即可，而不用對原始檔案進行任何分割處理。

(二) 5 個檢定的 F 值必須重新計算

在表 44-5 中，共包含 5 個檢定，這 5 個檢定的 F 值都已經是重新計算過的，它的計算方式是每個檢定的均方和除以總誤差。也就是說，5 個檢定之 SPSS 原始報表中的 F 值是不能直接採用的，因為這些 F 值是使用了每個檢定之個別誤差所計算出來的。正確的 F 值算法應該是其分母必須以總誤差來計算。例如：以 H_{A1} 而言，每個檢定的正確 F 值應該是每個檢定個別的均方（3.6）和除以總誤差（3.126）。有關於 5 個檢定之 F 值的重新計算方式，在「混合設計二因子變異數分析摘要表.xlsx」這個 Excel 檔案中已經都設定好，因此只要讀者貼入 SPSS 的原始報表，Excel 檔案就會自動計算出正確的 F 值，故讀者也可以不用太過擔心。

(三) 顯著水準必須依檢定的次數而進行修正

製作出表 44-5 後，我們就可以來進行檢定了，檢定前要特別注意，由於將連續進行 5 次的單純主要效果檢定（H_{A1}、H_{A2}、H_{A3}、H_{B1}、H_{B2}），為避免型 I 錯誤率（α 值）膨脹，因此最好採用族系錯誤率，故須將各檢定的顯著水準 α 值設定為 0.05 / 5 = 0.01，以使整體的型 I 錯誤率控制在 0.05 的水準。修正顯著水準的工作，在「混合設計二因子變異數分析摘要表.xlsx」中，已經都設定完成，只要讀者貼入 SPSS 的原始報表，Excel 檔案就會自動計算出新的顯著水準，因此讀者也可以不用去煩惱這個問題。

44-5 報表解說——單純主要效果檢定

(一) 上課情境的單純主要效果檢定

上課情境的單純主要效果檢定將檢定 H_{A1}、H_{A2}、H_{A3} 等三個假設。由表 44-5 顯見，H_{A1}、H_{A2}、H_{A3} 等三個假設的顯著性分別為 0.285、0.000、0.022，在新的顯著水準（0.01）下，只有 H_{A2} 的顯著性小於 0.01，達顯著。由於 H_{A2} 顯著，未來有必要進行事後檢定，以了解各種活動型態下，學生之喜愛程度的高低狀況。

接著進行上課情境的事後比較。根據表 44-5，只有 H_{A2} 顯著，故研究者進行事後比較的目標就是要去找出「哪一種上課情境下的問題解決活動，學生最喜愛」。

由於 H_{A2} 是 5 個檢定中的第二個，因此很容易可以從單純主要效果檢定報表中，找到第 2 個「一般線性模型」段落中的「問題解決活動」的成對比較表，如表 44-6。

表 44-6　「上課情境」的事後檢定表──問題解決活動

(I) 上課情境	(J) 上課情境	平均差異 (I-J)	標準誤差	顯著性[b]	差異的 95% 信賴區間[b]	
					下界	上界
1	2	3.000[*]	.576	.000	1.795	4.205
2	1	-3.000[*]	.576	.000	-4.205	-1.795

由表 44-6 可發現，對於「問題解決活動」（b2）而言，學生對「室內」上課的喜愛程度較「戶外」上課高。因此，最後可將此結果記為「室內 > 戶外」或「1>2」填入表 44-8 之第 7 行第 4 列的「事後比較」欄位內，完成後如表 44-8。

(二) 活動型態的單純主要效果檢定

活動型態的單純主要效果檢定將檢定 H_{B1}、H_{B2} 等兩個假設。由表 44-5 顯見，H_{B1}、H_{B2} 的顯著性分別為 0.000、0.086，在顯著水準為 0.01 時，只有 H_{B1} 的顯著性小於 <0.01，達顯著。由於 H_{B1} 顯著，未來有必要進行事後檢定，以了解在室內上課時，學生對三種活動型態之喜愛程度的高低狀況。

由於 H_{B1} 是 5 個檢定中的第 4 個，因此很容易可以從單純主要效果檢定報表中，找到第 4 個「一般線性模型」段落中的「室內」的成對比較表，如表 44-7。

表 44-7　「活動型態」的事後檢定表──室內

(I) 活動型態	(J) 活動型態	平均差異(I-J)	標準誤差	顯著性[b]	差異的 95% 信賴區間[b]	
					下界	上界
1	2	-2.900[*]	.447	.000	-3.835	-1.965
	3	-.650	.608	.299	-1.923	.623
2	1	2.900[*]	.447	.000	1.965	3.835
	3	2.250[*]	.611	.002	.972	3.528
3	1	.650	.608	.299	-.623	1.923
	2	-2.250[*]	.611	.002	-3.528	-.972

由表 44-7 可發現，對於「室內」（a1）而言，學生對問題解決活動的喜愛程度最高，而對溝通活動與低空設施活動的喜愛程度則無顯著差異，其結果可記為「問題解決活動 > 室內溝通活動，室內低空設施活動」或「2>1, 3」並填入表 44-8 之第 7 行第 7 列的「事後比較」欄位內。完成後，如表 44-8。

表 44-8　單純主要效果檢定摘要表

變異來源	型 III SS	自由度	均方和 (MS)	F 值	顯著性	事後比較
上課情境（A）						
溝通活動	3.600	1	3.600	1.152	0.285	
問題解決活動	90.000	1	90.000	28.788	0.000*	室內 > 戶外
低空設施活動	16.900	1	16.900	5.406	0.022	
活動型態（B）						
室內	92.633	2	46.317	14.815	0.000*	問題解決活動 > 室內溝通活動，室內低空設施活動
戶外	15.700	2	7.850	2.511	0.086	
總誤差	356.400	114	3.126			

顯著水準：0.01

(三) 小結

　　爲方便進行單純主要檢定的五項假設（H_{A1}、H_{A2}、H_{A3}、H_{B1}、H_{B2}）的檢定，將本範例經執行單純主要檢定分析後的結果，整理成表 44-8。

　　由表 44-8 中，因子「上課情境」的單純主要檢定部分，可發現 H_{A1}、H_{A2}、H_{A3} 等三個假設，在顯著水準爲 0.01 時，只有 H_{A2} 顯著（顯著性 <0.01）。而在「活動型態」的單純主要檢定部分，可發現 H_{B1}、H_{B2} 等兩個假設，在顯著水準爲 0.01 時，只有 H_{B1} 的顯著性 0.000<0.01，達顯著。接著，再觀察獨立最後，再對 H_{A2} 與 H_{B1} 進行事後檢定，由表 44-8 可知，對於「問題解決活動」（b2）而言，學生對「室內」上課的喜愛程度較「戶外」上課高。而對於「室內」（a1）而言，學生對問題解決活動的喜愛程度最高，而對溝通活動與低空設施活動的喜愛程度則無顯著差異。

44-6 分析結果的撰寫

　　經過冗長的分析過程後，二因子混合設計變異數分析的結果，將彙整在表 44-4（整體檢定）和表 44-8（單純主要效果檢定）中。由表 44-4 得知，交互作用項效果（F 值 11.057、顯著性 0.000）顯著。故可認爲「上課情境與活動型態的交互處理下，學生的喜愛程度具有顯著的差異。」。此外，交互作用項的淨 η^2 爲 0.368，表示排除

「上課情境」與「活動型態」對喜愛程度之個別的影響後，交互作用項「上課情境×活動型態」可以解釋喜愛程度 36.8% 的變異量，依據 Cohen（1988）的判斷標準，以該交互作用項來解釋喜愛程度的變化，已具有相當高的實務顯著性。

後續再由單純主要效果檢定的結果（表 44-8）得到以下結論：

1. 對於「問題解決活動」而言，學生對「室內」上課的喜愛程度較「戶外」上課高。

2. 對於「室內」上課而言，學生對問題解決活動的喜愛程度最高，而對溝通活動與低空設施活動的喜愛程度則無顯著差異。

結構方程模型簡介

　　結構方程模型是一種複雜的因果關係模型，可以處理觀察變數與潛在變數以及潛在變數之間的關係，同時還可考慮到誤差變數的問題。而事實上，一些常用的第一代統計技術如迴歸分析、主成分分析、因素分析、路徑分析及變異數分析等都可看成是結構方程模型的特例而已。此外，結構方程模型也擁有這些第一代統計技術所無法比擬的優點。也正因為如此，近二十年來，導致結構方程模型在心理學、社會學、管理學以及行為科學等領域中能被廣泛的應用。

　　在本單元中所將介紹的結構方程模型之基本概念，除了可從以下的文字說明加以認識之外，本書亦將這些觀念列為下一單元「範例 46-1」的先修課程。先修課程的內容將包含結構方程模型的基礎知識、SmartPLS 軟體的取得、安裝過程、長期使用等課程。讀者可在「範例 46-1」之影音教材中，取得上述先修課程的影音連結。

45-1 結構方程模型的基本概念

　　結構方程模型屬多變數統計分析（multivariate analysis）方法，是一種運用假設檢定，對潛在變數之路徑關係的內在結構理論進行分析的一種統計方法。由於社會科學領域中，一般研究者所關注之議題的相關研究中所涉及的變數，大都是屬於不能準確、直接測量的潛在變數（如：滿意度、忠誠度等）。對於這些潛在變數的處理，傳統的統計方法如迴歸分析、因素分析與路徑分析皆無法妥善處理。此時，就須運用到能同時處理潛在變數與觀察變數（指量表中的每個題項）的結構方程模型了。基於此，Fornell（1982, 1987）曾將過去社會科學家所常用的統計方法稱為第一代統計技術（first-generation techniques）（如探索式因素分析、變異數分析、多元迴歸分析等），而將結構方程模型稱為第二代統計技術（second-generation techniques）。

　　第一代統計方法於運用上，會受限於潛在變數存在之事實。也就是說，第一代統計方法尚無法確實處理潛在變數的測量問題之意。於是，第二代的統計方法乃孕育而生了。第二代的統計技術是透過觀察變數，把透過量表或問卷間接測量到的潛在變數納入分析，並計算觀察變數的測量誤差，這就是目前最盛行的結構方程模型。結構方程模型是一種相當複雜的因果關係模型，它除了運用驗證性因素分析技術（confirmatory factor analysis, CFA），將誤差變數內入考量，並結合潛在變數與觀察變數，而構成了結構方程模型的測量模型部分（measurement model），另藉助路徑分析模型探究各潛在變數之間的因果關係，此即結構方程模型的路徑模型（path model，又稱結構模型）部分，最後將測量模型與路徑模型整合於一個整體的架構

中，即形成了完整的結構方程模型。

具體而言，認識結構方程模型最簡單的方法，莫過於謹記，結構方程模型中包含著「三兩」的概念，即兩種變數、兩種路徑與兩種模型。兩種變數意味著結構方程模型中的變數類型有兩種，即觀察變數（長方形）與潛在變數（橢圓形或圓形）。兩種路徑則代表結構方程模型中包含兩類路徑，即代表因果關係的路徑（單向箭頭）與共變（相關）關係（雙向箭頭）的路徑。而兩種模型則是指測量模型（驗證性因素分析模型）與路徑模型（路徑分析模型），如圖 45-1。

45-2 PLS-SEM簡介

PLS（Partial Least Squares，偏最小平方法）是現在有很多社會科學研究者不可或缺的統計分析工具之一。基本上，PLS 的結構方程模型（簡稱 PLS-SEM）也是一種屬於結構方程模型的統計分析方法，和傳統的結構方程模型（例如：過去常用 Amos、LISREL 進行分析的 SEM）有所區別，但都是屬於結構方程模型的一種。一般研究者常將過去使用的傳統結構方程模型稱做是 CB-SEM（Covariance-based SEM，以共變數為基礎的 SEM），主要原因在於 CB-SEM 透過最大概似估計法檢驗觀察變數的共變矩陣和理論模型的共變矩陣的適配度，以驗證研究者所建的概念性（假設）模型是否能得到所蒐集到的資料之支持。

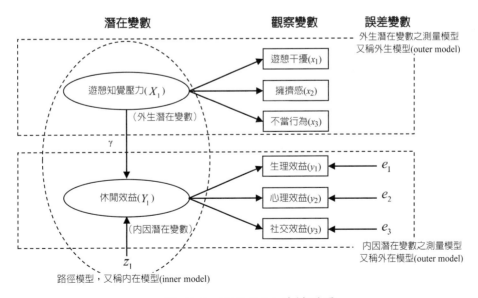

圖 45-1　PLS-SEM 的模型圖

但是 PLS-SEM 的基本原理和 CB-SEM 完全不一樣，PLS-SEM 簡單的來說，就是以普通最小平方法（ordinary least squares, OLS），而同時跑了許多條迴歸模型，以期能使路徑模型中的依變數之誤差項能最小化，並致使路徑模型中的依變數能具有最大的 R^2 值的結構方程模型。PLS-SEM 的結構模型圖，如圖 45-1 所示。

45-3 PLS-SEM模型中的變數類型

PLS-SEM 模型中包含了兩類變數：觀察變數與潛在變數，另外誤差變數有些時候也可視為是一種潛在變數，因為它也是不能被直接觀察得到的。此外，亦可根據影響路徑的因果關係，而將 PLS-SEM 模型的變數分為外生潛在變數（exogenous latent variables）和內因潛在變數（endogenous latent variables）。

(一) 觀察變數與潛在變數

觀察變數，是指可以直接觀察或測量的變數。這些觀察變數通常是指問卷中的每一個題項，一個題項就是一個觀察變數。在 PLS-SEM 模型的路徑圖中，觀察變數通常以長方形圖表示，如圖 45-1 中的 x_1、x_2、x_3、y_1、y_2 與 y_3。

然而，很多社會科學研究中所涉及的變數都是不能被準確、直接地測量，這種變數即稱為潛在變數（latent variable）。雖然潛在變數不能直接測得，但是由於它是一種抽象的客觀事實，所以潛在變數是可以被研究的。方法是透過問卷的題項來間接地測量。在結構方程模型的路徑圖中，潛在變數通常以橢圓形圖（或圓形）表示，如圖 45-1 中的「遊憩知覺壓力」（X_1）與「休閒效益」（Y_1）。

此外，在 CB-SEM 中常將觀察變數和測量誤差項合稱為指標（indicators），但在 PLS-SEM 模型中，由於假設外生潛在變數的觀察變數不會有誤差項，因此觀察變數就會直接稱之為指標。利用數個指標就可以間接測量潛在變數。

(二) 外生潛在變數與內因潛在變數

外生潛在變數是指模型中不受任何其他變數影響，但會影響模型中的其他變數之變數，也就是說，在路徑圖中，外生潛在變數會指向任何一個其他變數，但不會被任何變數以單箭頭指向他（如圖 45-1 中的 X_1）。在一個因果模型中，外生潛在變數的角色是解釋變數或自變數。而內因潛在變數，是指在模型內會受到任何一個其他變數所影響的變數，也就是說，在路徑圖中，內因潛在變數會受到任何一個其他變數以單向箭頭指向的變數（如圖 45-1 中的 Y_1）。在一個因果模型中，內因潛在變

數會被看作是結果變數或依變數。

由於結構方程模型中的變數有：觀察變數與潛在變數兩種，且依其在模型中所扮演的角色，又可分為內因、外生兩類。故結構方程模型中的變數，依其角色定位大致可分為四類，分別為：外生觀察變數、外生潛在變數（潛在自變數）、內因觀察變數、內因潛在變數（潛在依變數）。

45-4 PLS-SEM模型中的路徑

在 CB-SEM 中會包含兩類路徑，即代表因果關係的路徑（單向箭頭）與共變關係（雙向箭頭）的路徑。但是在 PLS-SEM 模型中將只包含單向箭頭路徑而不會有雙向箭頭路徑，它的路徑值一般稱為路徑係數（如圖 45-1 中的 γ）。

與路徑分析類似，在進行 PLS-SEM 分析前，常須繪製路徑圖，它能直觀地描述變數間的相互關係。應用路徑圖有一些規則，如圖 45-1 所示：

1. 長方形：表示觀察變數。如圖 45-1 中的 x_1、x_2、x_3、y_1、y_2 與 y_3。
2. 橢圓形或圓形：表示潛在變數。如圖 45-1 中的 X_1 和 Y_1。
3. 長方形←橢圓形：代表潛在變數的因素結構，即各觀察變數與潛在變數間的迴歸路徑，其真實意義就是因素負荷量之意。
4. 橢圓形←橢圓形：代表因果關係，即外生潛在變數 X_1 對內因潛在變數 Y_1 的直接影響。

45-5 結構方程模型的構造

一般而言，PLS-SEM 模型的構造可以分為測量模型和路徑模型兩部分。測量模型用以描述潛在變數與指標之間的關係。如圖 45-1 矩形虛線的範圍，即表明模型中有兩個測量模型，分別外生潛在變數的測量模型與內因潛在變數的測量模型。路徑模型則用以描述潛在變數之間的關係，又稱為結構分析模型。如圖 45-1 橢圓形虛線的範圍，則表明模型中有一個結構模型，即「遊憩知覺壓力」與「休閒效益」間的關係。實務上，進行 PLS-SEM 模型分析時，要先驗證測量模型具有信、效度後，才能驗證結構模型。也就是說，唯有潛在變數的測量是可信的、有效的情形下，驗證潛在變數間的關係才有實質意義（邱皓政，2004）。

45-6 應用PLS的步驟

基本上，應用 PLS-SEM 時有其步驟程序，研究者必須謹遵這些程序，才能有效率的完成執行 PLS-SEM 的任務，這些步驟如圖 45-2。

具體來說，PLS-SEM 始於測量模型與結構模型的界定，在 PLS-SEM 中也就是模型圖的繪製之意。接著就是資料準備工作。根據 Anderson & Gerbing（1988）及 Williams and Hazer（1986）等學者的建議，進行結構方程模型分析時應分爲兩個階段，第一階段先針對各研究構面及其衡量題項進分析，以了解各構面的信度、收斂效度（convergent validity）及區別效度（discriminant validity）；第二階段爲運用潛在變數的路徑分析，以驗證研究中對於各種因果關係之假設檢定。

測量模型中的信、效度都達學術性研究所要求的水準後，就可進行結構模型分析，以確認各潛在變數間的路徑（因果）關係。最後，若有需要則可再探討有關 PLS-SEM 的較進階議題，如階層成分模式、多重中介效果、干擾效果、測量恆等性與模型泛化等議題。

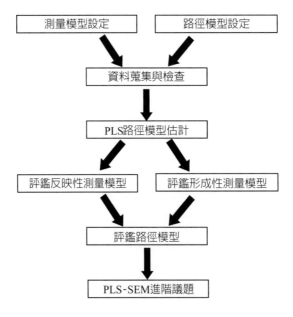

圖 45-2　應用 PLS-SEM 的步驟

單元 **46**

運用SmartPLS繪製
研究模型圖

　　過去的課程中，我們為了要檢驗範例論文《品牌形象、知覺價值與品牌忠誠度關係之研究》之原始問卷的信度與各主構面的收斂效度、區別效度時，花了不少力氣。例如：第 11 單元到第 16 單元的課程都是在檢驗信、效度問題。而後續，又為了要檢驗範例論文中「品牌形象」、「知覺價值」與「品牌忠誠度」等三個主構面間的關係，我們又使用了相關分析（第 26 單元）、迴歸分析（第 27 單元）與中介效果檢定（第 28 單元），但使用這些方法來驗證這三個主構面間的關係時，既辛苦又容易引起統計方法使用錯誤的質疑。

　　為何呢？主要的原因在於我們所研究的變數「品牌形象」、「知覺價值」與「品牌忠誠度」，甚至是它們的子構面，本質上都應該屬於潛在變數，而過去我們所運用的相關分析、迴歸分析，其實都無法解決這些潛在變數的測量問題呀！所以，讀者回憶一下，先前課程中我們是如何進行相關分析、迴歸分析的。我們都是土法煉鋼式的，先求出主構面或子構面的得分後，再去進行相關分析和迴歸分析，甚至再運用中介效果檢定才能勉強地把三個變數間的關係描述的稍微清楚一點。但我們為什麼可以這樣做呢？又為何必須這樣做呢？說實在的，在傳統的統計方法裡，並沒有辦法來回答這兩個問題。所以我們的研究，就容易引發嚴謹度方面的質疑。其實這些問題都是因為潛在變數之測量問題與潛在變數間的關係所引起的。到目前為止，能夠徹底解決潛在變數之測量問題且能徹底釐清潛在變數間關係的統計方法，就只有一個，那就是第二代統計學：結構方程模型。

　　在社會科學領域中，只要是探討變數間關係的研究，結構方程模型可說是打遍天下無敵手，近年來甚至可說是攻取碩、博士學位，教師升等的統計神器。但是，一般研究者總會覺得結構方程模型很難懂，統計分析工具（如 AMOS，LISREL 等）也很複雜，直到 SmartPLS 這套軟體的出現，才漸漸地已能降低學習結構方程模型的門檻了。

　　在本書後續的幾個單元中，將以一個實際的論文範例（即先前課程的範例論文），帶領讀者來一趟 SmartPLS 結構方程模型分析之旅，沒有太多的理論，完全以實作的觀點出發，只要讀者能依樣畫葫蘆，就能在論文中運用結構方程模型，以取代傳統的相關分析、迴歸分析、中介、多重中介與干擾效果檢定等方法。甚至讀者也有能力於短期間內，將結構方程模型實際的運用到你自己的論文當中。

46-1 繪製研究模型圖的範例

範例 46-1

　　請回顧單元 4 中，範例論文《品牌形象、知覺價值與品牌忠誠度關係之研究》的原始問卷與內容說明，該問卷經回收樣本資料並刪除冗題後，各構面之因素結構如表 7-1，而資料檔為「正式資料.sav」。據此因素結構與範例論文之研究目的，研究者經理論推導三個主構面之因果關係後，乃建立 4 個關係假設，整合這些假設後，進而提出該範例論文的理論模型圖，如圖 46-1。試運用 SmartPLS 軟體繪製出該範例論文的研究模型圖。

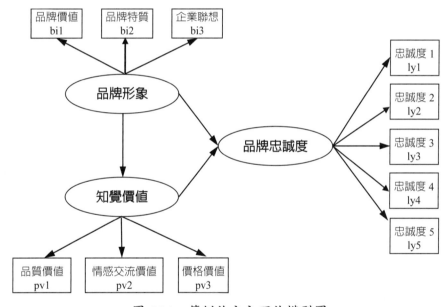

圖 46-1　範例論文之理論模型圖

假設一（H_1）：品牌形象對知覺價值具有直接正向的影響力。

假設二（H_2）：知覺價值對品牌忠誠度具有直接正向的影響力。

假設三（H_3）：品牌形象對品牌忠誠度具有直接正向的影響力。

假設四（H_4）：知覺價值會於品牌形象與品牌忠誠度的關係間，扮演著中介角色。

46-2 範例說明

在這個範例中，我們將根據研究者所提出的理論模型，運用 SmartPLS 軟體繪製出研究模型圖，以便能進行後續的結構方程模型分析。而在進行結構方程模型分析時，我們必須根據 Anderson & Gerbing（1988）及 Williams & Hazer（1986）等學者的建議，應分為兩個階段，第一階段先評鑑測量模型，以了解各構念的信度、收斂效度及區別效度；第二階段再評鑑路徑模型（即結構模型），以驗證各構面間之因果關係的假設檢定。因此，完整的結構方程模型分析將分為以下三個主要階段：

1. 繪製研究模型圖
2. 測量模型評鑑
3. 路徑模型評鑑

首先在開始繪圖之前，請讀者必須先把 SmartPLS 軟體安裝到你的電腦上。有關 SmartPLS 軟體試用版的取得、安裝過程、長期使用、基本操作與基本概念等先修課程，讀者亦可在本單元的「範例 46-1」之影音教材中，取得上述先修課程的影音連結。

安裝好 SmartPLS 軟體後，我們就開始來繪製模型圖吧！為能順利地繪製出研究模型圖，請遵循以下步驟：

1. 建立工作空間。
2. 建立專案。
3. 匯入資料檔，資料檔必須為 CSV 格式，且無任何遺漏值存在。
4. 繪製研究模型圖。

正確畫出研究模型圖的要訣是熟記範例論文中三個主構面的因素結構，根據表 7-1 正式問卷的因素結構，我們可以將該因素結構以樹狀圖來表示（如圖 46-2），這樣比較容易將正式問卷中各主構面的因素結構，烙印在你的腦海當中。其實在此我們所講的因素結構，在結構方程模型當中，就稱為是測量模型。因此，只要我們能夠把每一個構面的測量模型（因素結構）都畫出來，然後再根據理論模型圖的外觀（圖 46-1）或各假設中的各變數關係，然後用單向箭頭線（代表因果關係）把各個測量模型連結起來，這樣就可以完成研究模型圖的繪製工作了。詳細的繪圖過程與有關結構方程模型的基礎知識，讀者可直接至五南出版社的線上學院（https://www.wunan.com.tw/tch_home），購買與本書同名的線上課程，就可以觀看實作「範例 46-1」的繪圖過程與先修課程的教學影音檔了。

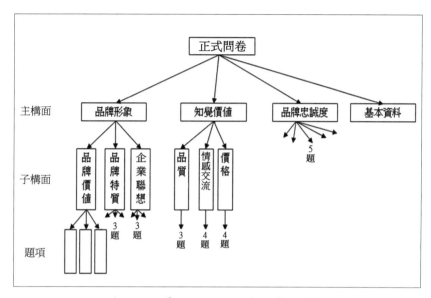

圖46-2 範例論文之正式問卷結構圖

單元 **47**

運用SmartPLS評估信效度

一個完整的結構方程模型應包括測量模型和路徑模型等兩個部分，測量模型描述著潛在變數（主構面或子構面）和指標（題項）間的關係；而路徑模型則描述著不同潛在變數間的因果關係。如前所述，繪製好研究模型圖後，就可進行結構方程模型分析了。分析時，我們將使用兩階段法來進行。首先在本單元中，我們將要來完成第一階段的測量模型評鑑。讀者必須了解的是，測量模型評鑑的目的在於解決潛在變數的測量問題，也就是針對各研究構面及其衡量題項進行評估，以了解各構面的內不一致性、指標信度、收斂效度及區別效度。

47-1 評估模型中，各構面的信、效度

根據過往諸多學者的建議，評估模型中，各構面的信、效度時，可就下列四個評估項目進行評估（Hulland, 1999; Hair, et al., 2014）。

(一) 內部一致性

當評鑑測量模型時，首要目標便是評估模型中各主構面的內部一致性，此即針對構面的組合信度（CR 值）進行評鑑。根據第 12 單元中所提供的組合信度計算公式（式 12-1），不難理解 CR 值會介於 0 與 1 之間，其所代表的意義與 Cronbach's α 值類似，CR 值越高表示構面的內不一致性越佳。學術上，一般學者皆認為，CR 值大於 0.7，就表示該構面的測量指標（題項）間具有內部一致性（Nunally & Bernstein, 1994; Gefen, Straub, & Boudreau, 2000; Esposito Vinzi et al., 2010）。

(二) 指標信度

指標信度意指同屬某構面之各指標間的共同性（communality）要高。根據因素分析原理共同性為標準化因素負荷量的平方。因此，共同性就代表著每一指標（題項）能解釋總變異（代表構面的真實意涵）的量。根據過往學者建議，構面中的每一指標（題項），必須至少能解釋 50% 以上的總變異，才算符合高指標信度原則。因此，理論上若指標的標準化因素負荷量大於 0.708（0.5 的平方根），則該指標就屬高指標信度。故 Hair, et al.（2014）認為標準化因素負荷量大於 0.7，才具有指標信度。然而標準化因素負荷量大於 0.7，在實務上卻是不容易達到的，所以 Hulland（1999）提出不同的看法，而認為標準化因素負荷量大於 0.5，則指標就具有指標信度。

(三) 收斂效度

　　評估構面之收斂效度的各種方法中，以評估平均變異抽取量（AVE 值）的方式，最具有代表性，由第 13 單元中所提供的平均變異抽取量計算公式（式 13-1），可理解，AVE 值其實就是標準化因素負荷量平方的加總再除以指標數量（問項題數）而已，更簡單的講法是 AVE 值就是指標的平均共同性，其所代表的意義是「構面中，各指標的平均解釋能力」。Fornell & Larcker（1981）及 Bagozzi & Yi（1988）都曾建議：構面的 AVE 值最好能超過 0.50，因為這就表示構面受到指標的貢獻相較於誤差的貢獻量要來得多。也就是各指標，平均而言，已能解釋 50% 以上的構面總變異量了。

(四) 區別效度

　　區別效度的意義在於：屬某構面的指標須和屬其他構面的指標間有較低的相關性（Churchill, 1979; Anderson & Gerbing, 1988）。明顯的，區別效度在說明著一個構面與其他構面間的差異程度。評估構面的區別效度時，學術論文上最常使用的方法為運用 Fornell-Larcker 準則。Fornell-Larcker 準則是個判斷構面間是否具有區別效度的重要方法，其內容為每一個構面的 AVE 平方根應大於該構面與模型中其他構面間的相關係數（Fornell & Larcker, 1981）。

　　綜合整理上述概念，未來進行信、效評估時，我們可遵照表 47-1 的各評估項目來進行測量模型評鑑。

表 47-1　評估信、效度的準則依據

項目	準則	依據
內部一致性	Cronbach's α 或 CR 值大於 0.7	Nunally & Bernstein (1994); Gefen, Straub, & Boudreau (2000); Esposito Vinzi et al. (2010)
指標信度	標準化因素負荷量大於 0.5，且顯著	Hulland (1999)
收斂效度	AVE 值大於 0.50	Fornell & Larcker (1981) Bagozzi & Yi (1988)
區別效度（Fornell-Larcker 準則）	每一個構面的 AVE 平方根應大於該構面與其他構面間的相關係數。	Fornell & Larcker (1981)

47-2 評估構面的信效度的範例

範例 47-1

　　請根據第 46 單元中，所繪製的研究模型圖。執行模型圖後，請將執行結果彙整成表 47-2 的「測量模型參數估計表」與表 47-3 的「區別效度檢定表」。上述彙整表製作完成後，試據以進行測量模型評鑑，以評估範例模型中各構面的信效度。

　　繪製好研究模型圖後，就可開始執行模型圖了。SmartPLS 中所謂的執行模型圖，其實包含了兩項工作：

1. 執行「PLS Algorithm」功能：用以估計出模型中的各類參數。
2. 執行「Bootstrapping」功能：用以檢定所估計出的參數是否顯著。

　　執行完上述兩項功能後，我們就可得到用以進行結構方程模型分析的所有數據資料了。只要再好好的彙整這些資料，然後循序漸進的先評鑑測量模型，再評鑑路徑模型，這樣便可順利的完成結構方程模型分析的任務。

　　在本範例中，我們將先進行評鑑測量模型的工作，爲使評鑑過程更爲簡捷，評鑑前最好先製好表 47-2 與表 47-3 等兩張彙整表。爲方便讀者使用，這兩張表的空白表格都已經包含在「評鑑測量模型之表單.docx」中了。不過最重要的是，讀者要有能力將這兩張表格修改成自己論文可使用的狀態。修改的原則很簡單，就是根據第 46 單元的圖 46-2（正式問卷結構圖）或第 7 單元的表 7-1（正式問卷資料的因素結構），去修改就對了。

表 47-2　測量模型參數估計表

二階構面	一階構面	指標	標準化因素負荷量	t 值	Cronbach's α	CR 值	AVE 值
品牌形象					0.893	0.913	0.539
	品牌價值	bi1_1	0.903*	73.841	0.880	0.926	0.807
		bi1_2	0.888*	67.110			
		bi1_3	0.903*	79.368			
	品牌特質	bi2_1	0.913*	104.818	0.887	0.930	0.816
		bi2_2	0.894*	76.315			
		bi2_3	0.904*	83.686			

二階構面	一階構面	指標	標準化因素負荷量	t 值	Cronbach's α	CR 值	AVE 值
	企業聯想	bi3_1	0.955*	149.996	0.943	0.963	0.897
		bi3_2	0.952*	140.346			
		bi3_3	0.934*	102.641			
知覺價值					0.874	0.897	0.443
	品質價值	pv1_1	0.940*	137.816	0.928	0.954	0.874
		pv1_2	0.932*	112.785			
		pv1_3	0.933*	124.236			
	情感交流價值	pv2_1	0.910*	93.922	0.940	0.957	0.848
		pv2_2	0.925*	115.848			
		pv2_3	0.922*	101.827			
		pv2_4	0.926*	119.321			
	價格價值	pv3_1	0.926*	117.011	0.933	0.952	0.833
		pv3_2	0.899*	74.842			
		pv3_3	0.908*	86.410			
		pv3_4	0.918*	100.365			
	品牌忠誠度	ly1	0.880*	65.438	0.912	0.935	0.741
		ly2	0.848*	50.201			
		ly3	0.826*	47.112			
		ly4	0.870*	56.965			
		ly5	0.879*	62.057			

表 47-3 區別效度檢定表

一階構面	bi1	bi2	bi3	pv1	pv2	pv3	LY
品牌價值 bi1	0.898						
品牌特質 bi2	0.523	0.903					
企業聯想 bi3	0.393	0.475	0.947				
品質價值 pv1	0.436	0.331	0.284	0.935			
情感交流價值 pv2	0.234	0.214	0.220	0.208	0.921		
價格價值 pv3	0.376	0.399	0.419	0.307	0.303	0.913	
品牌忠誠度 LY	0.654	0.704	0.633	0.422	0.322	0.498	0.861

　　填製好表 47-2 與表 47-3 後，只要再依據表 47-1 中的各項評估項目之準則，循序漸進、逐項討論，就可以順利完成評鑑測量模型之任務了。詳細的評鑑過程，讀者可直接至五南出版社的線上學院（https://www.wunan.com.tw/tch_home），購買與本書同名的線上課程，就可以觀看實作「範例 47-1」的教學影音檔了。

47-3 分析結果的撰寫

　　實務上評鑑測量模型時，將根據過往諸多學者的建議，必須針對內部一致性（組合信度）、指標信度、收斂效度（平均變異抽取量）與區別效度等四個項目進行評估（Hulland, 1999; Hair, et al., 2014）。評估時，將依據表 47-1 中的各項評估項目之準則。茲將評估過程描述如下：

(一) 內部一致性

　　由「表 47-2 測量模型參數估計表」得知，二階構面「品牌形象」與「知覺價值」的 CR 值分別為：0.913 與 0.897，皆大於門檻值 0.7。其次，所有一階構面的 CR 值皆介於 0.926～0.963 之間，亦皆大於 0.7。此外，各二階構面與一階構面的 Cronbach's α 值亦皆介於 0.874～0.943 之間，亦皆大於 0.7。在一、二階構面皆具高 CR 值與高 Cronbach's α 值的情形下，表示模型中所有構面的測量指標皆具有內部一致性信度（Nunally & Bernstein, 1994; Gefen, Straub, & Boudreau, 2000; Esposito Vinzi et al., 2010）。

(二) 指標信度

　　評鑑指標信度時，由於二階構面（品牌形象、知覺價值主構面）所屬之指標與一階構面（各子構面）之指標重複，因此二階構面所屬之指標的因素負荷量，可不納入評鑑。故將只針對一階構面之指標的標準化因素負荷量進行評鑑。由「表 47-2 測量模型參數估計表」得知，bi1（品牌價值）、bi2（品牌特質）、bi3（企業聯想）、pv1（品質價值）、pv2（情感交流價值）、pv3（價格價值）與品牌忠誠度之指標的標準化因素負荷量皆介於 0.826～0.955 之間，皆明顯大於 0.5。表示一階構面中，各指標皆屬高信度指標（Hulland, 1999）。

(三) 收斂效度

　　評鑑收斂效度時，由於二階構面與一階構面重複使用了相同指標，且大部分的變異已由一階構面所抽取，故二階構面的 AVE 值會偏低。因此，二階構面構面的

AVE 值，亦可不納入討論。

　　由「表 47-2 測量模型參數估計表」得知，一階構面的 AVE 值介於 0.741～0.897 之間，皆大於門檻值 0.5，顯示 bi1（品牌價值）、bi2（品牌特質）、bi3（企業聯想）、pv1（品質價值）、pv2（情感交流價值）、pv3（價格價值）與品牌忠誠度等一階構面中，指標的平均解釋能力皆超過 50% 以上，故 7 個一階構面皆具有收斂效度（Fornell & Larcker, 1981; Bagozzi & Yi, 1988）。

(四) 區別效度

　　雖然範例模型中包含了二階構面，但依據 Fornell-Larcker 準則評鑑區別效度時，並不要求二階構面與其所屬的各一階構面間須具區別效度（Hair et al., 2014）。也就是說，並不用去檢核二階構面的 AVE 平方根是否都大於其與各一階構面間的相關係數。因此，在本範例中 Fornell-Larcker 準則的運用，將只針對一階主構面（品牌忠誠度）和一階子構面（共 6 個）。

　　由「表 47-3 區別效度檢定表」得知，bi1（品牌價值）、bi2（品牌特質）、bi3（企業聯想）、pv1（品質價值）、pv2（情感交流價值）、pv3（價格價值）與品牌忠誠度等 7 個一階構面的 AVE 平方根最小值為 0.861，而所有的相關係數最大值為 0.704，固可研判所有一階構面的 AVE 平方根皆大於與其他構面間的相關係數，表示 7 個一階構面間皆具有區別效度（Fornell & Larcker, 1981）。

(五) 總結

　　綜合上述分析結果可知，本範例模型之測量模型，由內部一致性、指標信度、收斂效度與區別效度等四個面向評鑑，結果皆已達學術性的要求。代表「品牌形象」、「知覺價值」與「品牌忠誠度」等三個構面的測量系統已皆具有信度、收斂效度與區別效度。接下來可再進行路徑模型進行分析，以檢驗各主構面間的因果路徑關係。

單元 **48**

運用SmartPLS檢驗因果關係

在已證明範例論文中，「品牌形象」、「知覺價值」與「品牌忠誠度」等三個構面的測量系統已皆具有信度、收斂效度與區別效度後，接下來，就可進行路徑模型（結構模型）分析了。

48-1 評鑑路徑模型

在路徑模型的分析過程中，研究者除了應檢視理論模型中各假設路徑的因果關係是否顯著外，更重要的是要評鑑路徑模型的品質。如果路徑模型的品質差，縱使各因果關係皆顯著，那麼概念性模型所蘊含的意義或解釋能力將難以彰顯。在SmartPLS中評鑑路徑模型的品質時，將以兩個方向進行評估，一為模型的預測能力；另一為模型的解釋能力。針對這兩面向的評鑑，Hair et al.（2014）曾提出一個系統性的方法以有效的評鑑路徑模型，該系統性方法中將評鑑過程細分為五個階段，如表48-1。

表 48-1　評鑑路徑模型的準則依據

階段	項目	準則	依據
1	共線性診斷	VIF 小於 5	Hair et al. (2011)
2	路徑係數之顯著性檢定	t 值的絕對值大於 1.96 顯著性小於 0.05	
3	評估預測效果 R^2	$R^2 < 0.25$：預測能力稍嫌微弱 $0.25 <= R^2 < 0.50$：中等預測能力 $R^2 >= 0.5$：高預測能力	Hair et al. (2014)
4	評估解釋效果 f^2	$0.02 < f^2 \le 0.15$：弱解釋效果 $0.15 < f^2 \le 0.35$：中等解釋效果 $f^2 > 0.35$：強解釋效果。	Cohen (1988)
5	評估模型的配適程度 GoF	$0 <= GoF < 0.1$：低配適度 $0.1 <= GoF < 0.36$：中等配適度 $GoF >= 0.36$：高配適度	Cohen (1988)

在 SmartPLS 中，會以 OLS 迴歸為基礎而求算出外生潛在變數（自變數）和內因潛在變數（依變數）間的路徑係數。在這過程中，外生潛在變數間的共線性問題仍須進行診斷，否則路徑模型若真存在共線性問題時，那麼所求算出的路徑係數可能會產生偏誤，甚至導致對模型所呈現之意涵的誤解。

其次如何評估模型品質呢？由於 SmartPLS 中進行路徑模型分析時，將以讓內因潛在變數能被解釋的變異量最大化為目標，進而求算出各外生潛在變數和內因潛在變數間之最佳化的路徑係數。所以本質上 SmartPLS 較屬探索性（預測或解釋）的統計方法，因此評估模型品質時，主要的指標或準則有：路徑係數的顯著性、描述模型預測能力的 R^2 值、描述模型解釋效果值 f^2。

此外，過往 CB-SEM 的概念中，評估模型品質時，相當強調模型之配適度指標的重要性，故在 SmartPLS 中，也模擬了 CB-SEM 的作法，而把模型和樣本資料間的契合程度以一個所謂的適能力指標 GoF（Goodness-of-fit）來進行評估。

48-2 評鑑路徑模型的範例

範例 48-1

請根據第 46 單元中，所繪製的研究模型圖。執行模型圖後，請將執行結果彙整成表 48-2 的「路徑模型評鑑檢定表」與表 48-3 的「影響效果表」。上述彙整表製作完成後，試據以進行路徑模型評鑑，以確認各構面間的因果關係，並評估模型的品質。

表 48-2　路徑模型評鑑檢定表

假設	關係	路徑係數	t 值	R^2	f^2	GoF
H_1	品牌形象→知覺價值	0.564*	12.774	0.319	0.467	
H_2	知覺價值→品牌忠誠度	0.165*	3.606	0.704	0.063	0.482
H_3	品牌形象→品牌忠誠度	0.735*	19.007		1.244	

表 48-3　影響效果表

自變數	依變數	直接效果	間接效果	整體效果
品牌形象	品牌忠誠度	0.735*	0.093*(0.564×0.165)	0.828*
知覺價值		0.165*	—	0.165*
品牌形象	知覺價值	0.564*	—	0.564*

註：1.「*」表 P<0.05
　　2.「—」表無該效果

在表 48-2 中，路徑係數、t 值、R^2 與 f^2 等資料，基本上都能在執行「PLS Algorithm」與「Bootstrapping」等功能後，而從報表中找到，只有整體模型配適指標 GoF，必須重新計算。所以「範例48-2」的影音教學檔案，將著重於示範 GoF 的計算。

在 SmartPLS 中，用以評估理論模型與樣本資料間之契合程度的指標，就稱為整體模型配適指標 GoF（Goodness-of-fit）。GoF 的計算公式是由 Tenenhaus et al.（2005）所提出的，公式如下：

$$\text{GoF} = \sqrt{\oslash\text{Com} \times \oslash\text{R}_{\text{inner}}^2} \qquad （式 48-1）$$

$\oslash\text{Com}$：各變數之交叉驗證共同性（Q^2）的平均

$\oslash\text{R}_{\text{inner}}^2$：各依變數之 R^2 的平均

式 48-1 中，交叉驗證共同性（cross-validated communality）可使用盲解法（Blindfolding）來估計模型後而得到。盲解法是一種藉由對原始樣本資料點重複取樣（resampling），進而交叉驗證（cross-validation）模型預測能力的過程。重複取樣的意義為在每一輪次的取樣過程中，將有系統的移除內因構面（依變數）之所有指標的某些樣本點。哪些樣本點會在各輪次的取樣過程中被移除則取決於移除距離（omission distance, D）的設定計畫。在 SmartPLS 中移除距離 D 會預設為 7。讀者需要注意的是：原始樣本點的數量不可被移除距離 D 所整除。例如：範例論文的正式資料檔有 248 筆樣本點，248 不會被 7 整除，所以將來執行盲解法的時候，就可將移除距離 D 設定為 7。

有關盲解法的更深入說明，讀者若有興趣的話，可參考五南出版社所出版的《結構方程模型分析實務：SPSS 與 SmartPLS 的運用》（陳寬裕著）。

其次，求出個變數的交叉驗證共同性（Q^2）後，再把各依變數的 R^2，一起輸入到「計算 GoF.xlsx」中，就可順利的得到 GoF，並填入到表 48-2 當中。GoF 詳細的計算過程與製作表 48-2 的過程，讀者可直接至五南出版社的線上學院（https://www.wunan.com.tw/tch_home），購買與本書同名的線上課程，就可以觀看實作「範例 48-1」的教學影音檔了。

48-3 分析結果的撰寫

評鑑路徑模型時，將根據過往諸多學者的建議，必須針對指標共線性、路徑係數顯著性、預測能力、解釋能力與模型配適度加以評估。評估時，將依據表 48-1 中

的各項評估項目之準則。茲將評估過程描述如下：

(一) 指標的共線性診斷

模型中各指標的 VIF 值，如表 48-4。由表 48-4 可發現，雖有兩個指標（bi3_1、bi3_2）的 VIF 值稍微大於 5，但先前評鑑測量模型時，這些指標也都具有內部一致性與指標信度，故為維持原始構面（企業聯想）的完整性，本研究並不進行刪題處理，構面指標維持原狀。其餘所有指標的 VIF 值已皆小於 5，表示模型中各指標的共線性問題並未達嚴重程度（Hair et al., 2011），因此，未來共線性問題也不會對路徑模型之路徑係數估計造成不良的影響。

表 48-4 各指標的 VIF 值

品牌形象		知覺價值		品牌忠誠度	
指標	VIF	指標	VIF	指標	VIF
bi1_1	2.572	pv1_1	3.919	ly1	2.964
bi1_2	2.272	pv1_2	3.509	ly2	2.424
bi1_3	2.535	pv1_3	3.634	ly3	2.129
bi2_1	2.975	pv2_1	3.458	ly4	2.706
bi2_2	2.563	pv2_2	3.896	ly5	2.897
bi2_3	2.691	pv2_3	3.861		
bi3_1	5.490	pv2_4	4.003		
bi3_2	5.236	pv3_1	3.982		
bi3_3	3.595	pv3_2	3.130		
		pv3_3	3.341		
		pv3_4	3.693		

(二) 路徑關係之檢定

根據表 48-2 的檢定結果，可繪製研究模型之路徑結果圖，如圖 48-1。由表 48-2 與圖 48-1 可知，研究模型中的三個假設關係（H_1、H_2 與 H_3）的路徑係數分別為 0.564、0.165 與 0.735，且都顯著，即三個假設皆成立。此外，也可再由表 48-4 影響效果表可知，「品牌形象」構面可透過「知覺價值」構面而間接顯著的影響「品牌忠誠度」（間接效果值為 0.093，顯著）。故理論模型的假設四成立，代表「知覺價值」構面確實會在「品牌形象」與「品牌忠誠度」的關係間，扮演著中介角色。

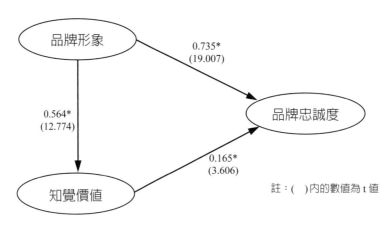

圖 48-1　研究模型之路徑結果圖

(三) 模型預測與解釋能力評鑑

由表 48-2 可知，內因構面（依變數）「知覺價值」的 R^2 值為 0.319，屬中等預測能力；而「品牌忠誠度」的 R^2 值則為 0.704，屬高預測能力。另外，外生構面（自變數）「品牌形象」對內因構面「知覺價值」的解釋效果值 f^2 為 0.467，屬強解釋效果；「品牌形象」對內因構面「品牌忠誠度」的解釋效果值 f^2 為 1.244，亦屬強解釋效果；而外生構面「知覺價值」對內因構面「品牌忠誠度」的解釋效果值 f^2 為 0.063，則屬弱強解釋效果。整體而言，外生構面（自變數）對內因構面（依變數）的解釋能力大約具有中等程度的預測或解釋能力。

(四) 模型的配適度

由表 48-2 可知，模型整體的配適度達 0.482，屬高配適狀況，代表理論模型與樣本資料間之契合程度相當高。

(五) 總結

經由上述的系統性評鑑過程後得知：範例模型中，各指標間共線性問題並不嚴重，且理論模型中的三個因果關係假設皆能獲得支持，故品牌形象對知覺價值、品牌忠誠度都具有正向顯著的影響力，此外知覺價值對品牌忠誠度亦具有正向顯著的影響力。此外，本研究也證實了知覺價值確實會在品牌形象與品牌忠誠度的關係間，扮演著中介角色。最後，就路徑模型的品質而言，無論從模型解釋能力、預測能力或整體配適度指標等面向評估，各類指標已皆能符合學術上對模型品質的要求，故本研究所提出的理論模型，於理論或實務的應用上，應具有其價值性。

運用SmartPLS檢驗多重中介效果

在第 29 單元中，我們曾經在 SPSS 中，利用 PROCESS 模組來檢驗多重中介效果。但是，讀者應可發現，當時不管是自變數（品牌形象）、中介變數（品質價值、情感交流價值、價格價值）或依變數（品牌忠誠度），我們都把它們視為觀察變數。也就是說，我們都是先求取每個構面的得分之後，再去檢驗多重中介效果。然而實際上這些變數都是屬於潛在變數，但無奈於當時我們只能用 SPSS 進行分析。所以當時的作法，應該算是種權宜之計而已。應付這種含潛在變數的統計分析，最標準的作法，應該還是要利用結構方程模型分析，會比較妥當。因此，在本單元中，我們將利用 SmartPLS 重做一次範例 29-1，然後來觀察結果的差異性。

49-1 檢驗中介效果的方法

根據過往文獻顯示，檢驗中介效果的方法大致上有三種：Baron & Kenny 法、Sobel 法與 Bootstrapping 法（又稱拔靴法）。Baron & Kenny 法可透過階層迴歸分析而實現；Sobel 法與 Bootstrap 法則常運用在結構方程模型分析中。這些方法的原理在第 28 單元之「範例 28-1」的影音教材中，都曾介紹過，請同學可自行回顧。

雖然，近年來許多期刊論文（尤其是運用 AMOS 進行結構方程模型分析的論文）皆使用 Sobel test 來檢驗中介變數。但也有學者認為進行 Sobel test 時，資料必須符合常態分配的條件太過於嚴苛，因為實務上許多資料集是不符合常態分配的。此外，以標準化常態值（Z 值）的絕對值是否大於 1.96 來研判中介效果的顯著與否，這也不太合理。因為，Z 值大於 1.96，實務上並不一定就代表顯著。

解決上述問題時，可利用屬無母數領域的 Bootstrapping 技術（範例 28-1 的影音教材中曾介紹過）。Bootstrapping 技術可透過多次的拔靴取樣過程，而得到多個（通常 5,000 個）估計結果，透過這些結果所形成的分配，可重新估計間接效果的標準誤（Standard Error, STERR），進而計算出 t 值與信賴區間。當：

1. 當間接效果值的 95% 信賴區間不不包含 0 時，則間接效果顯著。
2. 間接效果值 / 標準誤（即 t 值）≧ 1.96，間接效果也顯著。

由於 Bootstrapping 法並不對變數、樣本分配或統計結果的分配進行特定的假設，且可用於小樣本，故使用上較無限制，特別適合於 PLS-SEM 中（Hair et al., 2014）。此外，相較於 Sobel test，Bootstrapping 法也具有較高的統計檢定力（Hair et al., 2014）。

此外，欲評估中介效果的大小時，可使用解釋變異量比例（variance accounted

for, VAF 值）。VAF 值的意義爲間接效果占整體效果（即直接效果加上間接效果）的
比例。若

1. VAF 值＜20%，表示無中介效果。

2. 20%＜VAF 值＜80%，表示部分中介效果。

3. VAF 值＞80%，表示完全中介效果。

49-2 運用SmartPLS檢驗多重中介效果的範例

範例 49-1

　　圖 49-1 是一個多重中介模型，該模型的資料檔爲「正式資料.sav」
（Brand Image.csv），試檢驗「知覺價值」的三個子構面（品質價值、情感交
流價值、價格價值），在「品牌形象」與「品牌忠誠度」的關係間，是否扮
演著中介角色？

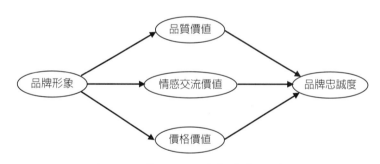

圖 49-1　範例論文的多重中介模型

依題意，我們將建立假設爲（論文中，須寫對立假設）：

H_1：品質價值會在品牌形象與品牌忠誠度的關係間，扮演著中介角色。

H_2：情感交流價值會在品牌形象與品牌忠誠度的關係間，扮演著中介角色。

H_3：價格價值會在品牌形象與品牌忠誠度的關係間，扮演著中介角色。

　　其實，在第 48 單元中，我們也曾使用 SmartPLS 檢驗過中介效果，只不過當時
只有一個中介效果而已。在本單元中，我們將檢驗品質價值、情感交流價值與價格
價值的中介效果是否能同時存在。基本上，在 SmartPLS 中，檢驗單一中介效果或多
重中介效果的方法都是一樣的。

　　要完成這個範例，當然我們必須要先在 SmartPLS 中，畫出圖 49-1 的研究模型圖，待匯入資料檔後，再執行「PLS Algorithm」與「Bootstrapping」等功能後，就可以檢驗多重中介效果了。詳細的操作過程，讀者可直接至五南出版社的線上學院（https://www.wunan.com.tw/tch_home），購買與本書同名的線上課程，就可以觀看實作「範例 49-1」的教學影音檔了。

49-3 分析結果的撰寫

　　要檢驗多重中介效果，最好能把 SmartPLS 所跑出的報表彙整成，如表 49-1 的多重中介效果摘要表。

表 49-1　多重中介效果檢定表

自變數	中介變數	依變數	直接效果	間接效果	整體效果	VAF	假設
品牌形象（bi）	品質價值（bi1）	品牌忠誠度（ly）	0	0.120* (3.461)	0.349* (7.629)	34.38%	H_1 成立
	情感交流價值（bi2）		0	0.043 (1.898)	0.349* (7.629)	12.32%	H_2 不成立
	價格價值（bi3）		0	0.185* (4.248)	0.349* (7.629)	53.01%	H_3 成立

註：1.「*」表 $p < 0.05$
　　2.（　）內數值為 t 值

　　由於原始理論模型中，並沒有畫出「品牌形象→品牌忠誠度」的直接效果，因此，SmartPLS 的研究模型圖中，並沒有描述「品牌形象」和「品牌忠誠度」之因果關係的單向箭頭，故「品牌形象 品牌忠誠度」的直接效果為 0。

　　其次，由表 49-1 得知，「知覺價值」的三個子構面中，「情感交流價值」的中介效果並不顯著（H_2 不成立），「品質價值」與「價格價值」的中介效果則屬顯著（H_1、H_3 成立），且由 VAF 值觀察，該兩中介效果皆屬於部分中介效果。其中又以「價格價值」的中介效果最大。顯見，第 48 單元中範例 48-1 之結論，「知覺價值」於「品牌形象 品牌忠誠度」的關係間，所扮演的中介角色，主要是「價格價值」子構面所建構而成。

　　最後，由表 49-1 亦可發現，「品牌形象→品牌忠誠度」的總效果值為 0.349（全

部來自間接效果，且沒有直接效果），且顯著。可見「品牌形象」對「品牌忠誠度」確實具有舉足輕重的影響力，而這些都是經由「品質價值」與「價格價值」的中介所建立起來的。

由上述的結論，建議85度C業者，在提升消費者忠誠度的過程中，首先應加強「品牌形象」的形塑，以便能更直接、有效率的提升消費者對85度C的忠誠度。其次，由於「知覺價值」的中介效果確實存在，這個中介效果主要是由「價格價值」所建構，因此業主除應積極形塑85度C於消費者心目中的印象外，亦可藉由提升85度C產品於消費者心目中的CP值，而增強消費者對85度C的價值感，進而增加消費者的忠誠度。

49-4 SmartPLS的分析結果與PROCESS模組的差異

從SmartPLS所分析出來的表49-1多重中介效果摘要表，可以發現和PROCESS模組的分析結果是有一些差異的，這些差異如下：

1. 由於PROCESS模組是以觀察變數的觀點進行迴歸分析，所以會求算出「品牌形象→品牌忠誠度」的直接效果，但是觀察圖29-3的模型圖，並沒有代表「品牌形象→品牌忠誠度」之直接效果的單向箭頭。所以多此一舉了。而SmartPLS只會依照模型圖求出各路徑的路徑係數。

2. 也因PROCESS模組以迴歸分析為基礎求算各變數間的關係，故可同時求得標準化與非標準化的路徑係數值。而SmartPLS只能求得標準化的路徑係數值。

3. 中介效果的檢定結果亦相差頗大。PROCESS模組的分析結果，H_1不顯著，而H_2、H_3顯著。而SmartPLS的分析結果則顯示H_2不顯著，而H_1、H_3顯著。

運用SmartPLS檢驗數值型干擾效果

在第 31 單元中，我們也曾經在 SPSS 中，利用 PROCESS 模組來檢驗數值型干擾效果。但是，讀者應可發現，當時不管是自變數（景觀咖啡廳意象）、干擾變數（轉換成本）或依變數（忠誠度），我們依然都是先求取每個構面的得分之後，再去檢驗干擾效果。這樣的方式，都是屬於把本質是潛在變數的構面，當成是觀察變數來操作。因此，統計方法的應用上，容易遭受質疑。但以當時的情境而言，也只能運用 SPSS 來進行分析。但是，應付這種含潛在變數的統計分析，最標準的作法，建議應該還是要利用結構方程模型分析，會比較妥當。因此，在本單元中，我們將利用 SmartPLS 重做一次範例 31-1，然後來觀察使用 SmartPLS 之分析結果和使用 PROCESS 模組的差異性。

50-1 運用SmartPLS檢驗數值型干擾效果的範例

範例 50-1

參考附錄 3，論文《景觀咖啡廳意象、知覺價值與忠誠度：轉換成本的干擾效果》之原始問卷，該問卷的資料檔爲「景觀咖啡廳意象.sav」，試探討轉換成本是否會干擾景觀咖啡廳意象與忠誠度間的關係？

論文《景觀咖啡廳意象、知覺價值與忠誠度：轉換成本的干擾效果》的模型圖，如圖 50-1。模型圖中「景觀咖啡廳意象」構面（im）包括「商品」（im1，4 題，im1_1～im1_4）、「服務」（im2，4 題，im2_1～im2_4）、「便利」（im3，3 題，im3_1～im3_3）、「商店環境」（im4，4 題，im4_1～im4_4）、「促銷」（im5，3 題，im5_1～im5_3）與「附加服務」（im6，3 題，im6_1～im6_3）等 6 個子構面，共 21 個題項；「知覺價值」構面（pv）包括 4 個題項（pv1～pv4）；「忠誠度」構面（ly）包含 5 個題項（ly1～ly5）、而「轉換成本」構面（sc）則包含 3 個題項（sc1～sc3）。

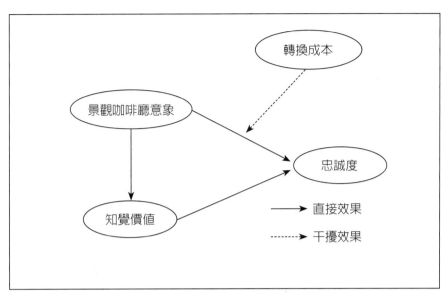

圖 50-1　概念性模型圖

依題意，我們將建立假設為（論文中，須寫對立假設）：

H₁：轉換成本會干擾景觀咖啡廳意象與忠誠度間的關係。

或

H₁：轉換成本會在景觀咖啡廳意象與忠誠度的關係間，扮演著干擾角色。

在這個範例中，我們將檢驗「轉換成本」這個數值型的變數是否會干擾「景觀咖啡廳意象→忠誠度」的關係。在此，我們將運用 SmartPLS 來進行這種數值型的干擾效果檢定。和過去進行干擾效果檢定的概念一樣，對於數值型的自變數（景觀咖啡廳意象）與干擾變數（轉換成本）將利用置中平減法（mean center）予以轉換後再相乘，而產生交互作用項。倘若交互作用項對忠誠度具有顯著的影響效果，即表示干擾效果存在。

在這裡要特別注意一點，對於依變數（忠誠度）在 PROCESS 模組中，也需經過置中平減法予以轉換後，再丟入模型進行分析。但是，在 SmartPLS 中，並不用對依變數（忠誠度）進行處理。詳細的操作過程，讀者可直接至五南出版社的線上學院（https://www.wunan.com.tw/tch_home），購買與本書同名的線上課程，就可以觀看實作「範例 50-1」的教學影音檔了。

50-2 分析結果的撰寫

不用像 PROCESS 模組的操作方式，在運用 SmartPLS 進行干擾效果檢定時，並不用將受訪者基本資料項納入建模考量，可以直接依據理論模型圖（圖 50-1），而在 SmartPLS 中直接畫出研究模型圖。此外，在 SmartPLS 也不會有 ΔR^2 這個數據產生。因此，分析結果的呈現方式也較簡單，如表 50-1。

表 50-1　干擾變數檢定表

依變數 統計量 自變數	忠誠度			
	路徑係數	t 值	95% 信賴區間	
			下界	上界
自變數				
景觀咖啡廳意象	0.205*	3.859	0.102	0.310
干擾變數				
轉換成本	0.218*	4.073	0.111	0.321
交互作用項				
景觀咖啡廳意象 × 轉換成本	−0.045*	2.587	−0.074	−0.009
R^2	0.320			

註：*: $p<0.05$

由表 50-1 可發現，「景觀咖啡廳意象」對「忠誠度」的主效果為 0.205，且顯著。另外，「轉換成本」對「忠誠度」的主效果為 0.218，亦顯著。

另外，由表 50-1 可發現，加入「景觀咖啡廳意象」與「轉換成本」的交互作用項後，這個交互作用項的影響力為 −0.045，此結果也就說明了，「轉換成本」會負向顯著的干擾「景觀咖啡廳的意象 g 忠誠度」的關係。因此，H_1 成立。

由上述分析結果說明了，「轉換成本」的不同取值將干擾「景觀咖啡廳意象→忠誠度」的關係。較值得注意的是，「景觀咖啡廳意象」與「轉換成本」之交互作用對「忠誠度」具有負向顯著的影響，這顯示在低轉換成本下「景觀咖啡廳意象」對「忠誠度」的影響力高於高轉換成本時。也就是說，當景觀咖啡廳的特質是屬低轉換成本的狀態時，更應重視其帶給消費者所感受到的意象（image），如此才能有效的提升消費者的忠誠度。

一般而言，餐廳的轉換成本普遍較低。再由上述的分析可發現，當消費者所感

受到的轉換成本較低的情形下，「景觀咖啡廳意象」對「忠誠度」的正向影響力大於轉換成本較高時。也就是說，在高轉換成本的情境下，「景觀咖啡廳意象」變的較為不敏感了。基於此，在一般餐廳普遍具有低轉換成本傾向的業態中，更可突顯出「景觀咖啡廳意象」的重要性。回顧過去學者的研究，大都只強調「意象」對「忠誠度」間的正向影響關係。本研究則以在餐飲管理領域中，低轉換成本之特性的觀點，更進一部的說明了「意象」的關鍵角色。

最後，再依據概念性模型進行簡單斜率分析（simple slope analysis）以了解干擾效果之方向性，並比較高、低轉換成本兩條迴歸線之差異。圖 50-2 呈現出轉換成本於「景觀咖啡廳意象」對「忠誠度」關係中的迴歸複線圖。由圖 50-2 可明顯看出，在不同的轉換成本水準下，「景觀咖啡廳意象」對「忠誠度」關係的正向影響程度（斜率），明顯會產生差異，且低轉換成本的斜率大於高轉換成本，這也說明了餐廳在低轉換成本的特質下，「景觀咖啡廳意象」對於「忠誠度」的影響力是相對比較大的。可見當餐廳處於低轉換成本的狀態時，積極形塑「景觀咖啡廳意象」的重要性。

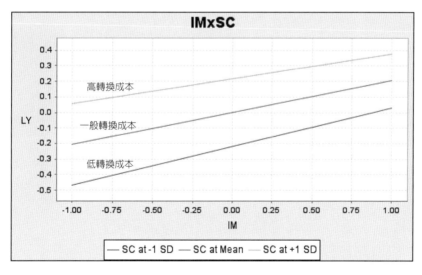

圖 50-2 轉換成本對景觀咖啡廳意象與忠誠度的迴歸複線圖

運用SmartPLS檢驗類別型干擾效果

在 SmartPLS 中，干擾變數的資料型態可以是數值型資料，也可以是類別型資料。這兩種資料型態的干擾效果檢定方法，主要的差異點在於資料的轉換。數值型的干擾變數在放入模型之前，為了避免產生共線問題，需要透過置中平減法或標準化法轉換資料。而類別型的干擾變數，比較麻煩，需要轉換為虛擬變數。轉換為虛擬變數的方法，讀者可回顧第 30 單元的課程內容。在前一單元中，我們已先就連續型的干擾變數進行示範。而在本單元中則將要來介紹，在 SmartPLS 中如何檢定類別型的干擾效果。

51-1 運用SmartPLS檢驗類別型干擾效果的範例

範例 51-1

參考附錄 3，論文《景觀咖啡廳意象、知覺價值與忠誠度：轉換成本類型的干擾效果》之原始問卷，該問卷的資料檔為「景觀咖啡廳意象.sav」，試探討轉換成本類型於景觀咖啡廳意象與忠誠度間是否具有干擾效果？

論文《景觀咖啡廳意象、知覺價值與忠誠度：轉換成本類型的干擾效果》的模型圖，如圖 51-1。模型圖中「景觀咖啡廳意象」構面（im）包括「商品」（im1，4 題，im1_1～im1_4）、「服務」（im2，4 題，im2_1～im2_4）、「便利」（im3，3 題，im3_1～im3_3）、「商店環境」（im4，4 題，im4_1～im4_4）、「促銷」（im5，3 題，im5_1～im5_3）與「附加服務」（im6，3 題，im6_1～im6_3）等 6 個子構面，共 21 個題項。「知覺價值」構面（pv）包括 4 個題項（pv1～pv4）。「忠誠度」構面（ly）包含 5 個題項（ly1～ly5）；而「轉換成本」構面（sc）則包含 3 個題項（sc1～sc3）。另外，原始資料檔「景觀咖啡廳意象.sav」中，已包含一個類別變數「轉換成本類型」，其變數名稱為「sc_g」，它是一個依「轉換成本」構面的得分轉換而成的類別變數。變數「轉換成本類型」有 3 個類別，分別為「一般轉換成本」（0）、「低轉換成本」（1）與「高轉換成本」（2）。

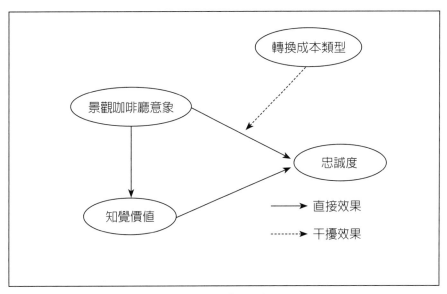

圖 51-1　概念性模型圖

依題意，我們將建立假設為（論文中，須寫對立假設）：

H₁：轉換成本類型會干擾景觀咖啡廳意象與忠誠度間的關係。

或

H₁：轉換成本類型會在景觀咖啡廳意象與忠誠度的關係間，扮演著干擾角色。

在這個範例中，我們將檢驗「轉換成本類型」是否會干擾「景觀咖啡廳意象→忠誠度」的關係。雖然這個範例在第 32 單元中我們曾練習過，但在此，我們將使用 SmartPLS 再重做一次。主要的原因在於，過去我們運用 PROCESS 模組來進行類別型干擾效果的檢定時，雖然所獲得的結果不錯，但畢竟當時我們將本質為潛在變數的構面，卻以觀察變數的概念來進行分析，於方法的使用上較容易引起質疑。因此，對於涉及潛在變數之統計方法的選用上，還是應以結構方程模型較為妥當。

其次，與數值型干擾效果檢定之最大差異在於：類別型干擾效果中，干擾變數屬於類別變數，所以干擾變數須先轉換成虛擬變數。在本範例中，干擾變數為「轉換成本類型」，它是一個包含 3 個類別的類別變數，故進行分析前，只要將「轉換成本類型」轉換成 2 個虛擬變數就可以了，如表 51-1。這個轉換過程在過往的 PRO-CESS 模組中，會自動幫我們完成；但在 SmartPLS 中，我們要自行轉換。

表 51-1　將變數「轉換成本類型」轉換成虛擬變數

轉換成本類型	虛擬變數	
	d1	d2
一般轉換成本：0	0	0
低轉換成本：1	1	0
高轉換成本：2	0	1

最後，爲避免多元共線性的問題（Aiken & West, 1991），在 SmartPLS 中進行干擾效果檢定時，也須先將數值型的自變數（景觀咖啡廳意象）利用置中平減法（mean center）予以轉換後再跟 2 個虛擬變數相乘，以求得交互作用項。倘若交互作用項對忠誠度（依變數不須置中平減法轉換）具有顯著的影響效果，即表示干擾效果存在。詳細的操作過程，讀者可直接至五南出版社的線上學院（https://www.wunan.com.tw/tch_home），購買與本書同名的線上課程，就可以觀看實作「範例 51-1」的教學影音檔了。

51-2 報表的解說

利用 SmartPLS 進行干擾效果檢定後，分析結果彙整如表 51-1。由表 51-1 可發現，「景觀咖啡廳意象」對「忠誠度」的主效果爲 0.208，且顯著。另外，「轉換成本類型」對「忠誠度」的主效果分別爲 -0.210，也是顯著的。而加入交互作用項後，交互作用項對「忠誠度」的影響力分別爲 0.169，顯著。代表「轉換成本類型」確實會干擾「景觀咖啡廳意象→忠誠度」間的關係。不過，由於干擾效果爲正，代表著什麼意義呢？這才是我們進行結論時的重點。

由上述分析結果說明了，「景觀咖啡廳意象→忠誠度」的關係會因「轉換成本類型」的不同，而有顯著的差異，且該「轉換成本類型」的干擾效果爲正。由於「轉換成本類型」是個類別變數，其值爲分類，並代表大小關係。所以要了解「正干擾效果」的含意，我們就必須去了解「轉換成本類型」這個類別變數在 SmartPLS 中是如何運作的。在虛擬變數的設計上，如表 51-1，「一般轉換成本」以 d1=0、d2=0 代表；「低轉換成本」以 d1=1、d2=0 代表；而「高轉換成本」則以 d1=0、d2=1 代表。

但以上只是我們對原始檔案的編碼而已。我們必須去了解的是：在 SmartPLS 的運算過程中，是如何的來對「轉換成本類型」（SC_G）這個類別變數進行運算的。

表 51-2　干擾變數檢定表

依變數 統計量 自變數	忠誠度		95% 信賴區間	
	路徑係數	t 值	下界	上界
自變數				
景觀咖啡廳意象	0.208*	3.970	0.106	0.311
干擾變數				
轉換成本類型	−0.210*	4.073	−0.309	−0.108
交互作用項				
景觀咖啡廳意象 × 轉換成本類型	0.169*	2.163	0.055	0.334
R^2	0.320			

註：*: $p<0.05$

從 SmartPLS 的報表中，我們可以發現「一般轉換成本」是以數值「−0.205」代表；「低轉換成本」以數值「1.998」代表；而「高轉換成本則以數值「−1.073」代表（詳細說明請參看本範例的影音檔）。由此，讀者不難理解，「轉換成本類型」（SC_G）的數值「大」，代表「低轉換成本」，而「轉換成本類型」（SC_G）的數值「小」，則代表「高轉換成本」。而所謂「正干擾效果」的意義是「轉換成本類型」（SC_G）的數值越大，則「景觀咖啡廳意象→忠誠度」的影響力越強（斜率越大）。因此，邏輯上不難推知：「低轉換成本」時，「景觀咖啡廳意象」對「忠誠度」的影響力將高於「一般轉換成本」或「高轉換成本」時。

51-3 分析結果的撰寫

　　由表 51-1 顯見，「轉換成本類型」（SC_G）確實會干擾「景觀咖啡廳意象→忠誠度」間的關係，且其干擾效果為正向的。經查閱原始分析報表後得知，「轉換成本類型」（SC_G）的數值「大」，代表「低轉換成本」，而「轉換成本類型」（SC_G）的數值「小」，則代表「高轉換成本」。因此可推知，「低轉換成本」時，「景觀咖啡廳意象」對「忠誠度」的影響力將高於「一般轉換成本」或「高轉換成本」時。故本研究推論，「轉換成本類型」確實會干擾「景觀咖啡廳意象→忠誠度」的關係。

因此，H₁ 成立。本研究的分析結果，在實務上具有下列的意涵：

當景觀咖啡廳的特質是屬「低轉換成本」的狀態時，由於「景觀咖啡廳意象」對「忠誠度」的影響力將比「一般轉換成本」或「高轉換成本」時來的高。因此，景觀咖啡廳的管理業者更應重視其帶給消費者所感受到的意象（image），如此才能更有效的提升消費者的忠誠度。基於此，在一般餐廳普遍具有「低轉換成本」傾向的業態中，更可突顯出「景觀咖啡廳意象」的重要性。回顧過去學者的研究，大都只強調「意象」對「忠誠度」間的正向影響關係。本研究則以在餐飲管理領域中，低轉換成本之特性的觀點，更進一步的說明了「意象」所占有的關鍵性角色。

最後，再依據干擾模型進行簡單斜率分析（simple slope analysis）以了解干擾效果之方向性，並比較各類型轉換成本間迴歸線之差異性。圖 51-2 呈現出「轉換成本類型」於「景觀咖啡廳意象」對「忠誠度」關係中的迴歸複線圖。由圖 51-2 可明顯看出，在不同類型的轉換成本水準下，「景觀咖啡廳意象」對「忠誠度」關係的正向影響程度（斜率），明顯會產生差異，且「低轉換成本」時的斜率大於「一般轉換成本」與「高轉換成本」時，這也說明了餐廳在「低轉換成本」的特質下，積極形塑「景觀咖啡廳意象」的重要性。

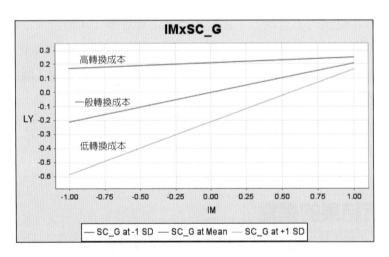

圖 51-2　轉換成本類型對景觀咖啡廳意象與忠誠度的迴歸複線圖

運用SmartPLS進行多群組分析

多群組分析（Multi-Group Analysis）的檢定內容與類別型干擾效果相當類似，都是以類別型的變數當作干擾變數，所不同的是多群組分析所關注的議題是模型中所有的路徑關係，是否會受類別型變數的干擾。也就是說，多群組分析所重視的是群組間的差異是否存在。而類別型變數在多群組分析中所扮演的角色通常就是「分群」的功能。因此，多群組分析中，會將原始的樣本依特定的類別型變數而分群（通常分為兩群），然後再比較各分群中測量模型或路徑模型中的所有參數（如因素負荷量、路徑係數）是否相等。如果多群組分析的目的是檢測測量模型中的所有參數是否相等時，通常稱之為測量恆等性（measurement invariance）檢測。而用在路徑模型時，則稱為模型泛化（model generalization）的檢測。

所謂模型的可泛化程度意味著理論模型，不會因受訪者特質、抽樣地點的差異而產生變化，模型中各構面間的路徑關係會恆久不變之意。一般運用結構模型分析的論文，常於蒐集一個資料集後，即開始驗證研究者所建立的理論模型，從而獲致分析結果，進而驗證各構面因果關係是否顯著，再透過與文獻對話而進行討論，最後論述具體研究成果與意涵。然而，卻也不難發現，這類論文的研究限制常出現類似下列的文字敘述。基本上，這些限制其實都屬於模型的泛化（概化、一般化）問題。

一、本研究採用立意抽樣法以尋找已婚之自行車活動參與者為研究對象。在此抽樣方式下，研究結果的推廣性難免受限。

二、本研究之活動對象為自行車活動參與者，可能無法概化至所有遊憩活動，後續研究可進一步延伸至其他遊憩活動參與者，並藉以檢驗研究模式的效度延展性。

三、本研究僅針對中部地區自行車活動參與者進行調查研究，並未包含其他地區之自行車活動參與者，後續研究可考慮將研究對象擴展至其他地區之自行車活動參與者，以探討研究模式的適用性。

當然，在利用多群組分析技術檢驗模型泛化能力時，我們都是希望各種不同群組間是不具顯著差異的，這樣就代表著我們所建立的模型是放諸四海皆準的，不管採用的樣本為何，模型中構面的關係恆久不變。但是，若有顯著差異呢？這也不用太擔心，轉個念頭就好了。例如：如果模型中各構面間的關係會因性別而具有顯著差異時，那就代表著，模型適合探討性別差異問題，其實這種議題，也蠻熱門、蠻有創意的，不是嗎？

52-1 多群組分析的檢定方法

在 SmartPLS 中，進行多群組分析時，檢定因素負荷量、路徑係數是否於群組間具有顯著差異性的方法有三種：

一、Partial Least Squares Multi-Group Analysis（PLS-MGA）

在 SmartPLS 中的 PLS-MGA 法，是以 Henseler et al.（2009）的 MGA 法為基礎所開發出來的（Sarstedt et al., 2011）。PLS-MGA 方法是種以 PLS-SEM 拔靴（bootstrapping）結果為基礎，而對兩分群進行差異性檢定的無母數顯著性檢定技術。在顯著水準為 0.05 的情形下，PLS-MGA 顯著性若小於 0.05 時，則兩群組的差異性就顯著。PLS-MGA 法式在進行多群組分析時，最常被使用的檢定方法。

二、參數檢定法（Parametric Test）

顧名思義，參數檢定法就是一種以參數顯著性檢定為基礎的檢定法，當進行跨群組的檢定時，在 SmartPLS 中，就可利用參數檢定法就各群組的 PLS-SEM 結果進行跨群組的差異性檢定。進行此檢定時，會先假設兩群組中的特定參數之變異數「相等」，然後再就該參數於兩群組間的差異性進行檢定。

三、Welch-Satterthwait 檢定法（Welch-Satterthwait Test）

Welch-Satterthwait 檢定法與參數檢定法相似，也是一種以參數顯著性檢定為基礎的檢定法，當進行跨群組的檢定時，會利用 PLS-SEM 的估計結果進行跨群組的差異性檢定。與參數檢定法最大的不同是進行此檢定時，會先假設兩群組中的特定參數之變異數「不相等」，然後再就該參數於兩群組間的差異性進行檢定。

52-2 多群組分析的範例

範例 52-1

　　請根據第 46 單元中，所繪製的研究模型圖與第 48 單元的研究模型之路徑結果圖。試探討該研究模型是否具有性別差異問題。

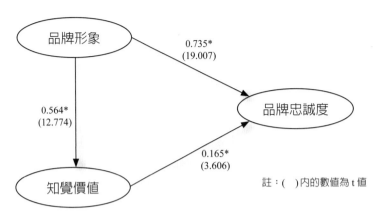

圖 52-1　研究模型之路徑結果圖

　　圖 52-1 為在第 48 單元進行結構方程模型分析後，所得到的路徑結果圖。在本範例中，我們將要來探討，這個結果模型是否具有性別差異問題。也就是要去探討範例模型當中，各構面間的因果關係（路徑係數），是否會因性別而有所差異，其假設如下：

　　H_1：範例模型中，各構面間的因果關係（路徑係數），會因性別而有顯著差異。

　　這個檢定將涉及到模型當中的所有路徑係數，因此，檢定時將運用多群組分析技術加以檢驗。多群組分析技術的操作與檢定過程，讀者可直接至五南出版社的線上學院（https://www.wunan.com.tw/tch_home），購買與本書同名的線上課程，就可以觀看實作「範例 52-1」的教學影音檔了。

52-3 分析結果的撰寫

　　本範例的主要目的在於檢驗範例模型當中，各構面間的因果關係（路徑係數），是否會因性別而有所差異。經多群組分析後，檢驗結果如表 52-1，由表 52-1 可明顯看出，「知覺價值→品牌忠誠度」與「品牌形象→品牌忠誠度」的路徑係數都會因性別不同而產生顯著差異。但「品牌形象→知覺價值」的路徑係數並不會因性別不同而產生顯著差異。顯見本研究所發展出的模型之三條路徑中有兩條會因性別而產生差異性，故範例模型中的各路徑係數，確實會因性別不同而產生顯著差異。因此，本研究所提出的假設 H_1 獲得支持。

表 52-1　多群組分析結果表（PLS-MGA 檢定法）

路徑	差異	PLS-MGA 顯著性
品牌形象→知覺價值	−0.033	0.765
知覺價值→品牌忠誠度	−0.182*	0.044
品牌形象→品牌忠誠度	0.143*	0.047

　　其實，在期刊論文發表上，類似這種有關性別、族群、文化差異的議題，且用多群組分析技術驗證的研究，長久以來都是期刊很喜歡刊登的議題。因此，讀者若能仔細去探索出某一領域的研究缺口，再配合多群組分析技術的運用，要自己發展出一篇出色的論文，應該不難。

單元 **53**

重要度──表現分析法

　　重要度—表現分析法（Importance-Performance Analysis，簡稱 IPA 分析）是種能藉由分析消費者對供給方所提供之「產品／服務」的重要性和績效認知，從而找到提高消費者對該「產品／服務」之評價的分析方法，這些評價如認同感、滿意度等指標，一般也稱爲績效。IPA 分析的優點是能以圖形分析的方式，而呈現「產品／服務」之各屬性重要性與表現績效的相對位置，藉由這些相對位置，就能了解「產品／服務」之各屬性的現況，並找出亟需積極改善的「產品／服務」屬性。

　　作者於 2021 年 5 月 29 日嘗試以「Importance-Performance Analysis」爲關鍵字，在「臺灣博碩士論文知識加值系統」中進行精準查詢，共獲得 1,576 筆歷年來應用 IPA 分析法的博、碩士論文；而在「Google 學術查詢」中則約有 27,700 筆相關文獻。顯見，IPA 分析法在學術或實務領域中，皆占有相當重要的地位。

　　以這個 IPA 分析法來做爲本書的結束，無非是想再一次的強調，這個方法實在是太簡單了，也太好用了，非常推薦給讀者，尤其是正想製作專題的大學生或碩專班的學生。只要會簡單的描述性統計，就可以寫出一篇富有管理意涵的專題或論文。例如：就本書而言，讀者只要運用單元 1 至單元 25 等基礎課程中的統計方法，最後再以單元 53 的 IPA 分析法爲主要的研究方法，這樣就可以完成一篇專題或論文了。讀者應該理解，專題或論文這種東西，並不在於統計方法你用的有多複雜、多艱深，而在於有沒有創意。而創意來自哪裡呢？當然，就是多體會自己的生活經驗、職場經驗，再加上多看論文找尋題材就對了。

　　在本單元中，所將介紹的「重要度——表現分析法」之基本概念，除了可從本單元各節次的文字說明加以認識之外，本書亦將這些觀念列爲「範例 53-1」的先修課程。讀者可在「範例 53-1」之影音教材中，取得這些先修課程的影音連結。

53-1 重要度——表現分析法簡介

　　IPA 分析法爲一種藉由評估各「產品／服務」之屬性的「重要度（Importance）」和「表現績效（Performance）」等兩種指標，而於座標平面上標示出各「產品／服務」之屬性的相對位置，進而根據這些相對位置所蘊含的意義，協助管理者找出亟需改善之屬性的優先順序策略的一種技術。

　　IPA 分析法根據各「產品／服務」之屬性的重要性與表現績效的平均得分，於二維的平面座標中繪製圖形，該圖形一般被稱爲是「策略矩陣圖」。在該「策略矩陣圖」中，以橫軸表示消費者對「產品／服務」之屬性的滿意程度（表現績效），而

縱軸表示消費者對「產品／服務」之屬性所感知重要程度，而滿意程度與重要程度之總平均數則被視為此「策略矩陣圖」之中心座標，以利將「策略矩陣圖」劃分為四個象限，藉此可將各「產品／服務」屬性依其平均得分而歸納至平面座標的各象限中，並據以製作改善決策或分配資源（Martilla & James, 1997）。

目前 IPA 分析法已普遍運用在企業經營決策分析上，也是企業管理階段用來衡量目前市場競爭位置、確認公司經營改善機會及引導公司策略方向的分析技術。此外，重要度績效分析亦可協助管理者確認並有效的規劃企業資源。總而言之，IPA 分析法的主要目的有二：一為協助管理者針對現況進行分析，以輔助制定積極改善作為之優先順序的決策；二為協助管理者制定有效分配資源的決策（Barsky & Labagh, 1996）。

53-2 IPA策略矩陣圖

IPA 分析法透過測量各屬性在重要程度及表現程度兩者所得的分數。據此些分數，就可以產生策略矩陣圖（如圖 53-1）。策略矩陣圖中具有四個不同的象限，此四個象限將結合每個屬性的重要程度及表現程度得分來呈現出不同的管理狀態。對於進行 IPA 分析法後，所得之策略矩陣圖的四個象限所隱含的意義，解讀起來並不困難（Martilla & James, 1977）。其意義分別如下：

1. 第一象限：繼續保持區（Keep Up Good Work）

落在此區的屬性，代表消費者對此屬性的重要性與績效（如，滿意度）的評價都高，表示在競爭市場中有機會獲得或維持競爭優勢，所以落在此象限的屬性為應該繼續保持其管理狀態的優勢區域，故又可稱為「優勢保持區」。

2. 第二象限：集中關注區（Concentrate Here）

落在此象限的屬性，則表示消費者對該屬性所感知的重要性程度高，但績效表現程度並不高。因此，對「產品／服務」的提供者而言，這將是一個警訊、也是一個管理的重點，管理者必須要重點關注這些屬性並積極投入相關資源從事改善作為，如此才能提升產品／服務的整體績效。因此第二象限，又可稱為「優先改善區」，若忽視落在此象限之產品／服務的相關屬性可能會對公司造成一連串的威脅。

3. 第三象限：低順位區（Low Priority）

落在此象限的屬性，表示消費者對此屬性，所感知的重要性和績效表現程度都不佳。雖然也是需要改善的屬性，但由於其重要程度相對而言並不高，也因此，當

管理者欲投入資源進行改善作為時，其優先順序應列於第二象限之後，如此才能充分、有效企業資源並提升企業整體績效。故管理者對落於第三象限的產品／服務屬性之改善優先順序應較低，屬於低優先改善區，因此第三象限又可稱為「次要改善區」。

4. 第四象限：過度努力區（Possible Overkill）

落在此象限的屬性，表示消費者認為此屬性的重要性低，但績效表現程度卻良好。這種現象反映出管理者的管理重點產生偏差，導致無端的銷耗企業資源。因為對於重要性不高的屬性，並不須投入過多資源而產生過度供給的現象，只需維持一般水準即可，故此象限又稱為「過度重視區」。管理者應將投入本區域的資源重新規劃，甚至挪至第二象限以積極從事改善作為。

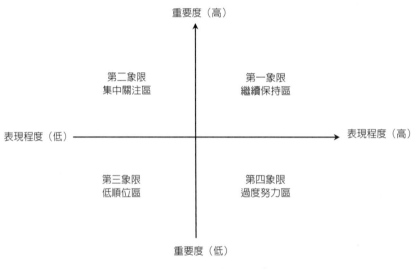

圖 53-1　IPA 策略矩陣圖

53-3 IPA分析的範例

範例 53-1

　　參考附錄 4 中，論文《澎湖休閒漁業觀光意象》的原始問卷，並開啟「澎湖休閒漁業觀光意象.sav」，試針對澎湖休閒漁業之觀光意象的各項屬性進行重要度——表現分析，以找出澎湖休閒漁業觀光意象的關鍵影響因素。

　　附錄4，論文《澎湖休閒漁業觀光意象》的原始問卷中，共包含15題有關澎湖休閒漁業觀光意象的題項，每一個題項的填答區域都包含兩個部分，一為遊客對題項之屬性的重要度的評價；另一為遊客於實際體驗後，對題項內容之認同程度（如圖53-2）。圖53-2中，每一個題項中，具有灰色網底的文字，就是所謂的屬性。每一個題項都具有一個屬性。藉由此特殊格式的問卷，我們將對澎湖休閒漁業之觀光意象進行IPA分析。期盼能由此分析結果，輔助確認影響澎湖休閒漁業觀光意象的關鍵屬性（重要度高，但認同度不佳的屬性），並建議澎湖休閒漁業之業管單位，能在資源有限的情形下，對於觀光意象之形塑提供改善方向。

◎範例：若題目為：「到澎湖旅遊花費不多」，

　　　對於這樣的說法，如果您覺得「花費」這件事對您而言「非常重要」：
　　　　　則您應該在「屬性重視度」欄中的「非常重要」項做勾選，如下表❶處所示。

　　　同時，實際上，如果您卻「不同意」，「到澎湖旅遊花費不多」的說法時：
　　　　　則您應該在「屬性認同度」欄中的「不同意」項做勾選，如下表❷處所示。

	屬性重視度						屬性認同度				
	非常不重要	不重要	普通	重要	非常重要		非常不同意	不同意	普通	同意	非常同意
1. 到澎湖旅遊花費不多。					∨	※		∨			
					❶			❷			

圖 53-2　IPA 分析法的問卷範例

　　實務上，運用SPSS製作IPA策略矩陣圖時，將可細分為六個步驟，只要能確實遵循此六步驟，必能輕而易舉的完成IPA策略矩陣圖的製作，此六步驟說明如下：

　　1. 求取重要度變數（本範例中為 im1～im15）與認同度變數（本範例中為 pf1～pf15）等30個變數的平均值。

　　2. 將各平均值資料複製到Excel，然後將30個變數的平均值分成重要度變數與認同度變數兩直行。

　　3. 將整理好的資料，再複製到一個新的SPSS檔案中。

　　4. 於新的SPSS檔案中，求取「重要度」與「認同度」的標準化值。

　　5. 繪製IPA策略矩陣圖（即散佈圖）。

　　6. 設定散佈圖的格式。

在原始資料檔「澎湖休閒漁業觀光意象.sav」中，變數「im1～im15」分別代表 15 題題項中，遊客對各屬性的重要度評價（填答結果）；而變數「pf1～pf15」則是分別代表 15 題題項中，遊客對各題項內容的認同度評價（填答結果）。現在我們就來試著動手製作 IPA 策略矩陣圖吧！製作 IPA 策略矩陣圖之詳細操作過程，讀者可直接至五南出版社的線上學院（https://www.wunan.com.tw/tch_home），購買與本書同名的線上課程，就可以觀看實作「範例 53-1」的教學影音檔了。

53-4 分析結果的撰寫

經 IPA 分析後，所得到的 IPA 策略矩陣圖，如圖 53-3。仔細觀察圖 53-3，我們就可從各題項屬性之落點象限，而得知各屬性於消費者心目中的認知狀況，進而就可據以建立改善策略的優先順序了。

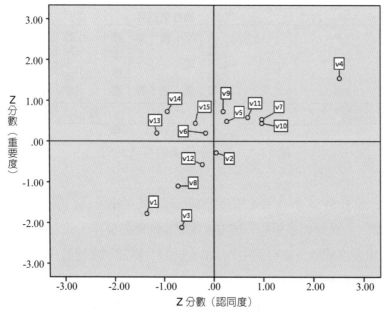

圖 53-3　本研究的 IPA 策略矩陣圖

1. 第一象限：繼續保持區（Keep Up Good Work）

透過 IPA 策略矩陣圖可發現，有 6 個觀光意象屬性落在第一象限，分別為：實際體驗漁村文化（第 4 題）、先民的智慧（第 5 題）、獨特的地質與地形景觀（第 7 題）、基礎設施（第 9 題）、良好的接待（第 10 題）、良好的服務（第 11 題）等屬性。

落於此象限之觀光意象屬性，表示遊客認爲其重要度高且認同度也高。也就是澎湖休閒漁業在這些意象屬性的形塑上，已經達到甚至超越遊客的期望，未來澎湖休閒漁業的管理單位更應該繼續保持這些屬性的持續發展。

2. 第二象限：集中關注區（Concentrate Here）

透過 IPA 策略矩陣圖可發現，有 4 個觀光意象屬性落在第二象限，分別爲：當地特色民情（第 6 題）、擁擠吵雜（第 13 題）、精心規劃（第 14 題）、多樣化的活動遊程（第 15 題）等屬性。

落於此象限之觀光意象屬性，表示遊客對於這些屬性非常重視，但卻對所體驗到的觀光意象屬性感到不認同。因此亟需澎湖休閒漁業的管理單位深入探討其癥結所在，投入資源並積極從事改善作爲。只要這些屬性能在認同度方面能有效提升，就必能大幅增強遊客對澎湖休閒漁業的觀光意象。因此，這些落在第二象限的觀光意象屬性，就是所謂的影響澎湖休閒漁業觀光意象的關鍵因素。

3. 第三象限：低順位區（Low Priority）

透過 IPA 策略矩陣圖可發現，也有 4 個觀光意象屬性落在第三象限，分別爲：知名度（第 1 題）、態度友善且好客（第 3 題）、旅遊資訊（第 8 題）、服務態度與品質（第 12 題）等屬性。

落於此象限之觀光意象屬性，表示雖然遊客並不十分重視，但認同度也偏低。這也是屬於需要改善的屬性，只是其改善作爲的優先順序較低罷了（低於第二象限的關鍵屬性）。但澎湖休閒漁業的管理單位，若能在未來行有餘力，能針對這些低順位觀光意象屬性進行改善，就應該可以讓澎湖休閒漁業所欲形塑的觀光意象屬性更加完善，更能提升遊客整體的認同度。

4. 第四象限：過度努力區（Possible Overkill）

透過 IPA 策略矩陣圖可發現，有 1 個觀光意象屬性落在第四象限，即：回味漁村往日的氛圍（第 2 題）這個屬性屬性。

落於此象限之觀光意象屬性，雖然重要度低，但遊客對這些觀光意象屬性的認同度都相當高，都已能達到遊客的期望水準了。在競爭市場中，這些屬性雖爲澎湖休閒漁業已具備的優勢，但卻不是遊客最重視的觀光意象屬性。後續經營管理上，這些屬性雖可以繼續保持，但應減少資源繼續投入在這些屬性中，甚至可以把原本投入這些屬性的資源，挪往第二象限或第三象限，以更積極的從事改善作爲。

經由 IPA 分析後，可發現對於影響澎湖休閒漁業觀光意象的關鍵影響因素即爲：

當地特色民情、擁擠吵雜、精心規劃、多樣化的活動遊程等落於第二象限的屬性，未來業者只要針對這些重要的屬性進行改善，相信必能大幅提升整體旅遊服務的績效。

附錄

附錄1：品牌形象、知覺價值對品牌忠誠度關係之研究（原始問卷）

一、問卷内容

問卷編號：＿＿＿＿＿＿＿＿

親愛的先生、小姐您好：

　　這是一份學術性的研究問卷，目的在了解品牌形象、知覺價值對品牌忠誠度的影響程度，您的寶貴意見，將是本研究成功的最大關鍵。問卷採不記名方式，全部資料僅作統計分析之用，絕不對外公開，請安心填寫。懇請您撥幾分鐘協助填答問卷，謝謝您的熱心參與。

　　敬祝您 順 心 如 意

研究所

指導教授：　　　博士

研究生：　　　敬上

※ 請針對您的服務經驗，回答下列相關問項，請於□中打「✓」，謝謝！

第一部分：品牌形象	極不同意	很不同意	不同意	普通	同意	很同意	極為同意
1. 85 度 C 的產品風味很特殊。(bi1_1)	□	□	□	□	□	□	□
2. 85 度 C 的產品很多樣化。(bi1_2)	□	□	□	□	□	□	□
3. 85 度 C 和別的品牌有明顯不同。(bi1_3)	□	□	□	□	□	□	□
4. 85 度 C 很有特色。(bi2_1)	□	□	□	□	□	□	□
5. 85 度 C 很受歡迎。(bi2_2)	□	□	□	□	□	□	□
6. 我對 85 度 C 有清楚的印象。(bi2_3)	□	□	□	□	□	□	□
7. 85 度 C 的經營者正派經營。(bi3_1)	□	□	□	□	□	□	□
8. 85 度 C 形象清新。(bi3_2)	□	□	□	□	□	□	□
9. 85 度 C 讓人聯想到品牌值得信任。(bi3_3)	□	□	□	□	□	□	□
第二部分：知覺價值	極不同意	很不同意	不同意	普通	同意	很同意	極為同意
1. 我認為 85 度 C 的產品，其品質是可以接受的。(pv1_1)	□	□	□	□	□	□	□

	極不同意	很不同意	不同意	普通	同意	很同意	極為同意
2. 我不會對 85 度 C 之產品的品質，感到懷疑。(pv1_2)	☐	☐	☐	☐	☐	☐	☐
3. 我對 85 度 C 之產品的品質，深具信心。(pv1_3)	☐	☐	☐	☐	☐	☐	☐
4. 85 度 C 之產品的品質，常讓我感到物超所值。(pv1_4)	☐	☐	☐	☐	☐	☐	☐
5. 我會想使用 85 度 C 的產品。(pv2_1)	☐	☐	☐	☐	☐	☐	☐
6. 我喜歡 85 度 C 的產品。(pv2_2)	☐	☐	☐	☐	☐	☐	☐
7. 使用 85 度 C 的產品後，會讓我感覺很好。(pv2_3)	☐	☐	☐	☐	☐	☐	☐
8. 我認為 85 度 C 的產品價格不甚合理。(pv3_1)	☐	☐	☐	☐	☐	☐	☐
9. 我認為以此價格購買85 度 C 的產品是不值得的。(pv3_2)	☐	☐	☐	☐	☐	☐	☐
10.我認為 85 度 C 的產品，CP 值很高。(pv3_3)	☐	☐	☐	☐	☐	☐	☐
11.相較於其他價位相近產品，我會選擇購買 85 度 C 的產品。(pv3_4)	☐	☐	☐	☐	☐	☐	☐
12.我願意以較高的價格，購買 85 度 C 的產品。(pv3_5)	☐	☐	☐	☐	☐	☐	☐
13.我認為85 度C 的產品，能符合大部分人的需求。(pv4_1)	☐	☐	☐	☐	☐	☐	☐
14.使用 85 度 C 的產品後，能讓其他人對我有好印象。(pv4_2)	☐	☐	☐	☐	☐	☐	☐
15.我的好友們，和我一樣，都喜歡購買 85 度 C 的產品。(pv4_3)	☐	☐	☐	☐	☐	☐	☐

第三部分：品牌忠誠度	極不同意	很不同意	不同意	普通	同意	很同意	極為同意
1. 購買 85 度 C 的產品對我來說是最好的選擇。(ly1)	☐	☐	☐	☐	☐	☐	☐
2. 我是 85 度 C 的忠實顧客。(ly2)	☐	☐	☐	☐	☐	☐	☐
3. 當我有需求時，我會優先選擇 85 度 C。(ly3)	☐	☐	☐	☐	☐	☐	☐
4. 我願意繼續購買 85 度 C 的產品。(ly4)	☐	☐	☐	☐	☐	☐	☐
5. 我會向親朋好友推薦 85 度 C 的產品。(ly5)	☐	☐	☐	☐	☐	☐	☐

第四部分：基本資料，請於☐中打「✓」。
1. 性　　　別：☐ 女　　☐ 男
2. 婚姻狀況：☐ 未婚　　☐ 已婚
3. 年　　　齡：☐ 20 歲以下　☐ 21～30 歲　☐ 31～40 歲　☐ 41～50 歲　☐ 51～60 歲
　　　　　　　☐ 61 歲以上
4. 目前職業：☐ 軍公教　☐ 服務業　☐ 製造業　☐ 買賣業　☐ 自由業　☐ 家庭主婦
　　　　　　　☐ 學生　☐ 其他）請註明＿＿＿＿＿＿＿＿）
5. 教育程度：☐ 國小（含）以下　☐ 國中　☐ 高中（職）　☐ 專科　☐ 大學　☐ 研究所
　　　　　　　（含）以上
6. 平均月收入：☐ 15,000 元以下　☐ 15,001～30,000 元　☐ 30,001～45,000 元

　　　　　　　□ 45,001～60,000 元　　□ 60,001～75,000 元　　□ 75,001～90,000 元
　　　　　　　□ 90,001～120,000 元　　□ 120,001 元以上
7. 您認為 85 度 C 的哪些特色很吸引您？
　　　　　　　□ 咖啡　　□ 糕點　　□ 服務　　□ 氣氛

本問卷到此結束，非常感謝您的耐心填答，謝謝！

二、概念性模型

　　本附錄所將介紹的範例模型是一份實際的碩士論文之概念性模型（conceptual model），題名為《品牌形象、知覺價值對品牌忠誠度關係之研究》。基本上，這是一篇還算簡單，但結構完整的碩士論文，非常適合初學者模擬。一般而言，研究的初心者往往都是從模擬前輩的研究方法（methodology）開始，所該重視的是過程的嚴謹性，而不是其成果。再深入點，學會基本功後，那麼研究者所該重視的即是創意了。

　　該研究透過相關文獻整理、分析、推論與建立假說，引導出品牌形象正向影響知覺價值、品牌忠誠度；知覺價值正向影響品牌忠誠度；品牌形象透過知覺價值間接顯著正向影響品牌忠誠度等假設。研究中所使用的變數分別為自變數、依變數以及中介變數等三項。自變數為消費者所認知的品牌形象，其包含三個子構面分別為品牌價值、品牌特質與企業聯想。此外，依變數則為消費者對品牌的忠誠度。而處於自變數與依變數之間的中介變數則是消費者所知覺的價值感，其包含四個子構面分別為品質價值、情感價值、價格價值與社會價值等。由此，該研究所建構的消費者品牌忠誠度之概念性模型，其架構將如圖附 1-1 所示。

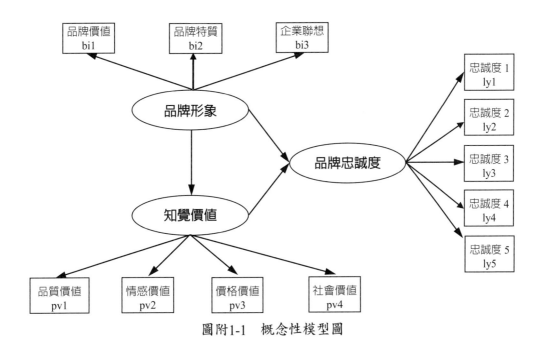

圖附1-1　概念性模型圖

三、研究假設

根據圖附 1-1 所建立之概念性模型圖，該研究將提出下列研究假設，盼能透過市場調查所蒐集的資料，運用驗證性因素分析、結構方程模型，驗證這些假設的成立與否，並釐清品牌形象、知覺價值、品牌忠誠度之間關係，這些研究假設分述如下：

假設一：品牌形象對知覺價值有正向影響。

假設二：品牌形象對品牌忠誠度有正向影響。

假設三：知覺價值對品牌忠誠度有正向影響。

假設四：品牌形象透過知覺價值間接的顯著正向影響品牌忠誠度。

四、潛在變數之操作型定義與衡量

為了檢驗上述之研究假說，本研究試圖將概念性架構予以操作化，並建構相對應的問項。根據圖附 1-1 的概念性模型，本研究之觀察變數包含品牌知名度、品牌形象與品牌忠誠度等。以下為本研究之研究變數的操作型定義之陳述，至於原始問卷請讀者自行參閱附錄一。

(一) 品牌形象

　　Aaker（1996）曾以消費者對獨特產品類別或品牌聯想來闡釋品牌形象。認為品牌形象係建構在三種知覺層面上，即品牌對應產品價值、品牌對應個人特質及品牌對應組織（企業）聯想，由於此論點較契合本研究之衡量標的與推論，因此本研究將應用 Aaker（1996）所主張的品牌形象之構成三要素，即品牌價值、品牌特質與企業聯想等，作為衡量品牌形象構面的指標，表附 1-1 顯示為品牌形象構面之操作型定義與衡量題項。

表附1-1　品牌形象的操作型定義與衡量題項

構面	操作型定義	衡量題項
品牌價值 bi1	消費者對此一品牌的功能性利益與品質之知覺	1. 85 度 C 的產品風味很特殊。(bi1_1) 2. 85 度 C 的產品很多樣化。(bi1_2) 3. 85 度 C 和別的品牌有明顯不同。(bi1_3)
品牌特質 bi2	消費者對此一品牌的情感連結與自我表現聯想	4. 85 度 C 很有特色。(bi2_1) 5. 85 度 C 很受歡迎。(bi2_2) 6. 我對 85 度 C 有清楚的印象。(bi2_3)
企業聯想 bi3	消費者對此一品牌的提供者或製造者的情感連結	7. 85 度 C 的經營者正派經營。(bi3_1) 8. 85 度 C 形象清新。(bi3_2) 9. 85 度 C 讓人聯想到品牌值得信任。(bi3_3)

(二) 知覺價值

　　知覺價值是來自於讓顧客期望自產品所獲得的利益高於消費者長期付出的成本。本研究採用 Sweeney & Soutar（2001）所提出的四類知覺價值，即品質價值，情感價值，價格價值與社會價值等做為知覺價值的衡量基準，並以此發展知覺價值構面的評量問項，表附 1-2 詳列知覺價值構面之操作型定義與衡量題項。

表附1-2 知覺價值的操作型定義與衡量題項

構面	操作型定義	衡量題項
品質價值 pv1	來自對產品的知覺品質或期望效果	1. 我認為 85 度 C 的產品，其品質是可以接受的。(pv1_1) 2. 我不會對 85 度 C 之產品的品質，感到懷疑。(pv1_2) 3. 我對 85 度 C 之產品的品質，深具信心。(pv1_3) 4. 85 度 C 之產品的品質，常讓我感到物超所值。(pv1_4)
情感價值 pv2	來自對於產品的感覺或感動	5. 我會想使用 85 度 C 的產品。(pv2_1) 6. 我喜歡 85 度 C 的產品。(pv2_2) 7. 使用 85 度 C 的產品後，會讓我感覺很好。(pv2_3)
價格價值 pv3	來自長期或短期的投入金錢成本	8. 我認為 85 度 C 的產品價格不甚合理。(pv3_1) 9. 我認為以此價格購買 85 度 C 的產品是不值得的。(pv3_2) 10. 我認為 85 度 C 的產品，CP 值很高。(pv3_3) 11. 相較於其他價位相近產品，我會選擇購買 85 度 C 的產品。(pv3_4) 12. 我願意以較高的價格，購買 85 度 C 的產品。(pv3_5)
社會價值 pv4	來自產品對社會自我認知的影響力	13. 我認為 85 度 C 的產品，能符合大部分人的需求。(pv4_1) 14. 使用 85 度 C 的產品後，能讓其他人對我有好印象。(pv4_2) 15. 我的好友們，和我一樣，都喜歡購買 85 度 C 的產品。(pv4_3)

(三) 品牌忠誠度

依據文獻分析，在本研究中，品牌忠誠度主要將探討顧客受品牌知名度與品牌形象之影響，對品牌之忠誠行為的產出結果，研究目的偏重於實務運用性質，因此參考 Chaudhuri & Holbrook（2001）、Odin, Odin, & Valette-Florence（1999）、Yoo & Donthu（2001）之主張，以單構面之題項衡量品牌之忠誠行為，題項內容則包含：品牌忠誠行為、再購意願及衍生行為等。表附 1-3 顯示品牌忠誠度的操作型定義與衡量題項。

表附1-3 品牌忠誠度的操作型定義與衡量題項

構面	操作型定義	衡量題項
品牌忠誠度 ly	消費者對同一品牌的購買經驗與行為承諾	1. 購買個案公司的產品對我來說是最好的選擇。(ly1) 2. 我是個案公司的忠實顧客。(ly2) 3. 當我有需求時，我會優先選擇個案公司的產品。(ly3) 4. 我願意繼續購買個案公司的產品。(ly4) 5. 我會向親朋好友推薦個案公司的產品。(ly5)

附錄2：品牌形象、知覺價值對品牌忠誠度關係之研究（正式問卷）

一、問卷內容

問卷編號：＿＿＿＿＿＿＿

> 親愛的先生、小姐您好：
>
> 　　這是一份學術性的研究問卷，目的在了解品牌形象、知覺價值對品牌忠誠度的影響程度，您的寶貴意見，將是本研究成功的最大關鍵。問卷採不記名方式，全部資料僅作統計分析之用，絕不對外公開，請安心填寫。懇請您撥幾分鐘協助填答問卷，謝謝您的熱心參與。
>
> 　　敬祝您 順 心 如 意
>
> 　　　　　　　　　　　　　　　　　　　　　　　　研究所
>
> 　　　　　　　　　　　指導教授：　　　博士
> 　　　　　　　　　　　研究生：　　　　敬上

※ 請針對您的服務經驗，回答下列相關問項，請於□中打「✓」，謝謝！

第一部分：品牌形象	極不同意	很不同意	不同意	普通	同意	很同意	極為同意
1. 85 度 C 的產品風味很特殊。(bi1_1)	□	□	□	□	□	□	□
2. 85 度 C 的產品很多樣化。(bi1_2)	□	□	□	□	□	□	□
3. 85 度 C 和別的品牌有明顯不同。(bi1_3)	□	□	□	□	□	□	□
4. 85 度 C 很有特色。(bi2_1)	□	□	□	□	□	□	□
5. 85 度 C 很受歡迎。(bi2_2)	□	□	□	□	□	□	□
6. 我對 85 度 C 有清楚的印象。(bi2_3)	□	□	□	□	□	□	□
7. 85 度 C 的經營者正派經營。(bi3_1)	□	□	□	□	□	□	□
8. 85 度 C 形象清新。(bi3_2)	□	□	□	□	□	□	□
9. 85 度 C 讓人聯想到品牌值得信任。(bi3_3)	□	□	□	□	□	□	□
第二部分：知覺價值	極不同意	很不同意	不同意	普通	同意	很同意	極為同意
1. 我認為 85 度 C 的產品，其品質是可以接受的。(pv1_1)	□	□	□	□	□	□	□

	極不同意	很不同意	不同意	普通	同意	很同意	極為同意
2.　我不會對 85 度 C 之產品的品質，感到懷疑。(pv1_2)	☐	☐	☐	☐	☐	☐	☐
3.　85 度 C 之產品的品質，常讓我感到物超所值。(pv1_3)	☐	☐	☐	☐	☐	☐	☐
4.　我會想使用 85 度 C 的產品。(pv2_1)	☐	☐	☐	☐	☐	☐	☐
5.　使用 85 度 C 的產品後，會讓我感覺很好。(pv2_2)	☐	☐	☐	☐	☐	☐	☐
6.　使用 85 度 C 的產品後，能讓其他人對我有好印象。(pv2_3)	☐	☐	☐	☐	☐	☐	☐
7.　我的好友們，和我一樣，都喜歡購買 85 度 C 的產品。(pv2_4)	☐	☐	☐	☐	☐	☐	☐
8.　我認為 85 度 C 的產品價格不甚合理。(pv3_1)	☐	☐	☐	☐	☐	☐	☐
9.　我認為以此價格購買 85 度 C 的產品是不值得的。(pv3_2)	☐	☐	☐	☐	☐	☐	☐
10.我認為 85 度 C 的產品，CP 值很高。(pv3_3)	☐	☐	☐	☐	☐	☐	☐
11.相較於其他價位相近產品，我會選擇購買 85 度 C 的產品。(pv3_4)	☐	☐	☐	☐	☐	☐	☐

第三部分：品牌忠誠度	極不同意	很不同意	不同意	普通	同意	很同意	極為同意
1.　購買 85 度 C 的產品對我來說是最好的選擇。(ly1)	☐	☐	☐	☐	☐	☐	☐
2.　我是 85 度 C 的忠實顧客。(ly2)	☐	☐	☐	☐	☐	☐	☐
3.　當我有需求時，我會優先選擇 85 度 C。(ly3)	☐	☐	☐	☐	☐	☐	☐
4.　我願意繼續購買 85 度 C 的產品。(ly4)	☐	☐	☐	☐	☐	☐	☐
5.　我會向親朋好友推薦 85 度 C 的產品。(ly5)	☐	☐	☐	☐	☐	☐	☐

第四部分：基本資料，請於☐中打「✓」。
1. 性　　別：☐ 女　　☐ 男
2. 婚姻狀況：☐ 未婚　　☐ 已婚
3. 年　　齡：☐ 20 歲以下　　☐ 21～30 歲　　☐ 31～40 歲　　☐ 41～50 歲　　☐ 51～60 歲
　　　　　　☐ 61 歲以上
4. 目前職業：☐ 軍公教　　☐ 服務業　　☐ 製造業　　☐ 買賣業　　☐ 自由業　　☐ 家庭主婦
　　　　　　☐ 學生　　☐ 其他（請註明＿＿＿＿＿＿）
5. 教育程度：☐ 國小（含）以下　　☐ 國中　　☐ 高中（職）　　☐ 專科　　☐ 大學　　☐ 研究所
　　　　　　（含）以上
6. 平均月收入：☐ 15,000 元以下　　☐ 15,001～30,000 元　　☐ 30,001～45,000 元
　　　　　　☐ 45,001～60,000 元　　☐ 60,001～75,000 元　　☐ 75,001～90,000 元
　　　　　　☐ 90,001～120,000 元　　☐ 120,001 元以上
7. 您認為 85 度 C 的哪些特色很吸引您？
　　　　　　☐ 咖啡　　☐ 糕點　　☐ 服務　　☐ 氣氛

本問卷到此結束，非常感謝您的耐心填答，謝謝！

附錄3：景觀咖啡廳商店意象、知覺價值、忠誠度與轉換成本的關係

一、問卷內容

問卷編號：＿＿＿＿＿＿＿

親愛的先生、小姐您好：

這是一份學術性的研究問卷，目的在了解景觀咖啡廳商店意象、知覺價值、忠誠度與轉換成本的關係，您的寶貴意見，將是本研究成功的最大關鍵。問卷採不記名方式，全部資料僅作統計分析之用，絕不對外公開，請安心填寫。懇請您撥冗協助填答問卷，謝謝您的熱心參與。

敬祝您 順 心 如 意

研究所

指導教授： 博士

研究生： 敬上

※ 請針對您的消費經驗，回答下列相關問項，請於□中打「✓」，謝謝！

第一部分：景觀咖啡廳商店意象	極不同意	很不同意	不同意	普通	同意	很同意	極為同意
1. 餐飲品質好，新鮮度佳。	□	□	□	□	□	□	□
2. 餐飲商品種類多，選擇性高。	□	□	□	□	□	□	□
3. 餐飲價格合理。	□	□	□	□	□	□	□
4. 菜單內容會不定時更換。	□	□	□	□	□	□	□
5. 服務人員親切有禮，服裝整齊。	□	□	□	□	□	□	□
6. 服務人員會主動提供餐點之訊息。	□	□	□	□	□	□	□
7. 服務人員結帳時，快速準確。	□	□	□	□	□	□	□
8. 服務人員出餐快速，等待食物時間短。	□	□	□	□	□	□	□
9. 營業時間滿足需要。	□	□	□	□	□	□	□
10.周邊交通便利，地點易達。	□	□	□	□	□	□	□
11.停車空間足夠。	□	□	□	□	□	□	□
12.店內裝潢高雅舒適，氣氛良好。	□	□	□	□	□	□	□

	極不同意	很不同意	不同意	普通	同意	很同意	極為同意
13. 燈光音樂宜人。	☐	☐	☐	☐	☐	☐	☐
14. 店內環境舒適整潔。	☐	☐	☐	☐	☐	☐	☐
15. 走道空間寬敞，不會影響鄰座客人的交談。	☐	☐	☐	☐	☐	☐	☐
16. 配合節慶主題性有促銷活動。	☐	☐	☐	☐	☐	☐	☐
17. 發行貴賓卡成立會員俱樂部。	☐	☐	☐	☐	☐	☐	☐
18. 提供商品折價券。	☐	☐	☐	☐	☐	☐	☐
19. 店內提供無線上網。	☐	☐	☐	☐	☐	☐	☐
20. 可使用信用卡付款。	☐	☐	☐	☐	☐	☐	☐
21. 提供書報雜誌閱讀。	☐	☐	☐	☐	☐	☐	☐
第二部分：知覺價值	極不同意	很不同意	不同意	普通	同意	很同意	極為同意
1. 和其他同業相較，本餐廳服務或商品非常吸引我。	☐	☐	☐	☐	☐	☐	☐
2. 和其他同業相較，本餐廳物超所值。	☐	☐	☐	☐	☐	☐	☐
3. 和其他同業相較，本餐廳提供了較多的免費服務。	☐	☐	☐	☐	☐	☐	☐
4. 和其他同業相較，本餐廳提供比我預期更高的價值。	☐	☐	☐	☐	☐	☐	☐
第三部分：忠誠度	極不同意	很不同意	不同意	普通	同意	很同意	極為同意
1. 本餐廳會是我優先的選擇。	☐	☐	☐	☐	☐	☐	☐
2. 我願意再來本餐廳消費。	☐	☐	☐	☐	☐	☐	☐
3. 我認為我是本餐廳的忠實顧客。	☐	☐	☐	☐	☐	☐	☐
4. 我會向本餐廳申請貴賓卡。	☐	☐	☐	☐	☐	☐	☐
5. 我會主動向親朋好友介紹本餐廳。	☐	☐	☐	☐	☐	☐	☐
第四部分：轉換成本	極不同意	很不同意	不同意	普通	同意	很同意	極為同意
1. 我覺得轉換到另一間餐廳是費時費力的。	☐	☐	☐	☐	☐	☐	☐
2. 轉換到另一間餐廳需花費較高的成本。	☐	☐	☐	☐	☐	☐	☐
3. 我覺得要轉換到其他餐廳消費是一件麻煩的事。	☐	☐	☐	☐	☐	☐	☐

第五部分：基本資料，請於□中打「✓」。

1. 性　　　別：□ 女　　□ 男

2. 婚姻狀況：□ 末婚　　□ 已婚

3. 年　　　齡：□ 20 歲以下　　□ 21～30 歲　　□ 31～40 歲　　□ 41～50 歲　　□ 51～60 歲
　　　　　　　□ 61 歲以上

4. 目前職業：□ 軍公教　　□ 服務業　　□ 製造業　　□ 零售業　　□ 自由業　　□家庭主婦
　　　　　　　□ 學生　　□ 其他（請註明_____）

5. 教育程度：□ 國小（含）以下　　□ 國中　　□ 高中（職）　　□ 專科　　□ 大學　　□ 研究所（含）
　　　　　　　以上

6. 平均月收入：□ 15,000 元以下　　□ 15,001～30,000 元　　□ 30,001～45,000 元
　　　　　　　□ 45,001～60,000 元　　□ 60,001～75,000 元　　□ 75,001～90,000 元
　　　　　　　□ 90,001～120,000 元　　□ 120,001 元以上

7. 消費次數：□ 1 次　　□ 2 次　　□ 3 次　　□ 4 次　　□ 5 次（含）以上

本問卷到此結束，非常感謝您的耐心填答，謝謝！

二、概念性模型

　　本研究透過相關文獻整理、分析、推論與建立假說後，引導出景觀咖啡廳意象對知覺價值及忠誠度皆具有正向直接顯著影響；知覺價值對忠誠度亦具有正向直接顯著影響等假設。自變數為消費者於景觀咖啡廳中所感受到的商店意象（image），其包含六個子構面，分別為商品、服務、便利、商店環境、促銷及附加服務。此外，依變數則為消費者的忠誠度；而處於自變數與依變數之間的中介變數則是消費者所認知的知覺價值。最後，本研究亦將檢驗轉換成本的干擾效果。由此，本研究所建構的消費者忠誠度之概念性模型，其架構將如圖附 3-1 所示。

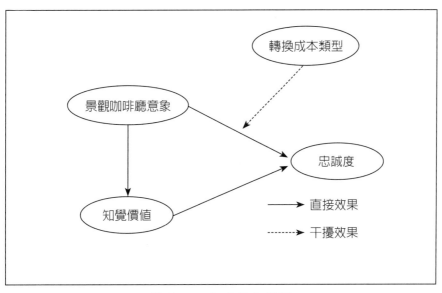

圖附3-1　概念性架構圖

三、研究假設

根據圖附 3-1 所建立之概念性模型圖，本研究將提出下列研究假設，盼能透過市場調查所蒐集的資料，運用驗證性因素分析、結構方程模型，驗證這些假設的成立與否，以探討景觀咖啡廳意象、知覺價值與忠誠度間的關係，並釐清轉換成本於其間關係的干擾效果，這些研究假設分述如下：

假設一（H_1）：景觀咖啡廳意象對知覺價值具有正向直接顯著影響。

假設二（H_2）：景觀咖啡廳意象對忠誠度具有正向直接顯著影響。

假設三（H_3）：知覺價值對忠誠度具有正向直接顯著影響。

假設四（H_4）：轉換成本會干擾景觀咖啡廳意象與消費者忠誠度間的關係。

假設五（H_5）：轉換成本會干擾知覺價值與消費者忠誠度間的關係。

四、潛在變數之操作型定義與衡量

為了檢驗上述之研究假說，本研究試圖將概念性模型予以操作化，並建構相對應的問項。根據圖附 3-1 的概念性模型，本論文之研究變數包含景觀咖啡廳意象、知覺價值、忠誠度與轉換成本等。以下為本研究之研究變數的操作型定義之陳述。

(一) 景觀咖啡廳意象

Martineau（1958）認為在消費者決策中，有一種力量在運作，使消費者傾向惠顧

與自我意象一致的商店，他將這種力量稱之為商店意象。據此，本研究將景觀咖啡廳意象定義為一種包含功能性特質、心理層面屬性及長期經驗的態度，本質上是複雜而非單獨的特性，它是消費者心中對景觀咖啡廳的整體意象，透過與其他餐廳比較後所產生之知覺的主觀想法，內化為個人知覺的整體意象。衡量上，將參考陳榮芳、葉惠忠、蔡玉雯、李麗娟（2006）及 Kisang、Heesup & Tae-Hee（2008）所使用之商店意象的衡量問項，再依古坑華山景觀咖啡廳現場實察做修改與刪減。因此，將採用商品、服務、便利、商店環境、促銷及附加服務等六個子構面，計二十一個問項，衡量景觀咖啡廳意象。衡量時，將以 Likert 的七點尺度衡量，分別以「極不同意」、「很不同意」、「不同意」、「普通」、「同意」、「很同意」與「極為同意」區分成七個等級，並給予 1、2、3、4、5、6、7 的分數，分數越高表示景觀咖啡廳消費者對商店意象的感受同意程度越高。表附 3-1 將顯示出景觀咖啡廳意象構面之子構面與衡量題項。

(二) 知覺價值

Zeithaml（1988）定義知覺價值為消費者對產品或服務衡量其「所獲得的東西」和「所付出的代價」後，對產品效用所做的整體性評估，此即指顧客對產品或服務的知覺評價結果，也就是知覺利益（perceived benefits）與知覺成本（perceived costs）之間的抵換結果。本研究所指之知覺價值為消費者在付出的知覺成本（包含貨幣與非貨幣的成本）與獲得的知覺利益之間的落差，為影響消費者購買意願的因素之一。衡量上，將參考 Yang & Peterson（2004）所使用之問項作為衡量依據，再依古坑華山景觀咖啡廳現場實察做修改與刪減，並經過檢測修正問卷，結果共有四題，如表附 3-2 所示。

(三) 忠誠度

Oliver（1997）將顧客忠誠度的定義為消費者重複購買某商品或使用某特定服務的高度承諾，先產生於消費者態度層面，進而表現於外在購買行為，即使面臨情境改變或是競爭者的影響，仍不會改變對於該產品或服務未來持續性使用的意願與行為。本研究所指之忠誠度為顧客對某產品或服務維持長久關係之承諾，表現於行為或是態度兩方面，其為企業長久獲利之要素之一。衡量上，將參考簡惠珠（2006）所使用之問項作為衡量依據，再依古坑華山景觀咖啡廳現場實察做修改與刪減，並經過檢測修正問卷，共有五題，如表附 3-3 所示。

(四) 轉換成本

Jones et al.（2000）認爲影響轉換意願之因素不應只有消費者對品牌的評價，也應該包含消費者在客觀條件的限制下對轉換至其他業者的成本評估。因此定義轉換成本爲能增加轉換困難度或妨礙消費者轉換行爲之相關因素，如有形的貨幣成本及無形的時間、精神成本，這些概念統稱爲轉換障礙（switch barriers）。本研究所指之將轉換成本定義爲在產品或服務轉換過程中，所需額外花費之有形或無形成本的評估。衡量上，將參考 Yang & Peterson（2004）所使用之問項作爲衡量依據，再依古坑華山景觀咖啡廳現場實察做修改與刪減，並經過檢測修正問卷，共有三題，如表附3-4 所示。

表附3-1 景觀咖啡廳意象構面的衡量題項

構面	衡量題項
商品 im1	1. 餐飲品質好，新鮮度佳 (im1_1)。 2. 餐飲商品種類多，選擇性高 (im1_2)。 3. 餐飲價格合理 (im1_3)。 4. 菜單內容會不定時更換 (im1_4)。
服務 im2	5. 餐飲品質好，新鮮度佳 (im2_1)。 6. 餐飲商品種類多，選擇性高 (im2_2)。 7. 餐飲價格合理 (im2_3)。 8. 服務人員出餐快速，等待食物時間短 (im2_4)。
便利 im3	9. 營業時間滿足需要 (im3_1)。 10.周邊交通便利，地點易達 (im3_2)。 11.停車空間足夠 (im3_3)。
商店環境 im4	12.店內裝潢高雅舒適，氣氛良好 (im4_1)。 13.燈光音樂宜人 (im4_2)。 14.店內環境舒適整潔 (im4_3)。 15.走道空間寬敞，不會影響鄰座客人的交談 (im4_4)。
促銷 im5	16.配合節慶主題性有促銷活動 (im5_1)。 17.發行貴賓卡成立會員俱樂部 (im5_2)。 18.提供商品折價券 (im5_3)。
附加服務 im6	19.店內提供無線上網 (im6_1)。 20.可使用信用卡付款 (im6_2)。 21.提供書報雜誌閱讀 (im6_3)。

表附3-2　知覺價值構面衡量的題項

構面	衡量題項
知覺價值 pv	1. 和其他同業相較，本餐廳服務或商品非常吸引我 (pv1)。 2. 和其他同業相較，本餐廳物超所值 (pv2)。 3. 和其他同業相較，本餐廳提供了較多的免費服務 (pv3)。 4. 和其他同業相較，本餐廳提供比我預期更高的價值 (pv4)。

表附3-3　忠誠度構面衡量的題項

構面	衡量題項
忠誠度 ly	1. 本餐廳會是我優先的選擇 (ly1)。 2. 我願意再來本餐廳消費 (ly2)。 3. 我認為我是本餐廳的忠實顧客 (ly3)。 4. 我會向本餐廳申請貴賓卡 (ly4)。 5. 我會主動向親朋好友介紹本餐廳 (ly5)。

表附3-4　轉換成本構面衡量的題項

構面	衡量題項
轉換成本 sc	1. 我覺得轉換到另一間餐廳是費時費力的 (sc1)。 2. 轉換到另一間餐廳需花費較高的成本 (sc2)。 3. 我覺得要轉換到其他餐廳消費是一件麻煩的事 (sc3)。

附錄4：澎湖休閒漁業觀光意象原始問卷

親愛的遊客，您好！

　　首先感謝您願意填寫這份問卷。此問卷的目的在於了解您對澎湖休閒漁業的態度與看法，及對構成澎湖休閒漁業意象之相關屬性的重要程度。您的回答並沒有所謂的對與錯，敬請放心填答！您的意見對我們而言非常寶貴，作答結果僅供學術研究之用，絕對保密。再次感謝您的支持與協助。

　　敬祝 身體健康 萬事如意

×××大學旅遊事業管理研究所

指導教授：×××博士

研　究　生：×××敬上

※問卷作答方式：

本問卷並沒有標準答案，請由選項中勾選出最能代表您心中想法的答案。

◎範例：若題目為：「到澎湖旅遊花費不多」，
對於這樣的說法，如果您覺得「花費」這件事對您而言「非常重要」：
則您應該在「屬性重視度」欄中的「非常重要」項做勾選，如下表①處所示。
同時，實際上，如果您卻「不同意」，「到澎湖旅遊花費不多」的說法時：
則您應該在「屬性認同度」欄中的「不同意」項做勾選，如下表②處所示。

	屬性重視度						屬性認同度			
	非常不重要	不重要	普通	重要	非常重要		非常不同意	不同意	普通	同意	非常同意
1. 到澎湖旅遊花費不多。	☐	☐	☐	☐		※	☐		☐	☐	☐
					①			②			

請描述您對澎湖休閒漁業相關問題的重視程度與認同程度：

下列問項主要在探究當您參與澎湖休閒漁業旅遊行程時（以下簡稱「行程」），您對該行程之相關意象的重視度與認同度。	屬性重視度						屬性認同度				
	非常不重要	不重要	普通	重要	非常重要		非常不同意	不同意	普通	同意	非常同意
1. 本行程具高知名度。	☐	☐	☐	☐	☐	※	☐	☐	☐	☐	☐
2. 參與行程可以回味漁村往日的氛圍。	☐	☐	☐	☐	☐	※	☐	☐	☐	☐	☐
3. 澎湖居民的態度友善且好客。	☐	☐	☐	☐	☐	※	☐	☐	☐	☐	☐
4. 參與行程可以實際體驗漁村文化。	☐	☐	☐	☐	☐	※	☐	☐	☐	☐	☐
5. 先民的智慧（如石滬漁法），令人欽佩。	☐	☐	☐	☐	☐	※	☐	☐	☐	☐	☐
6. 可以感受到當地特色民情。	☐	☐	☐	☐	☐	※	☐	☐	☐	☐	☐
7. 可以觀賞到獨特的地質與地形景觀。	☐	☐	☐	☐	☐	※	☐	☐	☐	☐	☐
8. 澎湖休閒漁業的旅遊資訊取得很容易。	☐	☐	☐	☐	☐	※	☐	☐	☐	☐	☐
9. 旅遊景點基礎設施很完善。	☐	☐	☐	☐	☐	※	☐	☐	☐	☐	☐
10.在用餐地點得到良好的接待。	☐	☐	☐	☐	☐	※	☐	☐	☐	☐	☐
11.在購物地點得到良好的服務。	☐	☐	☐	☐	☐	※	☐	☐	☐	☐	☐
12.注重服務態度與品質。	☐	☐	☐	☐	☐	※	☐	☐	☐	☐	☐
13.澎湖的休閒漁業旅遊不會擁擠吵雜。	☐	☐	☐	☐	☐	※	☐	☐	☐	☐	☐
14.環境是乾淨衛生且經過精心規劃。	☐	☐	☐	☐	☐	※	☐	☐	☐	☐	☐
15.行程具備多樣化的活動遊程。	☐	☐	☐	☐	☐	※	☐	☐	☐	☐	☐

個人背景變項（此部分皆為單選題）
1. 性　　別：☐ 男　☐ 女
2. 婚姻狀況：☐ 已婚　☐ 未婚　☐ 其他_____
3. 年　　齡：☐ 18～25 歲　☐ 26～35 歲　☐ 36～45 歲　☐ 46～55 歲　☐ 56 歲及以上
4. 職　　業：☐ 學生　☐ 軍公教　☐ 農林漁牧　☐ 商　☐ 工　☐ 自由業　☐ 退休人員　☐ 其他_____
5. 月收入：☐ 20,000 元以內　☐ 20,001～40,000 元　☐ 40,001～60,000 元　☐ 60,001～80,000 元　☐ 80,001 元以上
6. 教育程度：☐ 國中以下　☐ 國中　☐ 高中（職）　☐ 大專　☐ 研究所及以上

本問卷到此結束，謝謝您的支持與協助！

參考文獻

方世榮（2005）。《統計學導論》。臺北：華泰。

王俊明（2004）。〈問卷與量表的編製及分析方法〉。國立體育學院（http://websrv5. ncpes.edu.tw/ ~physical/ index-0.htm）。

林煌（2001）。〈我國中小學教師終身進修制度之研究〉。碩士論文，國立臺灣師範大學教育研究所，臺北。

林震岩（2006）。《多變量分析：SPSS 的操作與應用》。臺北：智勝。

李秉宗（2005）。《人生的歌》。臺北：阿爾發。

吳忠宏、黃宗成（2001）。〈玉山國家公園管理處服務品質之研究：以遊客滿意度為例〉。《國家公園學報》，11(2)，117-135。

吳育東（2000）。〈多變量統計方法應用於行動電話消費者購買行為與滿意度之研究〉。碩士論文，國立成功大學統計研究所，臺南。

吳明隆（2007）。《結構方程模式：AMOS 的操作與應用》。臺北：五南。

吳明隆、涂金堂（2005）。《SPSS 與統計應用分析》。臺北：五南。

吳明隆（2008）。《SPSS 操作與應用：問卷統計分析實務》。臺北：五南。

吳統雄（1984）。《電話調查：理論與方法》。臺北：聯經出版事業公司。

吳統雄（1985）。〈態度與行為之研究的信度與效度：理論、應用、反省〉。《民意學術專刊》，夏季號，29-53。

周浩、龍立榮（2004），〈共同方法偏差的統計檢驗與控制方法〉。《心理科學進展》，12 卷，6 期，942-950。

呂秀英（2000）。〈有關係？沒關係？：談迴歸與相關〉。《農業試驗所技術服務季刊》，11 卷，1 期，5-8。

呂秀英（2003）。〈重複測量資料分析的統計方法〉。《科學農業》，51(7,8)，174-185。

余民寧（2006）。《潛在變項模式：SIMPLIS 的應用》。臺北：高等教育。

邱皓政（2004）。《結構方程模式：LISREL 的理論、技術與應用》。臺北：雙葉。

邱皓政（2005）。《量化研究法 (二)：統計原理與分析技術》。臺北：雙葉。

邱皓政（2006）。《量化研究與統計分析：SPSS 中文視窗版資料分析範例解析》。臺北：五南。

侯杰泰、溫忠麟、成子娟（2002）。《結構方程模型及其應用》。北京：教育科學出版社。

陳榮方，葉惠忠，蔡玉雯，李麗娟（2006）。〈顧客忠誠度、生活型態及商店形象之結構關係模式分析——以高雄市連鎖咖啡店為例〉。《高雄應用科技大學學報》，35，145-160。

郭易之（2011）。郭易之部落格（http://kuojsblog.pixnet.net/blog/post/22776984）。

黃芳銘（2002）。《結構方程模式理論與應用》。臺北：五南。

黃俊英（1999）。《企業研究方法》。臺北：東華。

彭台光、高月慈、林鉦棽（2006）。〈管理研究中的共同方法變異：問題本質、影響、測試和補救〉。《管理學報》，23 卷，1 期，77-98。

楊國樞、文崇一、吳聰賢、李亦園（2002）。《社會及行為科學研究法》。臺北：東華。

楊孝榮（1991）。《傳播研究與統計》。臺北：臺灣商務印書。

葉重新（1999）。《心理測驗》。臺北：三民。

榮泰生（2008）。《AMOS 與研究方法》。臺北：五南。

蔡佳蓉（2010）。〈臺中市居民對騎乘自行車之休閒動機、休閒阻礙與休閒促進之研究〉。碩士論文，逢甲大學土地管理學系，臺中。

簡惠珠（2006）。〈顧客價值、價格知覺、顧客滿意度、轉換成本對顧客忠誠度影響之研究——以量販店為例〉。碩士論文，成功大學高階管理碩士班，臺南。

譚克平（2008）。〈極端值判斷方法簡介〉。《臺東大學教育學報》，19(1)，131-150。

Aaker, D. A. (1996). *Building strong brand*. NY: The Free Press.

Aaker, D. A. (1997). Should you take your brand to where the action is?. *Harvard Business Review*., 75(5), 135-144.

Aaker, D. A. & Keller, K. L. (1990). Consumer evaluations of brand extensions. *Journal of Marketing*, 54(1), 27-42.

Aiken, L. S., & West, S. G. (1991). *Multiple regression: Testing and interpreting interactions*. Newbury Park, CA: Sage.

Anderson, J. C. & Gerbing, D. G. (1988). Structural equation modeling in practice: A review and recommended two-step approach. *Psychological Bulletin*, 103(May), 411-423.

Armstrong, J. S. & Overton, T. (1977). Estimating Nonresponse Bias in Mail Surveys. *Journal of Marketing Research*, 51, 71-86.

Bagozzi, R. P., & Yi, Y. (1988). On the evaluation for structural equation models. *Journal of the Academy of Marketing Science*, 16, 74-94.

Baron, R. M. & Kenny, D. A. (1986). The moderator-mediator variable distinction in social psychological research: conceptual, strategic, and statistical considerations. *Journal of Personality and Social Psychology*, 51(6), 1173-1182.

Barsky. J. D. & Labagh. R. (1996). A strategy for customer satisfaction. *Cornell Hotel and Restaurant Administration Quarterly*, 33(5), 32-40.

Biel, A. L. (1992). How brand image drives brand equity. *Journal of Advertising Research*, 32(6), 6-12.

Bollen, K. A. (1989). *Structural equations with latent variables*. New York: Wiley.

Bollen, K. A., & Long, J. S. (1993). *Testing structural equation models*. Newbury Park, CA: Sage.

Boomsma, A. (1982). *The robustness of LISREL against small sample sizes in factor analysis models*. In K.G. Joreskog & H. Wold (Eds.), *Systems under indirect observation: Causality, structure, prediction* (Part I, pp. 149-173). Amsterdam: North-Holland.

Chaudhuri, A. (2001). The relationship of brand attitudes and brand performance: The role of brand loyalty. *Journal of Marketing Management*, 9(3), 1-9.

Chu. R. K. S., & Choi, T.(2000)An importance-performance analysis of hotel selection factors in the Hong Kong hotel industry: A comparison of business and leisure travellers, *Tourism Management*, 21(2000), 363-377.

Cohen, J. (1988). *Statistical power analysis for the behavioral sciences* (2nd edition). Hillsdale, NJ: Erlbaum.

Cronbach, L. J. (1990). *Essentials of psychological testing* (5th ed.). New York: Happer Collins.

Curran, P. J., West, S. G., & Finch, J. F. (1996). The robustness of test statistics to non-normality and specification error in confirmatory factor analysis. *Psychological Methods*, 1, 16-29.

Fornell, C. & Larcker, D. F. (1981). Evaluating structural equation models with unobservable and measurement error. *Journal of Marketing Research*, 18, 39-50.

Gaski, J. F., & Nevin, J. R. (1985). The differential effects of exercised and unexercised power sources in a marketing channel. *Journal of Marketing Research*, 22(2), 130-142.

Gorsuch, R. L. (1983). *Factor analysis*. Hillsdale, NJ: Lawrence Erlbaum.

Hair, J. F., Anderson, R. E., Tatham, R. L., & Black, W. C. (1998). *Multivariate data analysis* (5th ed.). Upper Saddle River, New Jersey: Prentice-Hall International.

Hayduk, L. A. (1987). *Structural equation modeling with LISREL: Essentials and advances*. Baltimore: The Johns Hopkins University Press.

Hotelling, H. (1936). Relations between two sets of variates. *Biometrika*, 28, 321-377.

Hoelter, J. W. (1983). The analysis of covariance structures: Goodness-of-fit Indices. *Sociological Methods and Research*, 11, 325-344.

Hudson, S., Hudson, P., Miller, G. A. (2004), The Measurement of Service Quality in the Tour Operating Sector: A Methodological Comparison. *Journal of Travel Research*, 42, 3, 305-312

Jones, M. A., Mothersbaugh D. L. & Beatty S. E. (2002). Why customers stay: Measuring the underlying dimensions of services switching costs and managing their differential strategic outcomes. *Journal of Business Research*, 55, 441-450.

Jöreskog, K. G. (1973). *A general method for estimating a linear structural equation system. Structural Models in the Social Sciences*. A. S. Goldberger and O.D. Duncan, Eds., Academic Press, New York.

Jöreskog, K. G., & Sörbom, D. (1989). *LISREL 7: A guide to the program and applications* (2nd ed.). Chicago: SPSS Inc.

Kaiser, H. F. (1958). The varimax criterion for analytic rotation in factor analysis. *Psychometrika*, 23(3), 187-200.

Keesling, J. W. (1972). *Maximum likelihood approaches to causal analysis*. Ph. D. Dissertation, University of Chicago.

Keller, K. L. (1993). Conceptualizing, measuring, and managing customer-based brand equity. *Journal of Marketing*, 57, 1-22.

Keller, K. L. (2001). Building customer-based brand equity. *Marketing Management*. 10(2), 14-19.

Kelley, T. L. (1939). The selection of upper and lower groups for the validation of test item. *Educational Psychology*, 30, 17-24.

Kerlinger, F. N. & Lee, H. B. (1999), *Foundations of behavioral research*, 4th ed., New York: Macmillan.

Kisang, R., Heesup, H., & Tae-Hee, K. (2008). The relationships among overall quick-casual restaurant image, perceived value, customer satisfaction, and behavioral intentions. *International Journal of Hospitality Management*, 27 459-469.

Kleinbanum, D. G., Kupper, L. L. & Muller, K. E. (1998). *Applied regression analysis and other multivariable methods*. 2th ed., North Scituate, MA: Duxbury Press.

Kline, R. B. (1998). *Principles and practice of structural equation modeling*. New York: Guilford Press.

Mardia, K. V. (1970). Measures of multivariate skewness and kurtosis with applications. *Biometrika*, 57(3), 519-530.

Mardia, K. V. (1985). Mardia's test of multinormality. In Kotz, S., & Johnson, N. L. (Eds). *Encyclopedia of statistical sciences*, 5, 217-221.

Martineau, P. (1958). The personality of the retail store. *Harvard Business Review*, 36, 47-55.

Martilla. J. A., & James. J. C. (1977)Importance-performance analysis. *Journal of Marketing*, January, 77-79.

Matzler, K., F. Bailom, H. H. Hinterhuber, B. Renzl, and J. Pichler (2004), The Asymmetric Relationship between Attribute-Level Performance and Overall Customer Satisfaction: A Reconsideration of the Importance-Performance Analysis. *Industrial Marketing Management*, 33 (4), 271-277.

Mulaik, S. A., James, L. R., Altine, J. V., Lind, B. S. & Stilwell, C. D. (1989). Evaluation of goodness-of-fit indices for structural equation models. *Psychological Bulletin*, 105(3). 430-445.

Nunnally, J. C. (1967). *Psychometric theory*, New York, NY: McGraw-Hill Book Company.

Oliver, R. L. (1997). *Satisfaction: A behavioral perspective on the consumer*. Boston, MA: Irwin, McGrew-Hill.

Parasuraman, A., Zeithaml, V. A., & Berry, L. L. (1988). SERVQUAL: A multiple-item scale for measuring consumer perceptions of service quality. *Journal of Retailing*, 64(1), 12-40.

Podsakoff, P. M., MacKenzie, S., & Lee, J. Y. (2003). Common method bias in behavioral research: A critical review of the literature and recommended remedies. *Journal of Applied Psychology*, 88(5), 879-903.

Raykov, T., & Widaman, K. F. (1995). Issues in structural equation modeling, research. *Structural Equation Modeling: A Multidisciplinary Journal*, 2, 289-318.

Roscoe, J. T. (1975). *Fundamental research statistics for the behavior sciences* (2nd ed.). NY : Holt, Rinehart and Winston.

Steven, J. P. (1990). *Intermediate statistics: A modern approach*. Hillsdale, New Jersey: Lawrence Erlbaum Associates.

Sweeney, J. C., & Soutar, G., (2001), Consumer perceived value: The development of multiple item scale, *Journal of Retailing*, 77(2), 203-222.

Shiffler, R. E. (1988). Maximum Z score and outliers. *The American Statistician*, 42(1), 79-80.

Sweeney, J. C., Soutar, G. N. & Johnson, L. W. (1997). Retail service quality and perceived value: a comparison of two models. *Journal of Retailing and Consumer Service*, 4(1), 39-48.

Tabachnick, B. G., & Fidell, L. S. (2001). *Using multivariate statistics* (4th Edition). Boston, MA: Allyn & Bacon.

Vaske. J. J., Beaman. J., Stanley. R., & Grenier. M.(1996)Importance-performance and segmentation: Where do we go from here? *Journal of Travel & Tourism Marketing*, 5(3), 225-240.

Velicer, V. F. & Fava, J. L. (1998). Effects of variable and subject sampling on factor pattern recovery. *Psychological Methods* 3: 231-251.

Velicer, W. F., & Fava, J. L. (1987), An evaluation of the effects of variable sampling on component, image, and factor analysis, *Multivariate Behavioral Research*, (22), 193-209.

Vogt, W. P. (1999). *Dictionary of statistics & methodology: A nontechnical guide for the social sciences*. (2rd ed). Thousand Oaks, CA: Sage Publications.

Wiley D. E. (1973). *The identification problem for structural equation models with unmeasured variables' structural models in the social sciences*. A. S. Goldberger and O. D. Duncan, Eds., Academic Press, New York.

Williams, L. J. & Hazer, J. T. (1986). Antecedents and consequence of satisfaction and commitment in turnover models: A reanalysis using latent variable structural equation models. *Journal of Applied Psychology*, 71, 219-231.

Wright, S. (1921). Correlation and causation. *Journal of Agriculture Research*, 20, 557-585.

Yang, Z., & Peterson, R. T. (2004). Customer perceived value, satisfaction, and loyalty: The role of switching costs. *Psychology and Marketing*, 21(10), 799-822.

Zeithaml, V. A. (1988). Consumer perceptions of price, quality and value: A means-end model and synthesis of evidence. *Journal of Marketing*, 52(3), 2-22.

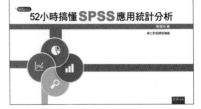

國家圖書館出版品預行編目資料

論文統計完全攻略：統計小白也能變達人／陳
寬裕著. -- 初版. -- 臺北市：五南圖書出
版股份有限公司, 2021.11
　　面；　公分
　　ISBN 978-626-317-299-9（平裝）

1.統計套裝軟體　2.統計分析

512.4　　　　　　　　　　110017361

1H3C

論文統計完全攻略：
統計小白也能變達人

作　　者 ― 陳寬裕

發 行 人 ― 楊榮川

總 經 理 ― 楊士清

總 編 輯 ― 楊秀麗

主　　編 ― 侯家嵐

責任編輯 ― 吳瑀芳

文字校對 ― 黃志誠

封面設計 ― 王麗娟

出 版 者 ― 五南圖書出版股份有限公司

地　　址：106台北市大安區和平東路二段339號4樓

電　　話：(02)2705-5066　　傳　　真：(02)2706-6100

網　　址：https://www.wunan.com.tw

電子郵件：wunan@wunan.com.tw

劃撥帳號：01068953

戶　　名：五南圖書出版股份有限公司

法律顧問　林勝安律師事務所　林勝安律師

出版日期　2021年11月初版一刷

定　　價　新臺幣500元

經典永恆・名著常在

五十週年的獻禮 —— 經典名著文庫

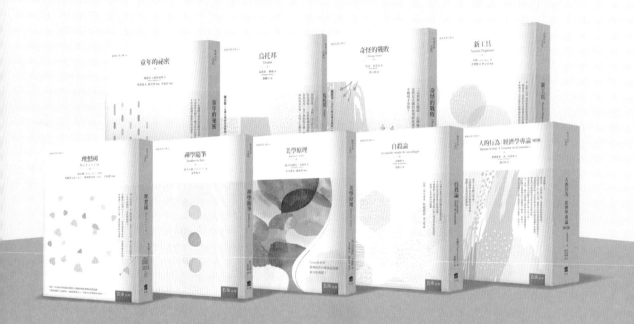

五南，五十年了，半個世紀，人生旅程的一大半，走過來了。

思索著，邁向百年的未來歷程，能為知識界、文化學術界作些什麼？

在速食文化的生態下，有什麼值得讓人雋永品味的？

歷代經典・當今名著，經過時間的洗禮，千錘百鍊，流傳至今，光芒耀人；

不僅使我們能領悟前人的智慧，同時也增深加廣我們思考的深度與視野。

我們決心投入巨資，有計畫的系統梳選，成立「經典名著文庫」，

希望收入古今中外思想性的、充滿睿智與獨見的經典、名著。

這是一項理想性的、永續性的巨大出版工程。

不在意讀者的眾寡，只考慮它的學術價值，力求完整展現先哲思想的軌跡；

為知識界開啟一片智慧之窗，營造一座百花綻放的世界文明公園，

任君遨遊、取菁吸蜜、嘉惠學子！